高职高专“十二五”规划教材

外贸单证实务

第二版

舒 兵 主编
李志国 吴明圣 副主编

化学工业出版社
·北京·

本书根据“项目导入、任务驱动”的要求，按照外贸企业单证运作的流程展开内容。全书包括 11 个学习项目，分别是外贸单证概述、国际贸易合同、信用证操作、进出口许可证、进出口货物报检单证、出口托运单证、进出口货物报关单证、出口结汇单证、出口退税单证、进口付汇核销单及加工贸易单证。本书在编写过程中尽量贴近外贸工作实际，结合代表性单证样单来介绍各单证内容及缮制要求，同时辅之举例说明，尽量做到通俗易懂，简洁明了。另外，在每一个学习项目之后都设计了相应的实训练习（附带参考答案）供教师教学和学生练习。

本书可作为高职高专国际贸易、国际商务、商务英语、物流管理等专业的教材，也可作为外贸单证员、电子单证员（师）培训之书，还可供外贸企业单证员参阅。

图书在版编目（CIP）数据

外贸单证实务/舒兵主编．—2 版．—北京：化学工业出版社，2014.12(2021.8 重印)
高职高专“十二五”规划教材
ISBN 978-7-122-21887-2

Ⅰ.①外… Ⅱ.①舒… Ⅲ.①进出口贸易-原始凭证-高等职业教育-教材 Ⅳ.①F740.44

中国版本图书馆 CIP 数据核字（2014）第 220636 号

责任编辑：于　卉　王　可　　装帧设计：关　飞
责任校对：边　涛

出版发行：化学工业出版社（北京市东城区青年湖南街 13 号　邮政编码 100011）
印　　装：天津盛通数码科技有限公司
787mm×1092mm　1/16　印张 15　字数 393 千字　2021 年 8 月北京第 2 版第 3 次印刷

购书咨询：010-64518888　　售后服务：010-64518899
网　　址：http://www.cip.com.cn
凡购买本书，如有缺损质量问题，本社销售中心负责调换。

定　　价：34.00 元

前言

随着我国开放型经济的不断深入发展，外贸企业对职业技能的要求越来越高。在外贸业务中，单证工作是这项工作的重要组成部分，贯穿进出口贸易合同履行的全过程。单证工作质量完成的好坏，直接影响外贸企业业务活动的成效，这也正是许多外贸企业日益重视外贸单证人员技能素质的重要原因所在。因此，培养知识水平扎实、业务技能娴熟的高级外贸单证操作人才是社会和外贸企业的迫切需要，同时也是高职院校经贸类专业人才培养的中心任务。

本书为《国际商务单证教程》的再版，此教材自出版后，得到了师生的认可，为更好地适应职业教育的需要，再版将此书更名为《外贸单证实务》。在再版编写时我们与有关外贸企业实施开展校企合作，共同开发和设计了全新的内容，目的是为了更好适应国家和地方外向型经济发展对外贸单证人员的新要求，同时也是为了顺应高职人才培养的新标准和外贸单证课程改革的新方向。本书按照高等职业教育的人才培养目标和规格要求，采用“项目导入、任务驱动”的思路，以当前外贸企业单证运作的实际程序为主线，在注重理论联系实际的同时，重点培养学生动手能力和单证岗位适应能力，充分体现了实践性、职业性和创新性的要求，具有很强的适应性和针对性。

本书包括11个学习项目，每个学习项目均包括若干工作任务，这些学习项目和工作任务都经过精心设计和筛选，力求最大程度锻炼学习者的单证操作能力，这些项目依次是：外贸单证概述、国际贸易合同、信用证操作、进出口许可证、进出口货物报检单证、出口托运单证、进出口货物报关单证、出口结汇单证、出口退税单证、进口付汇核销单及加工贸易单证。另外，为适应外贸进口日益增多的趋势，本书也适时增加了一些进口单证的内容，比如开证申请书、进口许可证、入境货物报检单、进口货物报关单、进口付汇核销单以及来料加工贸易合同等。本书结合代表性单证样单来介绍各单证内容及缮制要求，同时辅之举例说明，尽量做到通俗易懂，简洁明了。在每一个学习项目之后都设计了相应的实训练习(附带参考答案)供教师教学和学生练习。

本书可作为高职高专国际贸易、国际商务、商务英语、物流管理等专业的教材，也可作为外贸单证员、电子单证员(师)培训之书，还可供外贸企业单证员参阅。

本书由舒兵担任主编，李志国、吴明圣担任副主编，南通富士泰国际贸易有限公司、江苏九鼎集团进出口有限公司等外贸企业和南通职业大学经济管理学院俞学伟、陈亮、季晓芳、张力等老师参与编写并提供了大力支持和帮助；同时，我们参阅和引用了部分论著的资料和观点，并得到了出版单位的大力支持和热情帮助，在此一并致以衷心的感谢。

由于编者学识水平和能力有限，书中的不妥之处在所难免，敬请专家、同仁和广大读者批评指正。

编者

2014年8月

第一版前言

随着我国对外贸易的不断发展和进出口贸易权的放开，参与国际贸易的企业种类与数量每年急剧增加。与此同时，外贸公司对熟悉国际商务单证的专门人才的需求也越来越大。所以，在今后相当长的一段时间内，培养大量既熟悉外贸单证制作，又精通各种单证流转和实际操作的国际商务单证员是高职院校经贸类专业迫在眉睫的重要任务。

外贸业务的各个环节，包括备货、租船定舱、报检、报关、装运、保险、结汇以及索赔等，都要涉及相关单证的制作与流转。单证工作能否做到正确、及时、有效、完整，直接关系到买卖双方的利益。例如，在出口贸易中，如以信用证方式结汇，对于卖方而言，在货物装运后及时向银行交单，做到“单单一致、单证一致”，是其顺利结汇的前提；对于买方而言，其付款义务则是以收到卖方提交的符合信用证要求的货物单据为前提，并通过票据的签发完成货款支付。

本书的编写主要以《跟单信用证统一惯例》（国际商会第 600 号出版物）和国际商会《2000 年国际贸易术语解释通则》以及其他有关国际贸易惯例为指导原则，依据国际商务单证员的实际规范和要求，结合我国最新的有关政策规定编写而成。

本书内容系统完整、结构清晰、文字简练、选材合理、实用性强。既可以作为大中专院校国际经济与贸易、国际商务等专业的课堂教材，也可以供外贸职员和其他涉外机构商务人员学习和参考。而且，本书对欲参加全国国际商务单证员考试的人员也非常适用。

本书由舒兵主编，庄俊成、陈亮为副主编，冯国峰、张力、俞学伟、吴明圣、王利云、季晓芳、陶怡、顾美君、张海英等老师也参加了编写工作。本书在编写过程中得到了南通职业大学和南通农业职业技术学院领导和同事的大力帮助和支持，特此表示衷心的感谢。另外，在编写过程中，我们参阅和吸收了有关国内外公司的单证资料、有关论著的观点和内容，在此一并向有关单位和作者致谢！

国际商务单证是一门时效性、综合性和实务性较强的学科，本书力求体现和反映单证制作的普遍原则。由于编者学识水平和能力有限，书中难免出现疏漏、不妥之处，敬请指正。

编者

2007 年 2 月

目录

项目一 外贸单证概述 1

一、外贸单证的概念和作用 …… 1
二、外贸单证的种类 …… 2
三、外贸单证的工作环节 …… 3
四、进出口业务流程及单证流转操作 …… 5
拓展学习 …… 8
实训练习 …… 10

项目二 国际贸易合同 13

一、国际贸易合同的含义及作用 …… 13
二、国际贸易合同的种类 …… 13
三、国际贸易合同的内容条款 …… 14
四、国际贸易合同签订注意事项 …… 14
五、国际贸易合同样单 …… 16
拓展学习 …… 17
实训练习 …… 18

项目三 信用证操作 20

任务一 开证申请书 …… 20
一、申请开证注意事项 …… 20
二、开证申请书的内容及缮制要求 …… 21
三、开证申请书样单 …… 25
拓展学习 …… 26
任务二 SWIFT 信用证 …… 26
一、SWIFT 信用证的含义 …… 27
二、SWIFT 信用证的表示方式 …… 27
三、SWIFT 信用证的格式与内容 …… 27
四、SWIFT 信用证（MT700 格式）实例 …… 32
拓展学习 …… 34
任务三 信用证审核及修改 …… 34

一、信用证审核 …… 34
二、信用证修改 …… 37
拓展学习 …… 38
实训练习 …… 38

项目四　进出口许可证　44

一、进出口许可证的含义与一般规定 …… 44
二、进出口许可证申请表的内容及缮制要求 …… 45
三、进出口许可证申请表样表 …… 48
拓展学习 …… 50
实训练习 …… 51

项目五　进出口货物报检单证　53

一、报检单证 …… 53
二、进出口货物报检单缮制的一般原则 …… 53
三、进出口货物报检单的内容及缮制要求 …… 53
四、报检单样单 …… 59
拓展学习 …… 61
实训练习 …… 61

项目六　出口托运单证　63

一、出口托运流程及单证流转操作 …… 63
二、出口托运单的含义及构成 …… 64
三、海运托运单的内容及缮制要求 …… 65
四、海运托运单样单 …… 67
拓展学习 …… 70
实训练习 …… 70

项目七　进出口货物报关单证　73

一、报关单证 …… 73
二、进出口货物报关单的含义及作用 …… 73
三、进出口货物报关单的分类 …… 73
四、进出口货物报关单缮制的一般原则 …… 74
五、进出口货物报关单的内容及缮制要求 …… 74
六、进出口货物报关单样单 …… 92
拓展学习 …… 94
实训练习 …… 94

项目八　出口结汇单证　99

任务一　商业发票 …… 99

一、商业发票的含义及作用 …… 99

二、商业发票的内容及缮制要求 …… 99

三、信用证商业发票条款举例 …… 101

四、商业发票样单 …… 102

拓展学习 …… 103

任务二　装箱单 …… 103

一、装箱单的含义及作用 …… 103

二、装箱单的内容及缮制要求 …… 103

三、信用证装箱单条款举例 …… 105

四、装箱单样单 …… 105

拓展学习 …… 106

任务三　原产地证书 …… 106

一、原产地证书的概念及作用 …… 106

二、原产地证书的签发机构 …… 106

三、原产地证书的内容及缮制要求 …… 107

四、信用证原产地证书条款举例 …… 112

五、原产地证书样单 …… 113

拓展学习 …… 115

任务四　出口货物运输保险单 …… 118

一、出口货物运输保险单的含义及作用 …… 118

二、出口货物运输保险单的内容及缮制要求 …… 118

三、信用证保险单条款举例 …… 120

四、出口货物运输保险单样单 …… 121

拓展学习 …… 122

任务五　海运提单 …… 122

一、海运提单的含义及作用 …… 122

二、海运提单的内容及缮制要求 …… 123

三、信用证海运提单条款举例 …… 125

四、海运提单样单 …… 125

拓展学习 …… 126

任务六　汇票 …… 128

一、汇票的含义及作用 …… 128

二、跟单信用证项下汇票的内容及缮制要求 …… 128

三、信用证汇票条款举例 …… 130

四、汇票样单 …… 131

拓展学习 …… 132

任务七　其他结汇单证 …… 133

一、检验证书 …… 133

二、装船通知……136
三、受益人证明……137
拓展学习……139
实训练习……140

项目九　出口退税单证　157

一、出口退税流程及单证流转操作……157
二、出口货物单证备案……158
三、出口退税部分单证样单……159
拓展学习……161
实训练习……162

项目十　进口付汇核销单　163

一、进口付汇核销流程及单证流转操作……163
二、进口付汇核销单的含义及作用……164
三、进口付汇核销单的内容及缮制要求……164
四、进口付汇核销单证样单……167
拓展学习……167
实训练习……168

项目十一　加工贸易单证　170

一、加工贸易流程及单证流转操作……170
二、加工贸易合同的内容及签署注意事项……174
三、加工贸易部分单证样单……175
拓展学习……178
实训练习……178

附录……182

附录一　联合国国际货物销售合同公约……182
附录二　跟单信用证统一惯例（UCP600）……194

实训练习参考答案……205

参考文献……225

项目一

外贸单证概述

【任务要求】

1. 了解外贸单证的概念、作用和种类；
2. 掌握外贸单证的各项工作环节及相关要求；
3. 熟悉进出口业务流程及单证流转操作。

一、外贸单证的概念和作用

（一）外贸单证的概念

外贸单证（Foreign Trade Documents）概念有广义和狭义之分，广义的外贸单证是指国际贸易中使用的各种单据、文件与证书的统称，通常是处理进出口货物运输、保险、检验检疫、报关、结汇等手续的必要手段和工具；狭义的外贸单证通常指结汇单证，特别是信用证支付方式下的结汇单证。

（二）外贸单证的作用

1. 外贸单证是履行外贸合同的证明

各种单证在外贸业务的各个环节都有其特定的功能，它们的填制、签发、流转、组合、交换等具体的应用，反映了外贸合同履行的进展情况及相关方的责任、权利和义务的发生、转移和终止。单据代表着货物，掌握了单据就等于掌握了货物。通过单据转移，达到了货物转移的目的，并使货物的转移合法化。

2. 外贸单证是结汇的必要工具

国际商会《跟单信用证统一惯例》(《UCP600》）规定，在信用证业务中，各有关当事人处理的是单据，而不是与单据有关的货物、服务及其他行为。在信用证支付方式下，只要出口商能提交符合信用证规定的单证，银行就必须承担付款或承兑的责任，至于货物的实际情况如何，银行不必过问。相反，即使实际货物与外贸合同中的规定完全相符，但单据与信用证不符，银行就可以以此拒绝付款或承兑。因此，在国际贸易中，全套正确、完整的单据，是卖方安全、迅速结汇的必要工具，同时也是买方取得物权证明的保证。

3. 外贸单证是外贸业务管理水平的重要标志

单证工作是外贸业务的重要组成部分，单证工作的质量直接反映了外贸业务管理水平的高低，单证工作在外贸业务中能起到“把关”的作用。如果在履行外贸合同的某个环节中不能正确、及时地缮制或流转有关的单证，就会影响整个合同履行的进程。同样，外贸业务管理中的问题也会在单证工作中表现出来。因此，单证工作不能简单地看做单证的缮制、复核和流转，而是能否围绕单证及时、妥善处理好外贸业务中的各项工作，能否协调和解决业务中的各种矛盾，能否确保顺利结汇及企业的信誉，能否不断提高外贸业务管理水平的重要标志。

二、外贸单证的种类

外贸单证根据不同的分类标准分为不同的类别。

（一）根据进出口流向的不同

外贸单证可分为出口单证和进口单证。

出口单证是指出口地的企业制作或向出口地有关部门申请的单证，如商业发票、装箱单、检验证书、原产地证书、出口许可证等。

进口单证是指进口地的企业制作或向进口地有关部门申请的单证，如进口报关单、信用证申请书、进口许可证、付汇核销单等。

（二）根据性质与用途的不同

外贸单证可分为金融单据和商业单据。

金融单据也称为资金单据，指汇票、本票、支票或类似用以取得款项的凭证。

商业单据是指发票、运输单据、所有权文件或其他类似的文件，或者不属于金融单据的任何其他单据。

（三）根据出口单据所处的业务环节不同

外贸单证可分为报检单据、托运单据、报关单据、保险单据、结汇单据、核销单据、退税单据等。

（四）根据单据签发人的不同

外贸单据可分为商业单据和官方单据。

商业单据是出口商或者其他任何非政府官方机构签发的单据，如商业发票、保险单、提单、汇票等。

官方单据指由政府官方机构签发的单据，如产地证、进出口许可证、动植物检疫证书等。

（五）根据单据重要性不同

外贸单据可分为基本单据和附属单据。

基本单据也称主要单据，是指贸易中必不可少的单据，是出口商提供的基本单据。包括作为出口商履约证明的商业发票、证明货物已被装运或代表货物所有权的运输单据，以及通常需要提供的用以收款的汇票，在 CIF 合同中还包括保险单据。

附属单据也称辅助单据，或补充单据。是指在交易中，出口商应买方的要求，在提供了基本单据以外，再特别提供的单据。附属单据大致可分为除商业发票外的其他发票、包装单据、商检单据、原产地证明书、进出口许可证和其他附属单据等。

（六）根据单据使用效力的不同

外贸单据可分为正本单据和副本单据。

正本单据（Original Document）又称原本单据，指经过出票人签字后具有法律效力的单据。传统的制单方法是利用打字机加复写纸缮打一式数份，其中以打字机色带缮打的一份作为正本，由复写纸复写的均作副本。但复写的份数中如注明“正本”字样，并加签字或盖章，也可作正本，例如正本海运提单，常有一式数份，其中由复写制成的正本，也具有同等效力。随着科技的发展，先进的复制技术如静电复印已较普及，因此《UCP600》规定：银行可以接受复制方法制作的单据，但作为正本，必须再加上“正本”字样，并由出票人再签字或盖章。

副本单据（Duplicate Document）又称复本单据，指完全按照正本复制或加复写纸复写的第二份单据。有的单据其副本经签字或盖章后与正本具有同样效力，如商业汇票。如复制的份数超过一份，就应称为抄本，抄本通常不签字或盖章，也不具有正本的效力。

三、外贸单证的工作环节

国际贸易单证工作的基本环节包括制单、审单、交单和归档。信用证支付方式下，在制单环节前还有审证环节。

（一）审证（Examination of Credit）

在信用证结算方式下，受益人在履行合同前应先按照“证合一致”的原则对开证申请人开立的信用证对照外贸合同进行仔细审核，确保信用证和外贸合同的一致性；在交单前，受益人对于将要提交的单据，应按照“单证一致”和“单单一致”的原则进行自审，确保交付的单据与信用证规定一致，单据与单据之间做到一致。

（二）制单（Paper Work）

制单是进出口人按照信用证、合同和其他有关要求，并根据货物的实际交易数量及运输情况，缮制各种单据的工作过程。外贸企业制单人员在制单过程中，通常要做到正确、完整、及时、简明和整洁，即单据制作的“五要求”原则，具体要求如下。

1. 正确（Correctness）

单据的正确性即要求单据制作做到准确无误，它是单证工作的前提，是安全收汇的保证。在信用证业务中，正确包括两个方面的内容：一方面，各种单据必须做到“三相符”即单据与信用证相符、单据与单据相符、单据与实际货物相符，其中“单证相符”是前提，离开这个前提，单单之间即使相符，也会遭到银行的拒付。“单货相符”主要是指单据的内容应该与实际交货一致，亦与合同一致，只有这样，单证才能真实代表出运的货物，确保履约正常，安全收汇。另一方面，要求各种单据必须符合有关国际惯例和进出口国有关法令和规定。

2. 完整（Completeness）

单据的完整性是构成单证合法性的重要条件之一，是单证成为有价证券的基础，单据完整一般包含三方面的内容。

（1）单据内容完整　即每一种单据本身的内容（包括单据本身的格式、项目、文字和签章、背书等）必须完备齐全，否则就不能构成有效文件，也就不能为银行所接受。

（2）单据种类完整　即单据必须是成套齐全而不是单一的，遗漏一种单据，就是单据不完整。单据应严格按照信用证规定一一照办，除主要单据外，一些附属证明、收据一定要及时催办，不得遗漏。

（3）单据份数完整　即要求在信用证项下的交易中，进出口商需要哪些单据、一式几份都已明确，尤其是提单的份数，更应注意按要求出齐，避免多出或少出。

3. 及时（Intime；Punctuality）

单据的及时性指单据制作不迟延。具体包括及时制单、及时审单、及时交单、及时收汇等方面。制作单据是个复杂的工程，多数单据由出口方完成，有些需要相关部门配合完成；审核应齐抓共管，这样就可以保证在规定的时间内把全部合格单据向有关方面提交；及时交单肯定意味着能及时收汇，及时收汇意味着又一个良性业务环节的开始。

4. 简明（Conciseness）

单据的简明性指所制作的单据简单、明了。“UCP600”规定，“为了防止混淆和误解，银行应劝阻在信用证或其任何修改书中加注过多的细节内容”，有关专家也指出，单据中不应出现与单据本身无关的内容。

5. 整洁（Tidiness）

单证的整洁性是指单证格式的设计和缮制力求标准化和规范化，单证内容的排列要行次整齐、主次有序、重点项目突出醒目，单证字迹清晰、语言通顺、语句流畅、用词简明扼要、恰如其分，更改处要盖校对章或手签。如单证涂改过多，应重新缮制单证。

（三）审单（Documents Examination）

审单是指对已缮制的诸单据的复核和审查。受益人欲想审核已缮制好的单据，做到无错、无漏、无缺和准确、完整、有效，必须有一套较科学的审单方法，包括如下几种。

1. 单据与信用证对照审核法（The Checking-up of Documents Against L/C）

单据与信用证对照审核法，亦称“纵横审核法”。一道程序是依据信用证规定的条款与诸单据所列内容，两者对照，一句一字地予以审核，做到单据与信用证完全相符，这种审核方法称“纵向审核法”；另一道程序是由诸单据中选择一份主要的单据，亦称大单据，例如：商业发票或汇票。以商业发票与其他单据相对照地予以审核，做到一份主单据与其他单据所列内容完全一样，而且完全相符，此种审核方法称“横向审核法”，亦称“一单对照多单审核法”，旨在做到单据有效。

2. 两道工序审核法（The Checking-up of Documents by Two Times）

有的集团或跨国公司，制单业务是由各主管部门办理，而后集中于一处由专家予以审核单据。各部门缮制单据必须是制、审相结合，保证无差错。此种程序称“一缮一审”和“综合复审”相结合的方法。二者相结合的方法不是简易的重复，而是抓住扼要内容，一审再审，而对于一般相关内容可作统计审核，即可完成。

3. 即期装船审核单据法（The Checking-up of Documents for Prompt Shipment）

海上航运业务的运转，是以计划、装卸、起航、航程及日期予以安排的。把航次的安排、运输的吞吐进度及审核单据的进度相结合，以每航次的装货时间安排审核单据。这种审核单据的方法特点是化整为零，把缮制、审核和改单程序合为一体。若一家公司有多笔契约货物须装运，只能依装货的先后缓急为序，其中选择即期装船为主线，集中全力予以审核单据，旨在保证单据的质量，做成有效的单据。

（四）交单（Surrender Documents；Presentation）

交单是指全部单据准备妥当后，由受益人签署议付申请书，申请议付、承兑或付款。为了依信用证规定结算货款，必须将审核无误、正确的、完整的单据交至议付银行，请求议付、承兑或付款。交单的基本要求包括以下三条。

第一，备齐单据，所谓“备齐”有两个含义：一是信用证规定的单据全都备齐，二是每种单据的份数都符合信用证要求。

第二，内容正确，即单据内容与信用证规定严格一致。

第三，提交及时，即不能超过信用证有效期，也不能超过运输单据签发日期后 21 天。

(五) 归档 (Filing)

归档是指外贸企业将办理完毕且有保存价值的文件，经系统整理交档案室或档案馆或其他档案保管场所进行档案保存的过程。外贸文件归档时，应注意以下几个方面。

第一，原件归档。

第二，应归档的文件材料齐全、完整。

第三，文件和电报按其内容的联系，合并整理、立卷。

第四，对归档的文件材料，要保持它们之间的历史联系，区分保存价值，分类整理、立卷，案卷标题简明确切，便于保管和利用。

四、进出口业务流程及单证流转操作

(一) 出口业务流程及单证流转操作

买卖双方签订合同后就进入了合同的履行阶段。以 CIF 价格条件、L/C 支付方式、海运为例，出口合同的履行主要经过落实信用证、报检、托运、报关、投保、制单结汇等环节，在这些工作环节中均涉及相关外贸单证的流转操作，具体如下。

1. 落实信用证

出口企业在出口合同签订之后，应催促对方及时开立信用证；业务人员对收到的信用证必须根据出口合同和有关国际贸易惯例进行严格审核，如果不符合合同要求应及时通知申请人办理信用证修改手续，以便开始进行备货生产。

2. 缮制商业发票及装箱单

出口企业收到信用证审核无误后即可根据信用证缮制商业发票和装箱单。商业发票是全套出口单据的基础单据，其他商业单据都是依据商业发票来缮制，因而在缮制时应格外细心，否则可能会造成一连串单据出错；装箱单是商业发票的补充文件，一般紧接商业发票后缮制；在缮制好商业发票和装箱单后，企业即可办理检验检疫、租船订舱、报关保险等事项。

3. 缮制出境货物报检单，办理报检手续

凡属国家规定或合同规定必须经国家出入境检验检疫机构出证的商品在货物备齐后必须办理报检手续。出口商或其代理人最迟应于报关或装运前 7 天向国家出入境检验检疫机构申请检验检疫，填写《出境货物报检单》并随附有关报检资料，经检验检疫机构检验检疫合格后，签发《出境货物通关单》以及其他检验检疫证书，进出口公司应在检验证书规定的有效期内将货物出运。

4. 缮制出口托运单，办理托运手续

托运时出口公司需填写托运委托书，货代公司凭此填写托运单，送交承运人或其代理人作为订舱的依据。承运人据此出具配舱回单，托运人应依据配舱回单载明的装船时间、装运

地点、船名航次等内容及时办理出货拖柜手续。

5. 缮制出口货物报关单，办理报关手续

根据我国海关规定，一般货物除海关特准的外，需在装船 24 小时前办理出口报关手续，集装箱货物应于出运前 3 天报关。报关时，须凭《出境货物报关单》及随附有关报关资料向海关申报，海关验明货物无误后，在装货单上加盖放行章，货物方能装上运输工具出运。

6. 缮制投保单，办理保险手续

凡是以 CIF 条件成交的货物，在货物装运前必须向保险公司办理投保手续。因保险单上载有运输货物的船名，因此投保工作应在船只配妥后及时办理。出口公司在办理投保手续时填写投保单，保险公司根据投保单缮制和签发保险单。由于保险单是议付单据之一，所以在缮制投保单时必须根据信用证的要求正确填制，以防结汇时遭到开证行拒付。

7. 缮制海运提单

在 CIF 或 CFR 条件下，出口企业在收到运输公司或其代理提交的配舱回单后，即可按信用证和其他有关规定缮制提单。提单是重要的议付单据之一，因此在缮制时应格外小心。提单上各项内容必须符合信用证条款及合同条款的内容。缮制完毕后，即送运输公司或其代理，由该公司根据货物装运情况签发正本海运提单，出口企业凭此到银行结汇。

8. 签证、认证

签证是指出口国政府机构根据贸易活动有关当事人的请求签发各种官方证书，如一般原产地证、G. S. P 产地证等；认证指由指定的机构（我政府机关或对方国家驻我国的机构）主动或接受买方的要求在某些出口单据上作必要的证明，确认其为合法文件。签证和认证工作都必须在交单前办妥，否则会影响发货或收汇。

9. 缮制汇票，办理结汇手续

汇票是常用的金融单据，是无条件的书面支付命令。汇票应在结汇前缮制完毕。

10. 发出装船通知

货物装运完毕后，出口企业必须及时向买方发出装船通知。特别是在 FOB 或 CFR 条件下成交时，买方是凭装船通知投保，如卖方忘记发装运通知或发装运通知时超过规定的期限会出现可能因为买方未投保而导致货物发生损失，该损失由卖方担负；在 CIF 条件下，出口企业也应及时发出装船通知，以便买方掌握运输信息，做好接货准备工作。另外，有时信用证规定装船通知的电传或电报副本是议付的单据之一，这时还必须按信用证要求提供上述副本。

11. 综合审单

尽管各种单证在缮制的过程中都经过认真的审核，但在向银行交单前需尽量将各种单证集合在一起，采用多种方法对单据进行全面审核，比如：单证的内容是否填制正确无误；各种单证的对应内容是否一致；单证的种类、份数是否与合同或信用证规定的一致；单证上的签章或背书是否齐全等，从而确保信用证项下所要求的单据做到“单单一致、单证一致”。

12. 交单结汇

外贸企业应在信用证规定的交单期及有效期内将符合信用证规定的单据交到指定的银行（或公开议付信用证下任一银行）办理议付、承兑或付款，从而取得货款。如信用证并未明确规定交单期限，则最迟应在运输单据日后的 21 天内交单，否则，被视为无效交单。

13. 改单

出口企业交单后，议付银行进行审查，如发现单据有错便会将单证退回，出口企业应及时进行改单，不可拖延。如无法修改，应及时通过各种方法请示买方或银行付款。如果开证行或付款行审单后，拒付或退回单证，应查明原因及时解决。

14. 存档

存档是出口贸易单证工作中最后的一环，也是非常重要、不可忽视的一环。交单以后，出口单证由我方议付行通过对方开证银行或其他关系人传送到买方手中。在此过程中可能出现单证的更换和遗失，也可能发生拒付、索赔等情况，这就需要调阅原单证的留底。因此出口企业必须保留一份完整的副本单据（包括信用证及其修改书），并建立科学的管理档案，以备及时查阅和办理索赔取证等相关事宜。

（二）进口业务流程及单证流转操作

进口合同依法订立后，作为买方必须按照合同的规定履行自己的义务。在我国进口贸易业务中多以 FOB 价格条件成交，采用不可撤销即期跟单信用证支付和海洋运输方式，进口环节主要包括开证、租船订舱、办理保险、审单付款、进口报检、进口报关、接货拨交以及检验索赔等。在进口业务的各项工作环节中也涉及相关外贸单证的流转操作，具体内容如下。

1. 办理进口有关证件

如进口商品在国家限定的商品范围中，则要办理有关证件，如进口货物许可证、机电产品进口证明和特定商品进口证明等。

2. 开立信用证

买方应按合同规定的开证时间及时开出信用证，通常由开证申请人按合同的规定填写开证申请书。开证行对其审核无误后，收取保证金和开证手续费，按开证申请书的要求开立信用证，采用惯例方式寄送通知行。

3. 办理进口货物运输

按《2010 年国际贸易术语解释通则》的规定，采用 FOB 贸易术语，应由买方负责办理租船订舱。进口企业应按照合同规定的时间办妥租船订舱手续，并在获取运输机构的配船通知后，及时将船名及预计到港的日期通知卖方，以便其做好装运的准备工作。

4. 办理进口货运保险

FOB 条件下的进口合同，由进口企业负责向保险公司办理货物运输保险手续。进口货物的保险有两种方式：一种是预约保险，即进口企业与保险公司事先签订预约保险合同，对货物承保的险别作了具体规定。当保险公司接到进口货物启运通知书或装运通知后，自动承保预保合同中的货物。另一种是逐笔保险，即进口企业对进口货物逐笔办理保险手续，保险公司将承担自货物装上运输工具开始至目的地收货人仓库之间的保险责任。在进口贸易业务中，通常采用预约保险。

5. 审单付汇

开证行收到议付行寄来的信用证项下的全套议付单据，经审核无误后通知进口商付款赎单。进口商对单据再次确认后对外付款，如审单中发现有不能接受的不符点等，应及时向开证行提出拒付货款。

6. 办理进口货物报检

根据我国商检法规定，属于法定或买方需要检验检疫的进口货物都要向当地出入境商品检验检疫局申请报检。进口商申请报检时，应准确真实地填写《入境商品报检单》。检验检疫的地点可以在卸货港、用户所在地或其他允许指定的地方。检验检疫机构根据报检人的要求和合同的有关规定，对进口商品实施检验与鉴定，并签发需要的进口货物检验检疫证书或海损鉴定书。

7. 办理进口货物报关

进口企业在货物到达卸货港后，要及时办理进口报关手续，填写《进口货物报关单》，并随附发票、装箱单、提单、检验证书及进口许可证等有关单证。海关对进口货物查验核准无误后，在进口货物报关单上盖“放行章”。进口企业凭该报关单和提单在港口提货。

8. 办理货物拨交与索赔

货物办理完进口报关和检验后，如该货物是进口企业自己用于加工或销售，也就不存在拨交环节。如果进口货物是受用货单位委托代理进口的，就需要将货物委托货代转运或交付用货单位。进口货物如果符合合同条款的规定，该笔交易业务即告顺利完成。倘若发现与合同规定不符的情形，则根据造成直接损失的原因，须向有关方面进行索赔。

拓展学习 外贸单证员的工作特点与基本要求

外贸单证员（Documentation Specialist of Foreign Trade），是指在对外贸易结算业务中，买卖双方凭借在进出口业务中应用的各种单据、证书来处理货物的交付、运输、保险、商检、结汇等工作的人员。外贸单证员是外贸企业开展业务的基础人才，主要工作有审证、制单、审单、交单和归档等一系列业务活动，它贯穿于进出口合同履行的全过程。

一、外贸单证员的工作特点

（一）量大面广

在我国的外贸企业中，外贸单证部门的人员配备十分有限，一名单证员往往要负责跟进多名外贸业务员的业务单证，在每天有限的时间内同时处理多笔进度各不相同的业务单据，工作量非常大。在处理每票单据的过程中，单证员需要完成与业务员、跟单员、财务以及客户、货代、报关行、银行、办证机构各方面的沟通协调工作，由此可见涉及面之广。

（二）时间性强

单证员在每个业务操作环节都有时间上的严格要求。以出口信用证作为结算方式为例，单证员需要及时催证、审证，若发现信用证与合同不符，要在最短的时间内退回开证行要求改证；因信用证对最迟交货期有具体要求，一定要提前租船订舱，把握好截关、开船时间，确保按时送货并及时制作报关资料安排报关，同时还需考虑到进行必要商检的时间；货物装船后，应尽快核对好提单，并发装船通知给进口商；若信用证要求办理一般原产地证书或普惠制原产地证书，都可以在装船日之前网上办理，若普惠制原产地证在提单签发日期的7天后办理，则需办理后发证，手续相对麻烦；保险单的签发日期既不能早于报关单日期，又不能晚于提单签发日期；所有单据正本齐全、反复审查无误后要在信用证规定的交单期内尽早向银行提交单证，如果银行审单出现不符点，还能有沟通修改的补救机会。只有把握好时间这条主线，才能分清轻重缓急，高效地完成单证工作。

（三）工作要求高

高水平的外贸单证不仅能保证货物按时按质按量运出，又能确保及时收汇，所以对制单人员的要求很高。外贸单证员不仅需要扎实的国际贸易理论知识和专业外语知识、娴熟的计算机操作能力，更需要有良好的沟通协调能力、高度的责任心和严谨的工作态度，能够不断地提高、完善制单技巧，具备独立处理各种单证的能力。

二、外贸单证员的作用和岗位及人员现状

（一）外贸单证员的作用

外贸最大的特点就是单证交易。制作一套合格的单证，是外贸实务中很关键的工作。在国际贸易实施过程中，合同、定单、报关、报检、运输、仓储、银行、保险等各个环节，无一不是通过各种单据凭证来完成。单证如此重要，以至于外贸行业中专门派生出一个职位叫“单证员”。以往一些中小外贸企业为了节省成本，把单证工作交给业务员或者财务部制作，经常会因制单人员缺乏专业单证知识造成单据不符，直接影响外贸企业及时安全收汇。越来越多的外贸企业意识到单证环节设岗定人的重要性。单证员的出现是外贸行业中分工趋向细化的具体表现，它划清了外贸企业各岗位的权责界限，使复杂的外贸流程变得简单化、标准化。

（二）外贸单证员的岗位及人员现状

近年来，我国外贸人才的需求量不断增加，其中以单证员尤其突出。据有关部门统计，2012 年我国外贸单证人员需求近 100 万，其中广东、江苏、浙江和上海四省市合计需求近 60 万，占我国外贸单证员总需求的 3/5，而社会能提供的外贸单证人员只能满足需求量的 2/3，可见单证员岗位的人才短缺问题相当突出。

单证员操作技能的高低直接关系到外贸业务结汇的时效和成败，从业要求较高。而现有的从业人员中，在实际单证操作过程中自己摸索的人居多，许多是在企业传统的“师徒传帮带”方式下进入角色的，缺乏对单证知识的系统学习，企业又很少提供培训机会，所以出现部分企业单据制作水平低下，造成不必要的经济损失。近年来，国际商务单证员资格认证证书开始受到越来越多用人单位的认可和求职者的青睐，但经过专业培训、持有该专业证书的现有从业人员却不到 10%。外贸单证员队伍的整体素质亟待提高。

三、外贸单证员应该具备的基本条件

随着我国拥有出口自主权的企业大幅增长，外贸单证员的需求量增大。但一些企业在招不到专业单证员的情况下，录用一些非专业人员仓促上岗，增加了企业的风险系数。外贸单证岗位应该具备以下基本条件。

（一）专业知识——知道要怎么做

单证员必须掌握系统的外贸知识、单证知识、外语知识，善于学习更新知识。在扎实的外贸专业知识基础上，还应清楚企业的运作流程，了解产品知识、生产工艺流程，以及掌握货代市场行情和一些贸易国别或地区的政策、单证习惯等相关知识。专业知识丰富、涉及面广泛是成为一名优秀单证员的前提。

（二）专业技能——知道该怎么做

单证员要求有较强的实践操作能力，单证质量的高低是单证员业务能力的直接体现。在实际的外贸单证操作中，单证员需要有良好的沟通技巧，综合掌握英语、电脑及沟通工具的运用技巧，不断钻研业务、提高单证缮制技巧，降低单证出错率。

（三）工作态度——知道该怎么做好

单证工作特别需要耐心细致，责任心强。许多单证员都有过因单证制作错误“花钱买教训”的经历，制单过程中最忌粗心大意，急于求成。在面对错误或困难的时候，需要调整心态，直视并勇于承担错误，积极地解决问题。如果没有严谨的工作态度，就会重复犯错。要善于时间管理、勤于记录备案、重视协调沟通，能够在工作中不断思考、

总结，养成良好的工作习惯，这些都是高素质外贸单证员的必备条件。

四、外贸单证员素质的培养

（一）了解商品知识

作为单证员，不可能像跟单员、采购员那样全面了解产品、配件及生产工艺。但是如果单证员忽视了对产品知识的了解，不熟悉企业进出口商品的种类、规格、材质、包装等方面的知识，就无法做到严格区分商品的不同项目，导致HS编码找得不够准确，直接影响通关速度。因此，外贸单证员除了有国际贸易专业知识外，还应该具备相应的商品知识。在日常工作中，可以到工厂生产线了解生产过程，通过样品剖析等方式，向相关人员学习、充分了解产品相关知识。

（二）加强协调能力

由于单证员的工作涉及面很广，能否有效地沟通和协调，对于单证工作的顺利开展有着直接影响。对内来说，单证员必须与业务员、工厂跟单员、财务、客户关系融洽，从容应对、及时化解和消除工作中的各种矛盾。有经验的单证员会发现，九月下旬到"十一"长假后部分航线租船订舱十分紧俏，常会出现订不到舱位的情况。单证员一方面要掌握多家船公司的航线船期、运费信息，做到提早订舱、确保舱位；另一方面要尽早提醒业务员和客户在不影响买卖双方交货时间的基础上尽量避开高峰期，事先做好提早或推后装船的准备，以备万一。善于沟通协调，才能与业务员、客户、工厂等相关人员达成共识。对外来说，单证员需要与货代、商检办证机构、保险公司、银行等有关部门紧密协作。经常与货代及船公司人员沟通，可以掌握最新的船期、运费信息，在比较中可找出价格优势大的合作伙伴。按信用证要求制单时，有机会与银行审单人员打交道，可以在业务往来中多进行交流，银行审单人员是单证员最好的老师。

（三）增强服务意识

单证员几乎每天都要忙着和货代、船公司联系业务，平时要善于积累一定的业务资源。当业务员、客户需要运费信息时，能够及时、准确地报出运费、船期，最好能多提供几个供客户选择，让客户满意。货物装船后，要及时发装船通知给客户，但是通常此时给出的是预计到港时间，需要跟踪、不断地更新，将货物的最新运输信息反映给客户，在货物到港前几天再提醒客户一次。从每一个微小的细节为客户提供最完善的服务。

（四）培养团队精神

外贸企业都希望打造一支思想素质好、业务能力强、能打硬仗的外贸专业队伍。单证工作不是拘谨封闭的，除完成自己本职工作外，应该与相关职能部门多交流，对它们的组织结构、职能有一个基本的认识，这样做起工作来就会多从全局来考虑，认识到单证工作对其他部门和整个公司的重要性。一旦单证环节出现问题，就会产生连锁反应，影响全局。在工作中，要培养自己逐步做到统观全局，学会与人合作，善于调动别人的积极性和创造性，充分依靠集体的力量确保每个业务流程环节准确无误、高效运作。

实训练习

一、单项选择题

1. 狭义的外贸单证通常是指（　　）。

A. 报关报检单证　　B. 托运保险单证

C. 结汇单证　　D. 资金单证

2. 当前国际货物买卖实质上体现的是一种单据买卖的关系，也就是"卖方凭单交货，买方凭单付款"，在信用证方式下，这两个"单"分别是指（　　）。

A. 合同，商业单据　　B. 合同，结汇单据
C. 信用证，商业单据　　D. 信用证，结汇单据

3. 以下不属于结汇单据的是（　　）。
A. 商业发票　　B. 销售合同
C. 原产地证明　　D. 受益人证明

4. 以下不属于出口单据的是（　　）。
A. 装箱单　　B. 信用证
C. 原产地证明　　D. 受益人证明

5. 以下属于资金单据的是（　）。
A. 海运货物保险单　　B. 海运提单
C. 原产地证明　　D. 支票

6.（　　）是全套出口单据的基础单据，其他商业单据都是依据该单据来缮制的。
A. 出口许可证　　B. 海运提单
C. 商业发票　　D. 装箱单

7. 在信用证支付方式下，开证银行审核单据时遵循（　　）的原则。
A. 单证一致，单货一致　　B. 单证一致，单单一致
C. 证合一致，单货一致　　D. 证合一致，单单一致

8. 如果信用证没有明确规定交单期限，则受益人最迟必须在运输单据签发之日起（　　）天内交单。
A. 10　　B. 15　　C. 21　　D. 30

9. 在信用证结算方式下，受益人应按照（　　）的原则对申请人寄交过来的信用证进行仔细审核。
A. 单单一致　　B. 单证一致　　C. 证合一致　　D. 单货一致

10. 以下贸易术语中，其中（　　）对于卖方而言，在装船后及时向买方发送装船通知显得尤为重要。
A. FOB　　B. CIF　　C. CFR　　D. DDP

二、多项选择题

1. 外贸单证的作用体现在（　　）。
A. 是外贸结算的必要工具　　B. 是提高经济效益的重要保证
C. 是经营管理的重要内容　　D. 是企业形象的重要内涵
E. 是索赔理赔的重要依据

2. 关于保险单据以下说法正确的是（　　）。
A. 保险单是由投保人和保险公司之间签署的保险合同
B. 投保人在投保时，应根据合同及货物实际出运情况填制投保单
C. 保险单和保险凭证具有同等的法律效力
D. 保险单应在货物装船之后办理
E. 在 CIF 条件下，出口商提供保险单是其必须的义务

3. 国际贸易单证工作的基本环节包括（　　）。
A. 制单　　B. 审单　　C. 改单
D. 交单　　E. 归档

4. 关于审单方法，以下说法正确的是（　　）。
A. 单据与信用证对照审核法，也称为“纵横审核法”
B. 制单业务由各主管部门办理，而后集中于一处由专家予以审核单据，称之为“两

道工序审核法”

C. 以商业发票与其他单据相对照地予以审核，此种审核方法称为“纵向审核法”

D. 依据信用证规定的条款与诸单据所列内容，两者对照，此种审核方法称为“横向审核法”

E. 即期装船审核单据法，这种审核单据的方法特点是化整为零，把缮制、审核和改单程序合为一体

5. 以下关于进口合同的履行及单证流转操作，说法正确的是（　　）。

A. 我国进口贸易业务多以 CIF 贸易术语成交

B. 对于涉及进口许可管理的商品，进口商应在合同签订之前落实好有关进口许可证手续

C. 进口商应在合同规定的时间内及时办理开证手续

D. 对于 FOB 术语或 CIF 术语，进口商应及时办理保险手续

E. 进口商品一旦抵达口岸，进口商应持报关单和提单在港口办理提货手续

三、判断题

（　　）1. 根据《UCP600》规定，银行将拒绝接受通过复制方法制作的正本单据。

（　　）2. 商业发票、海运提单、产地证等既属于出口单证也属于结汇单证。

（　　）3. 在信用证业务中，外贸单据在缮制时必须做到“三相符”，其中“单货相符”是前提。

（　　）4. 凡属国家法定检验检疫的商品，最迟应于出口报关或装运前 7 天向国家出入境检验检疫机构申请检验检疫。

（　　）5. CFR 条件下，应由出口企业负责向保险公司办理货物运输保险手续，并签署保险合同。

四、业务题

请写出在 CIF 合同履行中，出口商涉及的部分单据的出单机构。

合同履行阶段	单据的名称	出单机构
1. 办理运输	海运货物委托书	
	海运出口托运单	
	海运提单	
2. 办理保险	投保单	
	保险单	
3. 办理商检	出境货物报检单	
	商检证书/通关单	
4. 办理报关	出口报关单	
	商业发票	
	装箱单	

项目二

国际贸易合同

【任务要求】

1. 了解国际贸易合同的含义、作用和种类；
2. 掌握国际贸易合同的主要内容与缮制要求；
3. 能根据背景材料熟练缮制国际贸易合同。

一、国际贸易合同的含义及作用

国际贸易合同又称外贸合同或进出口贸易合同，即营业地处于不同国家或地区的当事人根据买卖双方都接受的国际贸易惯例或国家法律的规定，通过友好协商，按照一定交易条件买卖某种商品所达成的协议。

国际贸易合同一经签订便受法律保护和管辖，对签约各方都具有同等约束力，是解决贸易纠纷，进行调节、仲裁与诉讼的法律依据。国际贸易合同是外贸各项工作环节的基础单据，买卖双方在签署外贸合同之后，必须严格履行合同，否则将要承担相应违约责任。

二、国际贸易合同的种类

国际贸易合同根据不同的方式分类主要有以下几种。

（一）按合同的制作人不同

国际贸易合同分为销售合同和购货合同。

由卖方制作的，称为“销售合同”（Sales Contract）；由买方制作的，称为“购货合同”（Purchase Contract）。

（二）按合同的内容繁简不同

国际贸易合同分为销售合同和销售确认书。

销售合同（Sales Contract）主要适用于大宗业务，其内容较为详细，条款全面、完整，合同中除了列明商品的品名、品质、数量、包装、价格、装运、保险、支付等主要交易条款之外，通常还包括商检、索赔、不可抗力、仲裁等条款。出口时一般使用销售（或售货）合同（Sales Contract），进口时一般使用购货（或购买）合同（Purchase Contract）。

销售确认书（Sales Confirmation）主要适用于小批量业务，其内容较合同书简略，通常只包括交易的主要条件，比如：品名、品质、数量、包装、价格、装运、保险、支付等。

出口时一般使用售货（或销售）确认书（Sales Confirmation），进口时一般使用购货（或购买）确认书（Purchase Confirmation）。

（三）按合同中使用的价格术语不同

国际贸易合同分为FOB合同、CIF合同及货物到达合同（Arrival Contract）等。

此外，国际贸易合同还包括成套设备进出口合同、包销合同、委托代理合同、寄售合同、易货贸易合同、补偿贸易合同等多种形式，外贸业务人员在实务操作过程中应根据具体情况选择合适的合同类型。

三、国际贸易合同的内容条款

国际贸易合同的内容主要包括约首、正文、约尾三大部分，其中约首由合同名称、合同号码、合同日期、合同当事人双方的信息（名称、地址）构成，约尾部分包括合同的份数及归属和签约双方的签字确认等内容，正文是合同的主体部分，一般包括以下内容。

(1) 品质条款（Quality） 包括货号、商品名称及规格。

(2) 数量条款（Quantity） 包括数量和计量单位。

(3) 价格条款（Price） 包括单价、价格术语、合同金额的大写和小写。

(4) 包装条款（Packing） 包括包装的种类、包装方式、包装的总件数。

(5) 装运条款（Shipment） 包括起运港、目的港、装运日期、对分装及转运的规定。

(6) 支付条款（Payment） 包括开证银行、信用证种类、信用证金额、到证时间、到期日和到期地点。

(7) 保险条款（Insurance） 包括投保人、保险金额、保险的险别、保险条款及生效日。

(8) 检验及索赔（Inspection and Claims） 检验条款通常包含有关检验权的规定、检验或复检的时间及地点、检验机构、检验证书等内容；索赔条款一般包含索赔依据、索赔期限等内容。

(9) 不可抗力（Force Majeure） 包含不可抗力时间的范围、对不可抗力事件的处理原则和方法、不可抗力事件发生后通知对方的期限和方式、出具证明文件的机构等内容。

(10) 争议的解决（Dispute Resolution） 包括争议的解决方式、提请仲裁的仲裁地点、仲裁机构、仲裁规则、裁决效力等。

四、国际贸易合同签订注意事项

国际贸易合同签订得好坏对顺利履行合同关系极大，所以外贸企业应当严肃认真地对待。以出口合同为例，我国出口企业在与国外客户签订外销合同时应重点注意以下问题。

（一）合同条款要体现我国的对外政策

(1) 成交对象和交货目的港要贯彻我国的对外政策。政策不允许的不能成交，也不能将货物发往政策不允许的地区。

(2) 对我国香港、澳门地区出口合同的装运口岸不能写中国口岸或中国上海，必须写具体港口名称，如上海。不能将港澳与中国并列。有的外贸公司在出口合同格式的装运口岸栏里已铅印了CHINESE PORTS字样的，在制作合同时更应引起注意。

(3) 对那些明确规定需在国内办理投保的国家，不要强制对方接受CIF条件。

（二）合同条款内容要一致

(1) 成交条件与保险条款要一致，CIF条件成交的应当是我方保险，FOB或C&F条件成交的应当是对方保险。

(2) 成交条件与交货港口要一致，CIF或C&F条件要附带一个目的港即卸货港，FOB条件要有装运港。

(3) 单价和总值要保持一致，在币别的使用上也要一致。

(4) 包装条件与刷唛标记要一致，散装货不能有刷唛的要求。

(5) 付款方式与装运期限要一致。

(6) 合同总数量与分批装运的数量要一致。

(7) 交货期与信用证开到日期要一致。

(8) 有的格式合同对某些条款是填写内容和供选择的，在制作合同时要正确填写或删除，不删除或删错了都会造成条款内容不一致。

（三）合同条款的内容要明确

(1) 对交货目的港不要只写国名或地区名称，如美国港口等，因一个国家有很多港口，只写国名不利于船舶的安排；对重名港口名称后要写上国名，如维多利亚港，加拿大、几内亚等国家都有叫维多利亚的港口；如果是对方派船合同，装港必须明确，卸港则可按买方要求办理。

(2) 在合同的交货期、信用证开到日期等的书写上，应写明年月，不能只写月，不写年。

(3) 对包装条件的规定要明确，应列明用什么东西包装及每件（包）的重量。

(4) 必须明确保险由谁办理，并须明确保险险别及适用条款。

(5) 一般均应确定溢短装比例，散装大宗货一般为5%～10%，一般件杂货为1%～5%。

(6) 在合同中必须明确支付方式，对信用证必须明确是不可撤销的，并须明确开到地点和时间、到期地点以及受益人名称；开到地点、到期时间和到期地点一般均应在中国境内，对信用证的有效期至少掌握在装船期后15天。

(7) 对合同中唛头标记，应争取按国际通常做法制作，即横式，共为4行，每行不超过17个字母，具体是：第一行为收货人缩写，第二行为合同号码，第三行为目的港名称，第四行为箱号或件数。

(8) 对整船出运的货物，往往会涉及滞期/速遣条款。我方派船合同一般发生在国外目的港，对方派船合同发生在国内装港。因此，应根据不同情况，分别在合同上附上一份运输条款。

（四）加强审核，尽量避免差错

(1) 合同签订后，要对合同号、买方地址、电挂、电传、传真、成交方式、单价、币制、包装重量、溢短比例、装卸港、保险、信用证开到地点等条款一一进行审核，防止漏打、错打。

(2) 要防止英文拼写错误，特别是对品名、价格条款、目的港等更要认真审核，防止打印上的错误，尽量减少和避免差错。

五、国际贸易合同样单

销售合同

SALES CONTRACT

WENSLI GROUP.
309 JICHANG RD, HANGZHOU, CHINA
TEL：86-25-4729178 FAX：82-25-4715619

编号 NO.： NEO2010/026
日期 DATE： AUG. 20, 2010
地点
SIGNED IN： HANGZHOU, CHINA

N. E. ORIENTAL TRADING CO. LTD.
P. O. BOX 12345 CODE 55400 T-3456789
RIYADH KINGDOM OF SAUDI ARABIA

买卖双方同意以下条款达成交易：

This contract is made by and agreed between the BUYER and SELLER, in accordance with the terms and conditions stipulated below.

1. 品名及规格 Commodity & Specification	2. 数量 Quantity	3. 单价 Unit Price	4. 金额 Amount
		CIF DAMMAM PORT, SAUDI ARABIA	
TEXTILE FABRIC	400 BUNDLES	USD120.00	USD48000.00
LADIES' SUIT	200 BUNDLES	USD50.00	USD10000.00
Total：	600 BUNDLES		USD58000.00

5% 溢短装，由卖方决定
More or less of shipment allowed at the sellers' option

5. 总值 Total Value　USD FIFTY EIGHT THOUSAND ONLY.

6. 包装 Packing　BUNDLE

7. 唛头 Shipping Marks　N. E. O. T
NEO2010/026
DAMMAM PORT
B/N 1-600

8. 装运期及运输方式 Time of Shipment & means of Transportation　NOT LATER THAN OCT. 20, 2010 BY VESSEL

9. 装运港及目的地 Port of Loading & Destination　From：SHANGHAI, CHINA
To：DAMMAM PORT, SAUDI ARABIA

10. 保险 Insurance　TO BE COVERED BY SELLER AGAINST WPA AND WAR RISKS FOR 110% OF THE INVOICE VALUE AS PER THE RELEVANT OCEAN MARINE CARGO OF PICC DATED 1/1/1981.

11. 付款方式 Terms of Payment　BY IRREVOCABLE LETTER OF CREDIT TO BE OPENED BY FULL AMOUNT OF L/C, PAYMENT AT SIGHT DOCUMENT TO E PRESENTED WITHIN 21 DAYS AFTER DATE OF B/L AT BENEFICIARY'S ACCOUNT.

12. 备注 Remarks　1) TRANSHIPMENT PROHIBITED, PARTIAL SHIPMENT PROHIBITED.
2) SHIPMENT TERMS WILL BE FULFILLED ACCORDING TO THE L/C FINALLY.

The Buyer	The Seller
N. E. ORIENTAL TRADING CO. LTD.	WENSLI GROUP.
（进口商签字盖章）	（出口商签字和盖章）

拓展学习 国际贸易合同有效成立的条件

合同对当事人构成的约束力是建立在法律基础上的。因此，合同必须符合法律规范才能得到法律的承认和保护。各国的法律对于合同的成立，都要求具备一定的条件，即所谓合同有效成立的条件，但各国的要求不完全相同。综合起来看，主要有以下几项。

一、合同当事人的意思表示要一致

这种意思表示一致是通过要约（Offer）和承诺（Acceptance）而达成的。也就是说，一方向另一方提出要约，另一方对该项要约表示承诺，双方的意思表示达成一致，合同即告成立，对双方均产生法律约束力。如果有要约，没有承诺，合同就不成立。即使双方相互要约（Cross Offer），意思表示正好一致，合同仍不成立。

二、对价和约因的规定

对价（Consideration）是英美法中有关合同成立所必须具备的一个要素。按英美法解释，合同当事人之间存在着我给你是为了你给我的关系。这种通过相互给付，从对方那里获得利益的关系称作对价。例如，在货物买卖合同中，买方付款是为了获得卖方的货物，而卖方交货是为了获得买方的货款。

约因（Cause）是大陆法中提出的合同成立要素之一。它是指当事人签订合同所追求的直接目的。例如，在货物买卖合同中，买卖双方签订合同都要有约因。买方的约因是获得货物，卖方的约因是获得货款。

在国际贸易合同中，要有对价或约因，法律才承认合同的有效性；否则，合同得不到法律的保障。

三、合同当事人必须有订立合同的能力

国际贸易合同一般是在法人之间签订的。我国《对外贸易法》规定我国的涉外经济合同当事人必须是企业或者其他经济组织；但是，法人是由自然人组织起来的，它必须通过自然人才能进行活动，因此，代表法人的自然人必须具备订立合同的能力。另外，法人本身也必须具有一定的行为和能力。法人采取的最普遍的具体形式是公司。

四、合同标的和内容必须合法

各国法律都规定合同不得违反法律，不得违反公共政策和公共秩序。我国《合同法》规定：订立合同，必须遵守法律，并不得损害社会公共利益。这里的公共利益是广义的，包括公众安全、优良习惯和道德规范。在国际贸易中对违禁品，如毒品、走私物品、严重败坏社会道德风尚的物品等签订贸易合同是不合法的；与敌国或国家明令禁止的贸易对象国签订贸易合同也是不合法的。

对于不合法的合同，在当事人之间，没有权利和义务关系。一旦双方当事人发生争议或纠纷，任何一方都不能上诉。法律对这种合同不予承认和保护。同时，如果法律认为必要时，还要追究当事人的刑事责任，没收买卖的货物。

五、当事人必须在自愿和真实的基础上签订合同

合同是双方当事人意思表示一致的结果。根据各国的法律规定，如果由于各种原因或事实，构成当事人表示的意思不是自愿和真实的，合同则不成立。

六、合同形式的法律规定

《联合国国际货物销售合同公约》（以下简称《公约》）对于国际货物买卖合同的形式，原则上不加以任何限制。《公约》第11条明确规定，买卖合同无需以书面订立或证明，在形式方面不受任何其他条件的限制。《公约》的这一规定既兼顾西方国家的习惯做法，也是为了适应国际贸易发展的特点。因为许多国家贸易合同是以现代通讯方法订立的，不一定存在书面合同。但《公约》允许缔约国对该条的规定提出声明予以保留。我国对此做了保留。

买卖双方在以函电成交时，任何一方当事人如果要以签订书面合同作为合同成立的依据，都必须在发出要约或在承诺通知中提出这一保留条件。这时，合同不是在双方函电达成协议时成立，而应于签订书面合同时成立。如果任何一方当事人都没有提出以签订书面合同作为合同成立的依据，则按合同法的一般原则，合同应于双方的函电达成协议时成立，即当载有承诺内容的信件、电报或电传生效时，合同即告成立。

实训练习

请根据以下背景材料，以业务员王明的身份缮制一份销售确认书（合同号码为 XX-SY2443，日期为 2012 年 12 月 25 日）。

（一）背景材料

上海希望贸易有限公司（SHANGHAI XIWANG TRADING CO.，LTD，1002 PUDONG SOUTH ROAD，SHANGHAI，CHINA）与香港星星贸易有限公司（XINGXING TRADING CO.，LTD，250 QUEEN ROAD，HONGKONG）互相建立贸易关系。港方业务员张欣对上海的 BEAUTY 牌 tablecloth 很感兴趣，产品信息如下。

货号	数量	规格	包装方式	单价（CIFC3 H. K）
GWAS01	1000 件	红色	20 件/纸箱	18.00 美元/件
GWAS02	800 件	蓝色	16 件/纸箱	12.50 美元/件

经过双方磋商，达成协议如下。

装运：2013 年 2 月底前装运至香港，允许分批装运和转运；

付款：即期信用证，2013 年 1 月中旬前开到卖方；

保险：按照全额发票价值另加 10%投保协会货物 A 险。

（二）缮制销售确认书

SALES CONFIRMATION

S/C No.： Date：

Seller：

Buyer：

Art. No.	Commodity & Specifications	Quantity	Unit price	Amount
	Total			

Total contract value:

Packing:

Shipment:

Terms of payment:

Insurance:

Confirmed by:

The seller　　　　　　　　　　　　The buyer

项目三

信用证操作

任务一　开证申请书

【任务要求】

- 1. 了解申请开证的注意事项；
- 2. 熟悉开证申请书的内容条款；
- 3. 能根据合同等背景资料熟练缮制开证申请书。

Letter of Credit，简称 L/C，是开证银行根据进口人的请求和指示向出口人开立的一定金额的，在一定期限内凭规定的单据付款的书面保证文件。若合同规定采用信用证方式支付货款，则买方应在合同规定的时间内，办理向银行申请开立信用证、填写开证申请书、缴纳开证保证金等手续。

一、申请开证注意事项

进口商在办理开证手续时，应注意以下问题。

(1) 开证时间：如合同规定开证日期，就必须在规定限期内开立信用证；如合同有装运期的起止日期，那么最迟必须让卖方在装运期开始前的最后一天收到信用证；如合同只规定最后装运期，那么买方应在合理的时间内开证，一般掌握在合同规定的交货期前半个月或一个月开到卖方。总之，要让卖方在收到信用证以后能在合同规定的装运期内装运货物。

(2) 申请开证前，要落实进口批准手续及外汇来源。

(3) 开证时要注意证同一致，必须以对外签订的买卖合同（包括修改后的买卖合同）为依据，合同中规定要在信用证上明确的条款都必须列明，一般不能使用“参阅第××号合同”或“第××号合同项下货物”等条款，也不能将有关合同作为信用证附件附在信用证后，因为信用证是一个独立的文件，不依附于贸易合同。

(4) 如合同规定为远期付款时，要明确汇票期限，价格条款必须与相应的单据要求以及费用负担、表示方法等相吻合。如 CIF 价格条件下，开证申请书应表明要求卖方提交“运费已付”的提单，要求卖方提交保险单据，表明保险内容、保险范围及投保金额。

(5) 由于银行是凭单付款，不管货物质量如何，都不受买卖合同的约束，所以为使货物质量符合合同规定，买方可在合同中并相应的在信用证中要求卖方提供商品检验机构出立的装船前检验证明，并明确规定货物的规格品质，指定检验机构，这样，交单时如发现检验结果与证内规定不一致，可拒付货款。

(6) 信用证内容必须明确无误，应明确规定各类单据的出单人（商业发票、保险单和运输单据除外），明确规定各单据应表述的内容。

(7) 在信用证支付方式下，只要单据表面与信用证条款相符合，开证行就必须按规定付款。所以，进口人对卖方的要求，在申请开证时，应按合同有关规定转化成有关单据，具体规定在信用证中。如信用证申请书中含有某些条件而未列明，应提交与之相应的单据，否则银行将认为未列此条件，对此将不予理会。

(8) 一般信用证都应明确表示可撤销或不可撤销，如无此表示，根据《UCP600》规定，应视作不可撤销的信用证，我国基本上都使用不可撤销信用证。

(9) 国外通知行由开证行指定，进口方不能指定，但如果出口商在订立合同时，坚持指定通知行，进口商可在开证申请书上注明，供开证行在选择通知行时参考。

(10) 不准分批装运、不准中途转运、不接受第三者装运单据，均应在信用证中明确规定，否则，将被认为允许分批、允许转运、接受第三者装运单据。

(11) 对我方开出的信用证，如对方（出口人）要求其他银行保兑或由通知行保兑，我方原则上不能同意（在订立买卖合同时，应说服国外出口人免除保兑要求，以免开证时被动）。

(12) 我国银行一般不开可转让信用证（因为对第二受益人资信难以了解，特别是对于跨地区和国家的转让更难掌握）。但在特殊情况下，如大额合同项下开证要求多家出口商交货，照顾实际需要可与银行协商开出可转让信用证。另外，我国银行一般也不开有电报索偿条款（T/T reimbursement clause）的信用证。

二、开证申请书的内容及缮制要求

（一）To

致____________________行，填写开证行名称。

（二）Date

申请开证日期，如：050428。

（三）信用证开立方式

1. Issue by airmail

以信开的形式开立信用证。选择此种方式，开证行以航邮将信用证寄给通知行。

2. With brief advice by teletransmission

以简电开的形式开立信用证。选择此种方式，开证行将信用证主要内容发电预先通知受益人，银行承担必须使其生效的责任，但简电本身并非信用证的有效文本，不能凭以议付或付款，银行随后寄出的“证实书”才是正式的信用证。

3. Issue by express delivery

以信开的形式开立信用证。选择此种方式，开证行以快递（如：DHL）将信用证寄给通知行。

4. Issue by teletransmission（which shall be the operative instrument）

以全电开的形式开立信用证。选择此种方式，开证行将信用证的全部内容加注密押后发出，该电讯文本为有效的信用证正本。如今大多用“全电开证”的方式开立信用证。

（四）Credit No.

信用证号码，由银行填写。

（五）Date and place of expiry

信用证有效期及地点，地点填受益人所在国家。

例如：050815 IN THE BENEFICIARY' S COUNTRY

（六）Applicant

填写开证申请人名称及地址。开证申请人（Applicant）又称开证人（Opener），系指向银行提出申请开立信用证的人，一般为进口人，就是买卖合同的买方。开证申请人为信用证交易的发起人。

（七）Beneficiary（Full name and address）

填写受益人全称和详细地址。受益人指信用证上所指定的有权使用该信用证的人。一般为出口人，也就是买卖合同的卖方。

（八）Advising Bank

填写通知行名址。如果该信用证需要通过收报行以外的另一家银行转递、通知或加具保兑后给受益人，该项目内填写该银行。

（九）Amount

填写信用证金额和币别，分别用数字小写和文字大写。

例如：USD89600 U. S. DOLLARS EIGHTY NINE THOUSAND SIX HUNDRED ONLY

（十）Partial shipments

分批装运条款。填写跟单信用证项下是否允许分批装运。

（十一）Transhipment

转运条款。填写跟单信用证项下是否允许货物转运。

（十二）Loading on board/dispatch/taking in charge at/from

填写装运港。

（十三）Not later than

填写最后装运期。

（十四）For transportation to

填写目的港。

（十五）价格条款

根据合同内容选择或填写价格条款。

（十六）Credit available with

填写此信用证可由________银行即期付款、承兑、议付、延期付款，即押汇银行（出口地银行）名称。如果信用证为自由议付信用证，银行可用“ANY BANK IN…（地名/国名）”表示；如果该信用证为自由议付信用证，而且对议付地点也无限制时，可用“ANY BANK”表示。

sight payment　勾选此项，表示开具即期付款信用证。即期付款信用证是指受益人（出口商）根据开证行的指示开立即期汇票，或无须汇票仅凭运输单据即可向指定银行提示请求付款的信用证。

acceptance　勾选此项，表示开具承兑信用证。承兑信用证是指信用证规定开证行对于受益人开立以开证行为付款人或以其他银行为付款人的远期汇票，在审单无误后，应承担承兑汇票并于到期日付款的信用证。

negotiation　勾选此项，表示开具议付信用证。议付信用证是指开证行承诺延伸至第三当事人，即议付行，其拥有议付或购买受益人提交信用证规定的汇票/单据权利行为的信用证。如果信用证不限制某银行议付，可由受益人（出口商）选择任何愿意议付的银行，提交汇票、单据给所选银行请求议付的信用证称为自由议付信用证，反之为限制性议付信用证。

deferred payment at　勾选此项，表示开具延期付款信用证。如果开具这类信用证，需要写明延期多少天付款，例如：at 60 days from payment confirmation（60 天承兑付款）、at 60 days from B/L date（提单日期后 60 天付款），等等。延期付款信用证指不需汇票，仅凭受益人交来单据，审核相符，指定银行自承担延期付款责任起，延长直至到期日付款。该信用证除能够为欧洲地区进口商避免向政府交纳印花税而免开具汇票外，其他都类似于远期信用证。

（十七）against the documents detailed herein and beneficiary's draft（s）for ________% of invoice value at ______ sight drawn on ________

连同以下单据：受益人按发票金额______%，作成限制为_____天，付款人为_____的汇票。注意延期付款信用证不需要选择连同此单据。

关于发票金额比例，如果是单一结算方式，汇票金额通常按照发票金额的 100%开立，如果是复合结算方式，则信用证项下汇票金额按合同规定的信用证支付金额填写。

“at ______ sight”为付款期限。如果是即期，需要在“at ______ sight”之间填“＊＊＊”或“—”，不能留空。

如果是远期，要注意三种表达方式的不同：at ×× days after date（出票后××天），at ×× days after sight（见票后××天）或 at ×× days after date of B/L（提单日后××天）等。这三种表达方式在付款时间上是不同的，“出票后××天”是指从汇票出票日开始计算的出票后××天；“见票后××天”是指从银行见到受益人提示的单据时间算起××天，而“提单日后××天”是指从提单上的出具日开始计算的××天，所以如果能尽量争取到以“见票后××天”的条件成交，等于又争取了几天迟付款的时间。

“drawn on”为指定付款人。注意汇票的付款人应为开证行或指定的付款行。如：against the documents detailed herein and beneficiary's draft（s）for 100 % of invoice value at *** sight drawn on THE CHARTERED BANK.

（十八）Documents required（marked with ×）

信用证需要提交的单据（用"×"标明）。根据国际商会《UCP600》，信用证业务是纯单据业务，与实际货物无关，所以信用证申请书上应按合同要求明确写出所应出具的单据，包括单据的种类，每种单据所表示的内容，正、副本的份数，出单人等。一般要求提示的单据有提单（或空运单、收货单）、发票、箱单、重量证明、保险单、数量证明、质量证明、产地证、装船通知、商检证明以及其他申请人要求的单证等。

注意：如果是以 CFR 或 CIF 成交，要求对方出具的提单为"运费已付"（Freight Prepaid）。如果是以 FOB 成交，要求对方出具的提单为"运费到付"（Freight Collect）。如果按 CIF 成交，申请人应要求受益人提供保险单，且注意保险险别，赔付地应要求在到货港，以便一旦出现问题，方便解决。汇票的付款人应为开证行或指定的付款行，不可规定为开证申请人，否则会被视作额外单据。

（1）经签字的商业发票一式______份，标明信用证号______和合同号______。

（2）全套清洁已装船海运提单，作成空白抬头、空白背书，注明"运费［ ］待付/［ ］已付"，［ ］标明运费金额，并通知________。空运提单收货人为________，注明"运费［ ］待付/［ ］已付"，［ ］标明运费金额，并通知________。

（3）保险单/保险凭证一式______份，按发票金额的________%投保，注明赔付地在________，以汇票同种货币支付，空白背书，投保__________。

（4）装箱单/重量证明一式________份，注明每一包装的数量、毛重和净重。

（5）数量/重量证一式______份，由__________出具。

（6）品质证一式______份，由［ ］制造商/［ ］公众认可的检验机构__________出具。

（7）产地证一式______份，由__________________出具。

（8）受益人以传真/电传方式通知申请人装船证明副本，该证明须在装船后________日内发出，并通知该信用证号、船名、装运日以及货物的名称、数量、重量和金额。

（9）Other documents，if any 其他单据。

（十九）Description of goods

货物描述，一般包括品名、品质、数量、单价、价格术语、合同号码、包装要求等。

例如：500 PCS of Stainless steel spade head S821/29099，USD 9.60 per pc，according to S/C No. A97DE23600256 dd. Nov. 12，2005 CIF Rotterdam（Incoterms 2000）

（二十）Additional instructions

附加条款，是对以上各条款未述之情况的补充和说明，且包括对银行的要求等。

（1）开证行以外的所有银行费用由受益人担保；

（2）所需单据须在运输单据出具日后________天内提交，但不得超过信用证有效期；

（3）第三方为托运人不可接受，简式/背面空白提单不可接受；

（4）数量及信用证金额允许有________%的增减；

（5）所有单据须指定____________船公司。

（二十一）Other terms，if any

其他条款。

三、开证申请书样单

IRREVOCABLE DOCUMENTARY CREDIT APPLICATION

<table>
<tr><td colspan="2">TO: BANK OF CHINA BEIJING BRANCH</td><td>Date: MAY 25, 2004</td></tr>
<tr><td colspan="2">☐ Issue by airmail
☐ With brief advice by teletransmission
☐ Issue by express delivery
☒ Issue by teletransmission(which shall be the operative instrument)</td><td>Credit No. FX393933

Date and place of expiry JULY30, 2004 CHINA</td></tr>
<tr><td colspan="2">Applicant
EAST AGENT COMPANY
ROOM 2401, WORLDTRADE MANSION, SANHUAN ROAD 47#, BEIJING, P. R. CHINA</td><td>Beneficiary (Full name and address)
LPG INTERNATION CORPORATION
333 BARRON BLVD., INGLESIDE, ILLINOIS (UNITED STATES)</td></tr>
<tr><td colspan="2">Advising Bank

ANY BANK IN AMERICA</td><td>Amount
USD570,000.00
SAY US DOLLARS FIVE HUNDRED AND SEVENTY THOUSAND ONLY</td></tr>
<tr><td>Partial shipments
☐ allowed ☒ not allowed</td><td>Transhipment
☐ allowed ☒ not allowed</td><td rowspan="3">Credit available with
ANY BANK By
☐ sight payment
☐ acceptance
☒ negotiation
☐ deferred payment at
against the documents detailed herein

☒ and beneficiary's draft(s) for 100 % of invoice value
at ******* sight

drawn on BANK OF CHINA BEIJING BRANCH</td></tr>
<tr><td colspan="2">Loading on board/dispatch/taking in charge at/from

PORT OF SHIPMENT: NEW YORK

not later than JULY 15, 2004
For transportation to: XINGANG PORT, TIANJING OF CHINA</td></tr>
<tr><td colspan="2">☒ FOB ☐ CFR ☐ CIF ☐ or other terms</td></tr>
</table>

Documents required: (marked with ×)

1. (×) Signed commercial invoice in __3__ copies indicating L/C No. and Contract No.
2. (×) Full set of clean on board Bills of Lading made out to order and blank endorsed, marked "freight[×] to collect / [ ] prepaid[ ]showing freight amount"notifying the applicant with full name and address ( ) Airway bills/cargo receipt/copy of railway bills issued by ________ showing "freight [ ] to collect/[ ] prepaid [ ] indicating freight amount" and consigned to ________.
3. ( ) Insurance Policy/Certificate in ______ copies for ______% of the invoice value showing claims payable in ________ in currency of the draft, blank endorsed, covering All Risks, War Risks and ________.
4. (×) Packing List/Weight Memo in __3__ copies indicating quantity, gross and weights of each package.
5. ( ) Certificate of Quantity/Weight in ________ copies issued by ________.
6. ( ) Certificate of Quality in ______ copies issued by [ ] manufacturer/[ ] public recognized surveyor ________.
7. (×) Certificate of Origin in __2__ copies.
8. (×) Beneficiary's certified copy of fax/telex dispatched to the applicant within __1__ days after shipment advising L/C No., name of vessel, date of shipment, name, quantity, weight and value of goods.
9. ( ) Other documents, if any

Description of goods:

NAME OF COMMODITY: MEN'S DENIM SHIRTS
SPECIFICATIONS: COLOR: NAVY/WHITE
FABRIC CONTENT: 100% COTTON
QUANTITY: 2000 CARTONS, 1000 CARTONS EACH COLOR
SHIPPING MARK: ST
NO. 1…UP

Additional instructions:

1. (×) All banking charges outside the opening bank are for beneficiary's account.
2. (×) Documents must be presented within __10__ days after date of issuance of the transport documents but within the validity of this credit.
3. ( ) Third party as shipper is not acceptable, Short Form/Blank back B/L is not acceptable.
4. ( ) Both quantity and credit amount ________% more or less are allowed.
5. (×) All documents must be sent to issuing bank by courier/speed post in one lot.
6. ( ) Other terms, if any

拓展学习 信用证开立的流程

一、开证的申请

进出口双方同意用跟单信用证支付后，进口商便有责任开证。第一件事是填写开证申请表，这张表为开证申请人与开证行建立了法律关系，因此，开证申请表是开证的最重要的文件。

二、开证的要求

信用证申请的要求在统一惯例中有明确规定，进口商必须确切地将其告之银行。

信用证开立的指示必须完整和明确。申请人必须时刻记住跟单信用证交易是一种单据交易，而不是货物交易。银行家不是商人，因此申请人不能希望银行工作人员能充分了解每一笔交易中的技术术语。即使他将销售合同中的所有条款都写入信用证中，如果受益人真的想欺骗，他也无法得到完全保护。这就需要银行与申请人共同努力，运用常识来避免开列对各方均显累赘的信用证。银行也应该避免在开立信用证时其内容套用过去已开立的信用证（套证）。

三、开证的安全性

银行接到开证申请人完整的指示后，必须立即按该指示开立信用证。另一方面，银行也有权要求申请人交出一定数额的资金或以其财产的其他形式作为银行执行其指示的保证。

按现行规定，中国地方、部门及企业所拥有的外汇通常必须存入中国的银行。如果某些单位需要跟单信用证进口货物或技术，中国的银行将冻结其账户中相当于信用证金额的资金作为开证保证金。

如果申请人在开证行没有账号，开证行在开立信用证之前很可能要求申请人在其银行存入一笔相当于全部信用证金额的资金。这种担保可以通过抵押或典押实现（例如股票），但银行也有可能以用于交易的货物作为担保提供融资。开证行首先要对该笔货物的适销性进行调查，如果货物易销，银行凭信用证给客户提供的融资额度比滞销商品要高得多。

四、申请人与开证行的义务和责任

申请人对开证行承担三项主要义务。

(1) 申请人必须偿付开证行代其向受益人支付的货款，在申请人付款前，作为物权凭证的单据仍属于银行。

(2) 如果单据与信用证条款相一致而申请人拒绝“赎单”，则其作为担保的存款或账户上已被冻结的资金将归银行所有。

(3) 申请人有向开证行提供开证所需的全部费用的责任。

开证行对申请人所承担的责任：首先，开证行一旦收到开证的详尽指示，有责任尽快开证；其次，开证行一旦接受开证申请，就必须严格按照申请人的指示行事。

任务二 SWIFT 信用证

【任务要求】

1. 了解 SWIFT 信用证的含义及表示方式；
2. 了解 SWIFT 信用证 MT700 和 MT707 的标准格式与内容条款。

一、SWIFT 信用证的含义

SWIFT 信用证也称环银电协信用证，是指凡通过 SWIFT 系统开立或予以通知的信用证，当前国际贸易中使用的信用证大多都是 SWIFT 信用证。

二、SWIFT 信用证的表示方式

（一）项目表示方式

SWIFT 由项目（FIELD）组成，如 59 BENEFICIARY（受益人），就是一个项目，59 是项目的代号，可以是两位数字表示，也可以两位数字加上字母来表示，如 31C DATE OF ISSUE（申请人）。不同的代号，表示不同的含义。项目还规定了一定的格式，各种 SWIFT 电文都必须按照这种格式表示。

在 SWIFT 电文中，一些项目是必选项目（MANDATORY FIELD），一些项目是可选项目（OPTIONAL FIELD），必选项目是必须要具备的，如 31D EXPIRY（信用证到期日及地点），可选项目是另外增加的项目，并不一定每个信用证都有的，如 39B MAXIMUM CREDIT AMOUNT（信用证最高金额）。

（二）日期表示方式

SWIFT 电文的日期表示为：YYMMDD（年月日）。

例如：2009 年 6 月 15 日表示为 090615；2014 年 3 月 10 日表示为 140310。

（三）数字表示方式

在 SWIFT 电文中，数字不使用分格号，小数点用逗号“,”来表示。

例如：8，152，296.39 表示为 8152296，39 ；4/5 表示为 0，8 ；6% 表示为 6 PERCENT。

（四）货币表示方式

货币用代码表示。

例如：美元用 USD 表示；港币用 HKD 表示；人民币用 CNY 表示，等等。

三、SWIFT 信用证的格式与内容

SWIFT 信用证采用 MT700 标准格式开立并正式通知和传递，如对已经开出的 SWIFT 信用证进行修改，则需采用 MT707 标准格式传递信息。以下分别介绍 SWIFT 信用证 MT700 和 MT707 的标准格式与项目内容。

（一）MT700（开立并正式通知）

1. 27： 报文页次（Sequence of Total）

如果该跟单信用证条款能够全部容纳在该 MT700 报文中，那么该项目内就填入“1/1”。如果该证由一份 MT700 报文和一份 MT701 报文组成，那么在 MT700 报文的项目“27”中填入“1/2”，在 MT701 报文的项目“27”中填入“2/2”，以此类推。

2. 40A： 跟单信用证形式（Form of Doc. Credit）

不可撤销跟单信用证和/或可转让跟单信用证。如果为转让信用证，则详细的转让条款应在项目“47A”中列明。

3. 20： 跟单信用证号码（Documentary Credit Number）

4. 23： 预先通知编号（Reference to Pre-advice）

如果采用此格式开立的信用证已被预先通知，此项目内应填入“PREADV/”，后跟预先通知的编号或日期。如果信用证未预先通知，则不需要填写。

5. 31C： 开证日期（Date of Issue）

该项目列明开证行开立跟单信用证的日期。如果报文无此项目，那么开证日期就是该报文的发送日期。

6. 40E： 适用规则（Applicable Rules）

该项目有 6 种可供使用的选择。

(1)“UCP LATEST VERSION”（统一惯例最新版本），表示信用证适用在开证日有效的国际商会跟单信用证统一惯例。

(2)“EUCP LATEST VERSION”（电子化交单统一惯例最新版本），表示信用证适用在开证日生效的国际商会跟单信用证统一惯例电子化交单附则。

(3)“UCP URR LATEST VERSION”（统一惯例及偿付统一规则最新版本），表示信用证适用在开证日有效的国际商会跟单信用证统一惯例及国际商会银行间偿付统一规则。

(4)“EUCP URR LATEST VERSION”（电子化交单统一惯例及偿付统一规则最新版本），表示信用证适用在开证日有效的国际商会跟单信用证统一惯例电子化交单附则及国际商会银行间偿付统一规则。

(5)“ISP LATEST VERSION”（《国际备用证惯例》最新版本），表示备用信用证适用于在开证日有效的国际商会国际备用证惯例。

(6)“OTHER”（其他），表示信用证适用任何其他规则，此时应在 47A 中注明该信用证适用的具体规则的名称。

只有使用代码字 OTHER 时，才可以后跟附加信息。

7. 31D： 到期日及到期地点（Expiry）

该项目列明跟单信用证最迟交单日期和交单地点。

8. 51A： 开证申请人的银行（Application's Bank）

如果开证行和开证申请人的银行不是同一家银行，该报文使用该项目列明开证申请人的银行。

9. 50：开证申请人（Applicant）

10. 59：受益人（Beneficiary）

11. 32B：跟单信用证的货币及金额（Currency Code，Amount）

12. 39A：信用证金额浮动允许范围（Percentage Credit Amount）

该项目列明信用证金额上下浮动最大允许范围，用百分比表示，如用“10/10”来表示允许上下浮动各不超过10%。（注：39A 与 39B 不能同时出现）

13. 39B：信用证金额最高限额（Maximum Credit Amount）

该项目“UP TO”、“MAXIMUM”或“NOT EXCEEDING”（后跟金额），表示跟单信用证金额最高限额。（注：39A 与 39B 不能同时出现）

14. 39C：附加金额（Additional Amount Covered）

该项目列明信用证所涉及的附加金额，诸如保险费、运费、利息等。

15. 41A：指定的有关银行及信用证兑付方式（Available with…by…）

该项目列明被授权对该证付款、承兑或议付的银行及该信用证的兑付方式。

（1）银行表示方法

该项目代号为“41A”时，用 SWIFT 名址码表示银行。该项目代号为“41D”时，用行名地址表示银行。

如果信用证为自由议付信用证时，该项目代号应为“41D”，银行用“ANY BANK IN...（地名/国名）”指定银行；如果信用证为自由议付信用证，而且对议付地点也无限制时，该项目代号应为“41D”，银行用“ANY BANK”表示。

（2）兑付方式表示方法

BY PAYMENT：即期付款

BY ACCEPTANCE：远期承兑

BY NEGOTIATION：议付

BY DEF PAYMENT：迟期付款

BY MIXED PYMT：混合付款

如果该证系延期付款信用证，有关付款的详细条款将在项目“42P”中列明；如果该证系混合付款信用证，有关付款的详细条款将在项目“42M”中列明。

16. 42C：汇票付款期限（Drafts at…）

该项目列明跟单信用证项下汇票付款期限。

17. 42A：汇票付款人（Drawee）

该项目列明跟单信用证项下汇票的付款人，必须与 42C 同时出现。该项目内不能出现账号。

18. 42M：混合付款条款（Mixed Payment Details）

该项目列明混合付款跟单信用证项下付款日期、金额及其确定的方式。

19. 42P：延期付款条款（Deferred Payment Details）

该项目列明只有在延期付款跟单信用证项下的付款日期及其确定的方式。

20. 43P：分批装运条款（Partial Shipments）

该项目列明跟单信用证项下分批装运是否允许。

21. 43T：转运条款（Transhipment）

该项目列明跟单信用证项下货物转运是否允许。

22. 44A：接受监管地/发运地/收货地（Place of Taking in Charge/Dispatch from…/Place of Receipt）

该项目列明货物起运地点（在使用多种方式联运单据的情况下）、接收地（公路、铁路、内陆水运单据、信件、快递服务单据）、标注在货运单据上的发货地。

23. 44E：装运港/出发机场（Port of Loading/Airport of Departure）

该项目描述了货运单据中列明的装货港口或始发航空港的名称。

24. 44F：卸货港/目的地机场（Port of Discharge/Airport of Destination）

该项目描述了货运单据中列明的卸货港口或航空港目的地的名称。

25. 44B：最终目的地/运往……/交货地（For Transportation to…）

该项目描述了货运单据中列明的最终目的地或交货地点名称。

26. 44C：最后装运日（Latest Date of Shipment）

该项目列明最迟装船、发运和接受监管的日期。（注：44C 与 44D 不能同时出现）

27. 44D：装运期间（Shipment Period）

该项目列明最迟装船、发运和接受监管的期间。（注：44C 与 44D 不能同时出现）

28. 45A：货物/劳务描述（Description Goods and/or Services）

价格条款，如：FOB、CFR、CIF 等，列在该项目中。

29. 46A：单据要求（Documents Required）

如果信用证规定运输单据的最迟出单日期，信用证应和有关单据的要求一起在该项目中列明。

30. 47A：附加条款（Additional Conditions）

该项目列明信用证的附加条款。

注意：当一份信用证由一份 MT700 报文和一至三份 MT701 报文组成时，项目“45A”、“46A”和“47A”的内容只能完整地出现在某一份报文中（即在 MT700 或某一份 MT701 中），不能被分割成几部分分别出现在几个报文中。

在 MT700 报文中，“45A”、“46A”、“47A”三个项目的代号应分别为“45A”、“46A”和“47A”，在报文 MT701 中，这三个项目的代号应分别为“45B”、“46B”、“47B”。

31. 71B：费用负担（Charges）

该项目的出现只表示费用由受益人负担。若报文无此项目，则表示除议付费、转让费外，其他费用均由开证申请人负担。

32. 48：交单期限（Period for Presentation）

该项目列明在开立运输单据后多少天内交单。若报文未使用该项目，则表示在开立运输单据后 21 天内交单。

33. 49：保兑指示（Confirmation Instructions）

该项目列明给收报行的保兑指示。该项目内容如下。

CONFIRM：要求收报行保兑该信用证。

MAY ADD：收报行可以对该信用证加具保兑。

WITHOUT：不要求收报行保兑该信用证。

34. 53A：偿付行（Reimbursement Bank）

该项目列明被开证行授权偿付跟单信用证金额的银行。该偿付行可以是发报行的分行，或收报行的分行，也可以是完全不同的另一家银行。

35. 78：给付款行、承兑行、议付行的指示（Instructions to the Paying/Accepting/Negotiation bank）

36. 57A：通知行（“Advise Through” Bank）

如果该信用证需通过收报行以外的另一家银行转递、通知或加具保兑后给受益人，则在该项目内填写该银行。

37. 72：**附言**（Sender to Receiver Information）

该项目可能出现的代码如下。

/PHONBEN/：请用电话通知受益人（后跟电话号码）。

/TELEBEN/：请用快捷有效的电讯方式通知受益人，包括 SWIFT、传真、电报、电传等。

（二）MT707（修改通知）

1. 20：发报行的编号（Sender's Reference）

2. 21：收报行的编号（Receiver's Reference）

如果发报行不知道收报行的编号，可在本栏内填写“NONREF”。

3. 23：开证银行的编号（Issuing Bank's Reference）

如果该 MT707 报文是由开证行以外的银行（即通知行）发送的，则使用该项目列明开证行的跟单信用证号码。

4. 52A：开证银行（Issuing Bank）

如果发报行不是开证行，则使用该项目列明开证行。

5. 31C：开证日期（Date of Issue）

该项目列明原跟单信用证开立的日期，即开证行开立信用证的日期。

6. 30：修改日期（Date of Amendment）

该项目列明开证行修改信用证的日期。如果报文未使用该项目，则修改日期即为该 MT707 报文的发送日期。

7. 26E：修改次数（Number of Amendment）

该项目列明信用证修改的次数，要求按顺序排列。

8. 59：信用证的受益人（本次修改前的）[Beneficiary（before this amendment）]

该项目为原信用证的受益人，如果要修改信用证的受益人，则需要在 79（修改详述）中列明。

9. 31E：信用证新的有效期（New Date of Expiry）

信用证修改后的最后的交单日期。

10. 32B：跟单信用证金额的增额（Increase of Documentary Credit Amount ）

11. 33B：跟单信用证金额的减额（Decrease of Documentary Credit Amount ）

12. 34B：跟单信用证修改后的金额（New Documentary Credit Amount After）

13. 39A：信用证金额上下浮动允许的最大范围的修改（Percentage Credit Amount Tolerance）

该项目的表示方法较为特殊，数值表示百分比的数值，如 5/5，表示上下浮动最大为 5%。（注：39B 与 39A 不能同时出现）

14. 39B：信用证最大限制金额的修改（Maximum Credit Amount）

该项目用“UP TO”、“MAXIMUM”或“NOT EXCEEDING”（后跟金额），表示新的跟单信用证金额最高限额。（注：39B 与 39A 不能同时出现）

15. 39C：附加金额的修改（Additional Amount Covered）
该项目列明对信用证所涉及的保险费、利息、运费等金额的修改。

16. 44A：接受监管地/发运地/收货地的修改（Loading on Board/Dispatch/Taking in Charge at /from…）

17. 44E：装运港/出发机场的修改（Port of Loading/Airport of Departure）

18. 44F：卸货港/目的地机场的修改（Port of Discharge/Airport of Destination）

19. 44B：最终目的地/运往……/交货地的修改（For Transportation to…）

20. 44C：最后装运日的修改（Latest Date of Shipment）
该项目列明对最迟装船、发运和接受监管日期的修改。（注：44C 与 44D 不能同时出现）

21. 44D：装运期间的修改（Shipment Period）
该项目列明对装船、发运和接受监管日期的修改。（注：44C 与 44D 不能同时出现）

22. 79：修改详述（Narrative）
详细的修改内容。

23. 72：附言（Sender to Receiver Information）
该项目可能出现的代码如下。
/BENCON/：要求收报行通知发报行受益人是否接受该信用证的修改；
/PHONBEN/：请电话通知受益人（列出受益人的电话号码）。
/TELEBEN/：请用快捷有效的电讯方式通知受益人，包括 SWIFT、传真、电报、电传等。

四、SWIFT 信用证（MT700 格式）实例

SEQUENCE OF TOTAL	*27	：1/1
FORM OF DOC. CREDIT	*40 A	：CONFIRMED AND IRREVOCABLE
DOC. CREDIT NUMBER	*20	：M521588
DATE OF ISSUE	*31 C	：131202
EXPIRY	*31 D	：DATE 140130 PLACE CHINA
APPLICANT	*50	：SASAKO GARMENT TRADING CORPORATION 3-5-8ORBURA，MINATO-KU，OSAKA 105-8005，JAPAN
BENEFICIARY	*59	：NANTONG QIANJIN GARMENT CO.，LTD NO. 69 GONGNON RD. NANTONG JIANGSU CHINA
AMOUNT	*32 B	：CURRENCY USD AMOUNT 185600，00
AVAILABLE WITH/BY	*41 D	：ANY BANK BY NEGOTIATION
DRAFTS AT…	*42 C	：DRAFTS AT 30DAYS SIGHT FOR 100PCT OF THE INVOICE VALUE
DRAWEE	*42 A	：BANK OF CHINA OSAKA (OSAKA BRANCH)
PARTIAL SHIPMENTS	*43 P	：PARTIAL SHIPMENTS ALLOWED
TRANSHIPMENT	*43 T	：TRANSHIPMENT NOT ALLOWED

PORT OF LOADING/ *44 A : SHANGHAI PORT
AIRPORT OF DEPARTURE *44E
PORT OF DISCHARGE/ *44 B : JAPANESE PORT
AIRPORT OF DESTINATION *44F
LATEST DATE OF SHIP. *44 C : 140115
DESCRIPT. OF GOODS *45 A : AS PER THE S/C CHJ01-01 1600DOZ OF MEN'S SHIRTS PRICE TERM: CIF OSAKA
DOCUMENTS REQUIRED *46 A : 1) SIGNED COMMERCIAL INVOICE IN 1 ORIGINAL AND 3 COPIES.

2) FULL SET OF CLEAN ON BOARD OCEAN BILLS OF LADING MADE OUT TO ORDER AND BLANK ENDORSED MARKED "FREIGHT COLLECT" AND NOTIFY ACCOUNTEE.

3) PACKING LIST IN 1 ORIGINAL AND 3 COPIES.

4) INSURANCE POLICY OR CERTIFICATE IN TWO FOLD ENDORSED IN BLANK, FOR 110% OF THE INVOICE VALUE COVERING THE FOLLOWING RISK'S ALL RISKS AND WAR RISKS AS PER PICC. CLAIM PAYABLE IN OSAKA JAPAN.

ADDITIONAL COND. *47 A : 1) ALL DOCUMENTS MUST BE SENT TO US IN ONE LOT BY REGISTERED AIRMAIL.

2) A FEE FOR USD50, 00 OR EQUIVALENT IN THE CREDIT CURRENCY WILL BE DEDUCTED FROM PAYMENT ON EACH SET OF DOCUMENTS CONTAINING DISCREPANCIES.

3) THE GOODS TO BE PACKED IN EXPORT STRONG CARTONS.

4) 5PCT MORE OR LESS BOTH IN AMOUNT AND QUANTITY ALLOWED.

5) T. T. REIMBURSEMENT IS NOT ACCEPTABLE.

CHARGES *71 B : ALL BANKING CHARGES OUTSIDE JAPAN FOR THE ACCOUNT OF THE BENEFICIARY.
PERIOD FOR PRESENTATION *48 : DOCUMENTS TO BE PRESENTED WITHIN 15 DAYS AFTER THE DATE OF ISSUANCE OF THE SHIPPING DOCUMENTS BUT WITHIN THE VALIDITY OF THE CREDIT.

CONFIRMATION INSTRUCTIONS *49 : WITHOUT
INSTRUCTIONS TO THE PAYING/ACCEPTING/NEGOTIATION BANK *78 : ALL DRAFTS DRAWN HEREUNDER MUST INDICATE THE NUMBER, DATE OF ISSUE AND NAME OF THIS CREDIT. THE AMOUNT OF EACH DRAWING UNDER THIS CREDIT MUST BE ENDORSED BY THE NEGOTIATING BANK ON THE REVERS HEREOF. WE HEREBY ENGAGE WITH DRAWERS, ENDORSERS AND BONA FIDE HOLDERS OF DRAFTS DRAWN UNDER AND IN COMPLIANCE WITH TERMS OF THIS CREDIT THAT SUCH DRAFTS WILL BE DULY HONORED UPON PRESENTATION TO THE DRAWEE.
THIS LETTER OF CREDIT IS SUBJECT TO《UCP600》.

拓展学习 SWIFT和SWIFT信用证

SWIFT（Society for Worldwide Interbank Financial Telecommunications——环球同业银行金融电讯协会），是一个国际银行间非盈利性的国际合作组织，总部设在比利时的布鲁塞尔，同时在荷兰阿姆斯特丹和美国纽约分别设立交换中心（Swifting Center），并为各参加国开设集线中心（National Concentration），为国际金融业务提供快捷、准确、优良的服务。SWIFT运营着世界级的金融电文网络，银行和其他金融机构通过它与同业交换电文（Message）来完成金融交易。除此之外，SWIFT还向金融机构销售软件和服务，其中大部分的用户都在使用SWIFT网络。

SWIFT组织成立于1973年5月，其全球计算机数据通讯网在荷兰和美国设有运行中心，在各会员国设有地区处理站，来自美国、加拿大和欧洲的15个国家的239家银行宣布正式成立SWIFT，其总部设在比利时的布鲁塞尔，它是为了解决各国金融通信不能适应国际间支付清算的快速增长而设立的非盈利性组织，负责设计、建立和管理SWIFT国际网络，以便在该组织成员间进行国际金融信息的传输和确定路由。该组织创立之后，其成员银行数逐年迅速增加。从1987年开始，非银行的金融机构，包括经纪人、投资公司、证券公司和证券交易所等，开始使用SWIFT。至2010年，该网络已遍布全球206个国家和地区的8000多家金融机构，提供金融行业安全报文传输服务与相关接口软件，支援80多个国家和地区的实时支付清算系统。

1980年SWIFT连接到香港。我国的中国银行于1983年加入SWIFT，是SWIFT组织的第1034家成员行，并于1985年5月正式开通使用，成为我国与国际金融标准接轨的重要里程碑。之后，我国的各国有商业银行及上海和深圳的证券交易所，也先后加入SWIFT。SWIFT自投入运行以来，以其高效、可靠、低廉和完善的服务，在促进世界贸易的发展、加速全球范围内的货币流通和国际金融结算、促进国际金融业务的现代化和规范化方面发挥了积极的作用。我国的中国银行、中国农业银行、中国工商银行、中国建设银行、交通银行、中信实业银行等已成为环球银行金融通信协会的会员。

在国际贸易结算中，SWIFT信用证是正式的、合法的，被信用证各当事人所接受的、国际通用的信用证。SWIFT信用证的特点是快速、准确、简明、可靠。采用SWIFT信用证必须遵守SWIFT的规定，也必须使用SWIFT手册规定的代号（Tag），而且信用证必须遵循国际商会2007年修订的《跟单信用证统一惯例》各项条款的规定。在SWIFT信用证可省去开证行的承诺条款（Undertaking Clause），但不因此免除银行所应承担的义务。

任务三 信用证审核及修改

【任务要求】

1. 理解信用证审核的必要性；
2. 掌握信用证审核的方法与要求；
3. 能依据合同及有关国际贸易惯例熟练审核信用证；
4. 了解信用证的修改要求与修改流程。

一、信用证审核

（一）信用证审核的必要性

信用证是依据合同开立的，信用证内容应该是与合同条款一致的。但在实践中，由于种种因素，如工作的疏忽、电文传递的错误、贸易习惯的不同、市场行情的变化或进口商有意用开证的主动权加列有利于己方利益的条款等，往往会出现开立的信用证条款与合同规定不符的情况。如果受益人没有对信用证进行严格审查，不仅会产生的额外费用，而且还会遭到开证行的拒付，对安全、及时收汇带来很大的风险。

为确保收汇安全和合同顺利执行，防止产生不应有的损失，我们应该对所收到的信用证进行认真的核对与审查。对于不符合出口合同规定或无法办到的信用证条款及时提请开证申请人进行修改，可以大大避免今后不符合信用证规定情况的发生。

（二）信用证审核方法及注意事项

受益人在审核信用证时，应主要依据外贸合同和有关国际贸易惯例（如《UCP600》、《2010 年国际贸易术语解释通则》等）。信用证审核的具体方法及注意事项如下。

1. 信用证的性质（Form of Doc. Credit）

信用证应都是不可撤销的（Irrevocable）。

2. 有效期和有效地（Expiry）

信用证有效期一般在最迟装运日期后 15 天左右，如合同证中没有告诉具体的装运日期，例如：No later than December，1998，则最迟装运日期视为 12 月 31 号。如果来证规定：latest date of shipment：December 15 ，则要求对方修改。

信用证的有效地一般应规定在受益人所在地到期，如规定在开证行所在地到期，因出口人无法掌握邮递单据的时间，稍有延误即可造成信用证的过期。因此，对开证行所在地到期的信用证，出口商应请开证人修改为在受益人所在地到期，以利向当地银行交单议付。

3. 金额（Amount）

开证金额大小写都要有，且应当一致。一般情况下信用证金额、币制应与合同一致，如合同中有溢短装条款：with 5% more or less both in amount and quantity at the seller's option，原合同金额是 US720000，则信用证最高金额是 720000×105%＝756000，最低金额是 756000×95%＝733320，金额在 US 733320～756000 之间就不用改，否则就应要求修改。

4. 开证申请人名称和地址（Applicant）

是否与合同的买方名称和地址（包括传真、电话号码等）完全一致，否则就应要求修改。

5. 受益人名称和地址（Beneficiary）

是否与合同的卖方名称和地址（包括传真、电话号码等）完全一致，否则就应要求修改。

6. 分批（Partial SHipment）**和转运**（Transhipment）

应该与合同完全一致，合同规定 ALLOWED ，信用证规定 PROHIBITED，则要求修改。

7. 汇票条款（Available with/by Draft at ）

指定的有关银行及信用证兑付的方式应与合同完全一致，汇票付款日期应注意期限与合同或事先协商是否一致，如合同说 AT SIGHT，表示即期汇票，信用证中却说 AT 30 DAYS AFTER SIGHT ，则变成了见票后 30 天付款的远期汇票，则要求对方修改。再比如合同中规定 PAYMENT：BY IRREVOCABLE L/C AT 30 DAYS AFTER B/L。而信用证中却说 BY IRREVOCABLE L/C AT 30 DAYS AFTER SIGHT，则要求对方改证。DRAWEE（汇票付款人）应为银行，不应为开证申请人。

8. 装运港（Loading in Charge）**和目的港**（For Transportation to）

应与合同一致，但是如果合同规定 SHIPMENT：FROM SHANGHAI TO TORONTO，信用证规定 FROM CHINESE PORT TO TORONTO，则不需要改证，因为上海也属于中国的港口，而且对我们有利。

9. 货物描述（DESCRIPTION OF GOODS）

货物描述通常包括合同号、品名、规格、型号、数量、单价、总价、包装、贸易术语等信息，要与合同完全一致，否则要求修改。

10. 单据条款（Documents Required）

（1）发票和箱单条款　商业发票通常需要提供，至于提供多少份（包括正本、副本）、是否需要签署（SIGNED…或者 MANNULLY SIGNED…）以及其他合理要求（如在发票上标注 L/C NO. 或者在发票上加注“MADE IN CHINA”）等都可以接受。另外，如果对方要求提供海关发票、领事发票或其他特殊发票，则视情况谨慎接受。箱单条款基本要求和商业发票类似。

（2）提单条款　提单中要标明“FERIGHT PREPAID”或“FERIGHT COLLECTION”，要注意审核是否与贸易术语一致。如果是 CIF、CFR 卖方付运费，就标“FERIGHT PREPAID”，如果是 FOB 就标“FERIGHT COLLECTION ”，否则要求对方改证。

（3）保险单条款　首先，需要注意保险单条款的适用性问题，通常需要结合贸易术语来考虑，如果出口采用 CIF（CIP）或 DDP 等到货术语，则保险单条款是适用的，如果出口采用 FOB（FCA）或 CFR（CPT）等术语，则保险单条款是不适用的。其次，保险金额应与合同规定的一致，一般是发票金额的 110%，如果与发票不一致要求修改。注意表达方式：to be covererd for 110% of full invoice value，还可以说：to be covererd for full invoice value plus 10%。这里是指发票金额加 10%，就是 110%。千万不能是 to be covererd for full invoice value plus 110%，否则就变成了发票金额加 110%，就是 210%，这种情况是要求修改的。最后，保险险别和保险依据也应和合同一致，否则要求修改。保险险别来源于保险依据（或保险条款），我国货物运输的平安险、水渍险和一切险等险别依据中国保险条款（CIC 条款），而协会货物保险条款（ICC 条款）包括 ICC（A）、ICC（B）、ICC（C）等险别，二者不要混淆。

（4）商检证书和原产地证书　和合同对照，保证商检证书和原产地证书的种类、份数及出证机构符合合同要求。特别要注意，防止落入“客检条款”陷阱。对于原产地证书，通常有一般原产地证书和普惠制原产地证书等形式，要明确具体种类。

（5）其他单据条款　如装船通知、受益人证明书、船公司证明等需要符合一般规定和要求。

11. 信用证“软条款”（Soft Clauses）

所谓软条款是指置出口方于不利地位的弹性条款，即信用证中无法由受益人控制的条款。现在国际贸易中信用证软条款种类繁多，隐蔽性强，稍有不慎，将会造成重大的经济损失，所以出口商应尤其注意这类问题，信用证中常见的软条款如下。

（1）信用证要求申请人或指定人签发检验证书，其检验的标准是由进口商说了算的要求，且检验证书的签名须与开证行的签名相一致。

(2) 信用证尚未生效，须待进口商取得进口许可证或其他相关文件后，开证行将以信用证修改形式通知该信用证的生效。

(3) 货物到达目的港后，由进口商指定的检验人员检验货物合格，并出具有关检验证书后，开证行才履行付款责任，等等。

二、信用证修改

受益人通过对信用证的全面审核，如发现问题应根据情况及时处理，对于影响安全收汇，难以接受或难以做到的信用证条款，必须要求对信用证进行修改。

(一) 信用证修改注意事项

受益人在提出修改信用证时，应注意以下几个方面的问题。

(1) 凡是需要修改的内容，应做到一次性向客人提出，避免多次修改信用证的情况。

(2) 对于不可撤销信用证中任何条款的修改，都必须取得当事人的同意后才能生效，对信用证修改内容的接受或拒绝有两种表示形式。

① 受益人作出接受或拒绝该信用证修改的通知；

② 受益人以行动按照信用证的内容办事。

(3) 收到信用证修改后，应及时检查修改内容是否符合要求，并分情况表示接受或重新提出修改。

(4) 对于修改内容要么全部接受，要么全部拒绝，部分接受修改中的内容是无效的。

(5) 有关信用证修改必须通过原信用证通知行才是真实、有效的，通过客人直接寄送的修改申请书或修改书复印件不是有效的修改。

(6) 明确修改费用由谁承担，一般按照责任归属来确定修改费用由谁承担。

(二) 信用证修改业务流程

信用证修改业务流程如下。

1. 申请修改信用证

出口商根据合同规定并结合《UCP600》规定审核信用证，如有不符合要求的内容，受益人先向申请人提出异议，由申请人向开证行提交信用证修改申请书。

2. 履行修改信用证

进口商如同意修改，可向原开证银行递交修改申请书。开证行审核同意后，向信用证通知行发出信用证修改书，修改一经发出就不能撤销。

3. 通知修改信用证

开证银行修改信用证并将信用证修改书发送给原通知行，通知行收到修改书后，验核修改书的表面真实性并将其转达给受益人。

4. 修改信用证生效

通知行向出口商通知该信用证修改书。修改书的通知程序和信用证的通知程序大致相同。若受益人同意接受，则信用证项下修改正式生效。如果受益人拒绝接受修改，则将修改通知书退回通知行，并附表示拒绝接受修改的文件，此项修改不能成立，视为无效。受益人对修改拒绝或接受的表态，也可推迟至交单时。

拓展学习　审证的方式

一、全面审核信用证

全面审核信用证是审核信用证的中心工作、重点工作，全面审核信用证包括以下审核内容。

（1）根据合同条款来全面审核信用证条款。按照合同上的签约人、商品描述、价格条款、支付条款、装运条款、保险条款、合同金额、商检、仲裁等全部内容，全面仔细地审核信用证的受益人名称、品名、价格、货币、金额、包装、运输方式、装运路线、装期、效期、交单期、信用证到期地点、保险险别、投保加成等详细具体规定的信用证条款，把合同条款与信用证条款一一对应起来审核，逐条检查信用证条款是否符合合同条款的规定，发现信用证规定有不符合合同的规定，一定要与进口方联系。如果信用证条款与合同条款不一致，但不会给出口方带来不利，要求进口方书面确认修改合同条款即可；如果信用证条款与合同条款不一致，会对出口方产生不利影响，出口方应该要求进口方按照合同条款对信用证条款进行修改。

（2）根据信用证知识来审核合同，检查合同条款是否有缺陷，为顺利执行合同条款把好最后的关口。如果发现合同条款有缺陷，此时，可利用最后的修补机会，对不利于顺利履约、不利于我方顺利取得相应的单据结汇的信用证条款，即使该信用证条款与合同条款一致，也应与进口方协商，要求修改合同、修改信用证，在货物装运前，解决问题，以保证安全结汇。

二、着重审核信用证

信用证是一项独立的约定，一般说来，受益人按照信用证规定要求去执行，就应取得相应的单据，议付结汇。但是，有的信用证在开出之时就被设置了条款陷阱，就是常说的"软条款"。信用证软条款是比较常见的信用证风险，它限制了出口方对信用证操作的主动权，出口人在履约操作过程中，很难获得或者根本就不能获得符合信用证规定的单据，威胁到信用证收汇的安全。

软条款的表现形式多种多样，如：执行信用证的主动权被进口方掌握，装船需要进口方的指示；结汇单据依赖进口方提供；收取货款需要进口方同意；信用证条款与要求不配套，单据条款与操作条款不衔接，相关规定自相矛盾；如果接受信用证软条款，出口企业必然承担相应的收汇风险，当然，也不是说所有的信用证软条款都必定要求修改，出口企业可根据市场、客户资信、产品、运输及软条款的具体要求等实际情况，区别对待不同条件下的软条款。对确实需要修改的信用证软条款，应与客户协商，要求修改信用证，在收到相关信用证修改前，出口方应谨慎行事。

实训练习

一、请根据以下合同资料缮制开证申请书

（一）合同资料

合同号：GWM130831

买方：长城贸易公司　天津市生力路 123 号　TEL：022-87654321

卖方：TAKAMRA IMP. & EXP. CORP.

324，OTOLIMACH TOKYO，JAPAN　TEL：028-54872458

品名：48 英寸彩色电视机（COLOUR TELEVISION 48 INCHES）

单价：每台 1000 美元 CIF 天津

数量：100 台

包装：每台装一纸箱

总值：100000 美元

装运时间：2013 年 8 月 31 日前，不准分批装运和转运

装运港：大阪（OSAKA）

目的港：天津

开证方式：电开

支付：不可撤销即期跟单信用证，最迟开证日期 2013 年 7 月 20 日，有效期为开证日期后 60 天

保险：按发票金额加一成投保一切险和战争险

单据条款：商业发票一式五份，注明信用证号和合同号

装箱单一式四份

全套清洁已装船正本提单，做成空白抬头，空白背书，注明运费预付

检验检疫机构出具的品质检验证书一份

保险单正本一份，作空白背书

（二）其他信息

（1）开证行之外的所有银行费用由受益人承担；

（2）交单期为运输单据签发日起 7 天内；

（3）不接受第三方单据，不接受简式提单和甲板货提单；

（4）所有提交的单据使用同一个封面；

（5）开户行及账号：中国银行（BANK OF CHINA）1357924680；

（6）买方法人代表：李红。

（三）缮制开证申请书

IRREVOCABLE DOCUMENTARY CREDIT APPLICATION

TO：BANK OF CHINA　　　　　　　　　　　　　　　　　　Date：

<table>
<tr><td colspan="2" rowspan="2">Beneficiary (Full name and address)</td><td>L/C No.
Ex-Card No.
Contract No.</td></tr>
<tr><td>Date and place of expiry of the credit</td></tr>
<tr><td>Partial shipments</td><td>Transhipment</td><td rowspan="2">□Issue by airmail
□With brief advice by teletransmission
□Issue by express delivery
□Issue by teletransmission (which shall be the operative instrument)</td></tr>
<tr><td>□allowed　□not allowed</td><td>□allowed　□not allowed</td></tr>
<tr><td colspan="2" rowspan="2">Loading on board/dispatch/taking in charge at/from

not later than
For transportation to:</td><td>Amount</td></tr>
<tr><td rowspan="2">Credit available with
□by sight payment
□by acceptance
□by negotiation
□by deferred payment at
against the documents detailed herein
□and beneficiary′s draft(s) for ____% of invoice value at ________ sight drawn on ____</td></tr>
<tr><td colspan="2">Description of goods:</td></tr>
<tr><td colspan="2">Packing:</td><td>□FOB　□CFR　□CIF　□or other terms</td></tr>
</table>

Documents required:(marked with ×)

1. ( ) Signed commercial invoice in ______ copies indicating L/C No. and Contract No.

2. ( ) Full set of clean on board Bills of Lading made out ______ and [ ] blank endorsed, marked "freight [ ] to collect / [ ] prepaid"

3. ( ) Airway bills showing "freight [ ] to collect/[ ] prepaid [ ] "indicating "freight amount" and consigned to ____________

4. ( ) We normal issued by ______ consigned to ____________

5. ( ) Insurance Policy/Certificate in ______ copies for ____% of the invoice value showing claims payable in China in currency of the draft, blank endorsed, covering [ ] Ocean Marine Transportation / [ ] Air Transportation / [ ]Over Land Transportation [ ] All Risks, War Risks.

6. ( ) Packing List/Weight Memo in ______ copies indicating quantity, gross and net weights of each package and packing conditions as called for by the L/C.

7. ( ) Certificate of Quantity / Weight in ______ copies issued by an independent surveyor at the loading port, indicating the actual surveyed quantity / weight of shipped goods as well as the packing condition.

8. ( ) Certificate of Quality in ______ copies issued by [ ] manufacturer/ [ ] public recognized surveyor/ [ ].

9. ( ) Beneficiary's Certified copy of cable / telex dispatched to the accountees within ____ hours after shipment advising [ ] name of vessel / [ ] fight No. / [ ] wagon No. , date, quantity, weight and value of shipment.

10. ( ) Beneficiary's Certificate Certifying that extra copies of the documents have been dispatched according to the contract terms.

11. ( ) Shipping Co's certificate attesting that the carrying vessel is chartered or booked by accountee or their shipping agents.

12. ( ) Other documents, if any

Additional instructions:

1. ( ) All banking charges outside the opening bank are for beneficiary's account.

2. ( ) Documents must be presented within ____ days after date of issuance of the transport documents but within the validity of this credit.

3. ( ) Third party as shipper is not acceptable, Short Form/Blank back B/L is not acceptable.

4. ( ) Both quantity and credit amount ______% more or less are allowed.

5. ( ) Prepaid freight drawn in excess of L/C amount is acceptable against presentation of original charges voucher issued by shipping Co / Air Line / or it's agent.

6. ( ) All documents to be for warded in one cover, unless otherwise stated above.

7. ( ) Other terms, if any

二、请根据以下销售合同审核信用证，将信用证存在的问题以及修改内容填入表格中

（一）销售合同

陕西希望贸易进出口有限公司

SHAANXI HOPE TRADE CO., LTD.

NO. 86 DALIAN ROAD, XIAN SHANXI PROVINCE CHINA

售 货 确 认 书

SALES CONFIRMATION

Tel:0086-0575-85083376　　　　No.: SC0801260

Fax:0086-0575-85083378　　　　Date: Dec. 1, 2012

TO Messrs:

SUZUKINO SHAJ CO., LTD.

677-3 HIGASHITAKAGI, TAGAGISE-CHO, SAGA-CITY, SAGA JAPAN

谨启者：兹确认授予你方以下货品，其成交条款如下：

Dear Sirs : We hereby confirm having sold to you the following goods on the terms and conditions as specified below:

(1)货物名称及规格 NAME OF COMMODITY AND SPECIFICATION	(2)数量 QUANTITY	(3)单价 UNIT PRICE	(4)总价 AMOUNT
GARDEN SHOES	7060PRS	FOB DALIAN USD3.20	USD22592.00
TOTAL AMOUNT IN WORDS: SAY US DOLLARS TWENTY TWO THOUSAND FIVE HUNDRED AND NINETY TWO ONLY			

(5) 装运期限：

TIME OF SHIPMENT: SHIPMENT TO BE EFFECTED BEFORE MAR. 5, 2013

(6) 装运港：

PORT OF LOADING: DALIAN CHINA

(7) 目的港：

PORT OF DESTINATION: OSAKA JAPAN

(8) 分批装运：

PARTIAL SHIPMENTS: ALLOWED

(9) 转船：

TRANSHIPMENT: ALLOWED

(10) 付款条件：

TERMS OF PAYMENT: THE BUYER SHALL OPEN THROUGH A BANK ACCEPTABLE TO THE SELLER AN IRREVOCABLE SIGHT LETTER OF CREDIT WHICH REMAINS VALID FOR NEGOTIATION IN CHINA UNTIL THE 15TH DAY AFTER THE DATE OF SHIPMENT.

(11) 保险：

INSURANCE: TO BE EFFECTED BY BUYER.

(12) REMARKS: 10% MORE OR LESS IN QUANTITY AND AMOUNT IS ALLOWED.

Confirmed by:

买　方　佐藤香川　　　　卖　方　李红

THE BUYER　　　　THE SELLER

（二）信用证

SEQUENCE OF TOTAL * 27 : 1/1
FORM OF DOCUMENTARY CREDIT * 40A : IRREVOCABLE
DOCUMENTARY CREDIT NUMBER * 20 : LC-78900860
DATE OF ISSUE * 31C : 130109
APPLICABLE RULES * 40E : UCP LATEST VERSION
DATE AND PLACE OF EXPIRY * 31D : 130320 AT THE NEGOTIATION BANK
APPLICANT * 50 : SHAANXI HOPE TRADE CO., LTD.
NO. 86 DALIAN ROAD, XIAN SHAANXI PROVINCE CHINA
BENEFICIARY * 59 : SUZUKINO SHAJ CO., LTD. 677-3 HIGASHI TAKAGI, TAGAGISE-CHO, SAGA-CITY, SAGA JAPAN
CURRENCY CODE, AMOUNT * 32B : EUR22900, 00
PERCENTAGE CREDIT AMOUNT TOLERANCE * 39A : 05/05
AVAILABLE WITH/BY * 41D : BANK OF CHINA SHAANXI BRANCH BY NEGOTIATION
DRAFTS AT ... * 42C : AT SIGHT
DRAWEE * 42A : SMBCUS33
PARTIAL SHIPMENTS * 43P : NOT ALLOWED
TRANSHIPMENT * 43T : NOT ALLOWED
PORT OF LOADING/AIRPORT OF DEPARTURE * 44E: SHANGHAI PORT
PORT OF DISCHARGE/AIRPORT OF DESTINATION * 44F: TOKYO PORT
LATEST DATE OF SHIP. * 44C : 130305
DESCRIPT. OF GOODS * 45A :
CFR OSAKA PORT
GARDEN SHOES 7060PRS
TOTAL USD22592, 00
DOCUMENTS REQUIRED * 46A :
+COMMERCIAL INVOICE IN THREE ORIGINAL
+ FULL SET OF CLEAN ON BOARD OCEAN BILLS OF LADING MARKED "FREIGHT COLLECT" MADE OUT TO ORDER OF SHIPPER AND BLANK ENDORSED NOTIFY APPLICANT.
+PACKING LIST IN THREE ORIGINAL.
+GSP CERTIFICATE OF ORIGIN FORM A IN ONE ORIGINAL ONE COPY.
ADDITIONAL CONDITIONS * 47 :
T. T. REIMBURSEMENT: UNACCEPTABLE
×) INSURANCE IS TO BE EFFECTED BY SELLER.
×) AMOUNT AND QUANTITY OF GOODS 5 PERCENT MORE OR LESS ALLOWED.
CHARGES * 71B : ALL BANKING CHARGES AND COMMISSIONS INCLUDING REIMBURSEMENT COMMISSIONS OUTSIDE JAPAN ARE FOR ACCOUNT OF BENEFICIARY.

PERIOD FOR PRESENTATION * 48 : DOCUMENTS TO BE PRESENTED WITHIN 5 DAYS AFTER THE DATE OF SHIPMENT BUT WITHIN THE VALIDITY OF THE CREDIT.

CONFIRMATION INSTRUCTIONS * 49 : WITHOUT

INSTRUCTIONS TO THE PAYING/ACCEPTING/NEGOTIATING BANK * 78:

TO NEGOTIATING BANK:

ALL DOCUMENTS MUST BE SEND TO US (4-6-5 KITAHAMA CHUO-KU, OSAKA, JAPAN) BY COURIER OR REGISTERED AIRMAIL IN TWO LOTS. PLEASE CLAIM YOUR REIMBURSEMENT FROM OUR NEW YORK BRANCH, 227 PARK AVENUE, NEW YORK, NY 10172, U. S. A.

WE CHARGE USD50.00 FOR EACH DOCUMENT FOUND NOT IN COMPLIANCE WITH LC TERMS WHETHER OR NOT WE TAKE UP THE SAME AT OUR SOLE DISCRETION. PLEASE DEDUCT THE CHARGE FROM YOUR REIMBURSEMENT CLAIM, DESPILE ANY OTHER TERMS HEREOF TO THE CONTRARY IF ANY. THE CHARGE NOT THUS DEDUCTED WILL BE BILLED TO YOU.

REIMBURSEMENT SUBJECT TO ICC URR525.

ADVISE THROUGH BANK * 57D : BANK OF CHINA SHAANXI BRANCH (38 JUHUA YUAN EAST AVE., XI' AN 710001, SHAANXI PROV., CHINA)

（三）信用证审核结果

序号	SWIFT 代码	存在问题	修改为
1			
2			
3			
4			
5			
6			
7			
8			
9			
10			

项目四

进出口许可证

【任务要求】

1. 了解进口许可证和出口许可证的一般规定和要求；
2. 熟悉进口许可证和出口许可证的内容与缮制要求；
3. 能依据背景材料熟练缮制进口许可证和出口许可证。

进出口货物许可证是国家管理货物进出境的法律凭证，包括法律、行政法规规定的各种具有许可进口或出口性质的证明、文件。凡实行进出口许可证管理的商品，各类进出口企业应在进出口前按规定向指定的发证机构申领进出口许可证，海关凭进出口许可证接受和办理通关手续。

一、进出口许可证的含义与一般规定

（一）进口许可证

进口许可证（Import License），是指商务部及其授权发证机构依法对实行数量限制或其他限制的进口货物颁发准予进口的许可证件，进口许可证监管证件代码为“1”。进口许可证通常包括自动进口许可证和非自动进口许可证。自动进口许可证（Automatic Import License），也称为公开一般许可证（Open General Licence），是指商务部授权发证机构依法对实行自动进口许可管理的货物颁发的准予进口的许可证件；非自动进口许可证（Non-Automatic Import License），也称为特种进口许可证（Specific Licence），对列入特种进口许可证项下的商品，进口商必须向有关当局提出申请，经逐笔审核批准并发给许可证后，才得以进口。

国家实施进口许可管理是为了禁止、控制或统计某些进口商品的需要，规定只有从指定的政府机关申办并领取进口许可证，商品才允许进口。我国对进口业务的管理，主要是通过审定经营权和配额许可证来进行的，凡是属于申领进口许可证和配额证明的商品，进口企业最好首先申领进口许可证和进口配额，然后再与国外签署买卖合同，否则可能会承担一定的履约风险。

（二）出口许可证

出口许可证（Export Licence），是指商务部授权发证机关依法对实行数量限制或其他限制的出口货物签发的准予出口的许可证件，出口许可证监管证件代码为“4”。

根据国家规定，凡是国家宣布实行出口许可证管理的商品，不管任何单位或个人，也不分任何贸易方式（对外加工装配方式，按有关规定办理），出口前均须申领出口许可证；非外贸经营单位或个人运往国外的货物，不论该商品是否实行出口许可证管理，价值在人民币1000元以上的，一律要申领出口许可证；属于个人随身携带出境或邮寄出境的商品，除符合海关规定自用、合理数量范围外，也都应申领出口许可证。

二、进出口许可证申请表的内容及缮制要求

（一）进口许可证申请表

凡申领进口许可证的单位，填写进口许可证申请表，受理机构据此核发进口许可证。进口许可证申请表一式两联，申请表须填写清楚，不得涂改，并加盖公章，具体填制要求如下。

1. 进口商

本栏填写经商务部批准或核定的进出口企业名称及编码。

注意：(1) 外商投资企业进口也填写公司名称及编码；(2) 非外贸单位进口，填写“自购”，编码为“00000002”；(3) 如接受国外捐赠，本栏填写“赠送”，编码为“00000001”。

2. 收货人

本栏填写配额指标单位，应与批准的配额证明一致。

3. 进口许可证号

本栏由发证机关编排。

4. 进口许可证有效截止日期

进口许可证有效期一般为一年（另有规定者除外）。

5. 贸易方式

本栏填写进口货物的实际贸易方式，包括一般贸易、易货贸易、补偿贸易、协定贸易、进料加工、来料加工、外商投资企业进口、国际租赁、国际贷款进口、国际援助、国际招标、国际展销、国际拍卖、捐赠、赠送、边境贸易、许可贸易等。

6. 外汇来源

本栏填写进口货物的实际外汇来源，包括银行购汇、外资、贷款、赠送、索赔、无偿援助、劳务等。

注意：(1) 外商投资企业进口、租赁等填写“外资”；(2) 对外承包工程调回设备和驻外机构调回的进口许可证管理商品、公用物品，填写“劳务”。

7. 报关口岸

本栏填写进口到货口岸。

8. 出口国（地区）

本栏填写出口商的国别（地区）。

9. 原产地国

本栏填写商品进行实质性加工的国别、地区。

10. 商品用途

本栏进口商品的实际用途，包括自用、生产用、内销、维修、样品等。

11. 商品名称和编码

本栏应按商务部公布的《实行进口许可证管理商品目录》填写。

12. 规格、 型号

本栏填写进口商品的规格、型号。

注意：只能填写同一编码商品不同规格型号的 4 种，多于 4 种应另行填写许可证申请表。

13. 单位

本栏填写进口商品的计量单位。

注意：(1) 各商品使用的计量单位由商务部统一规定，不得任意变动；(2) 合同中使用的计量单位与规定的计量单位不一致时，应换算成统一计量单位；(3) 非限制进口商品，本栏以“套”为计量单位。

14. 数量

本栏应按商务部规定的计量单位填写，允许保留一位小数。

15. 单价（币别）

本栏填写成交时用的价格或估计价格并与计量单位一致。

16. 总值

本栏由发证系统自动计算。

17. 总值折美元

本栏由发证系统自动计算。

18. 总计

本栏由发证系统自动计算。

19. 领证人姓名

本栏由申领人签名。

20. 签证机构审批

本栏由签证机构填写。

（二）出口许可证申请表

凡申领出口许可证的单位，填写出口许可证申请表，受理机构据此核发出口许可证。出口许可证申请表一式两联，申请表须填写清楚，不得涂改，并加盖公章，具体填制要求如下。

1. 出口商

本栏填写出口合同签订单位名称及出口商代码。

注意：单位名称应与出口批准文件一致，出口商代码为《对外贸易经营者备案登记表》、《中华人民共和国进出口企业资格证书》或者《中华人民共和国外商投资企业批准证书》中的 13 位企业代码。

2. 发货人

本栏填写具体执行合同发货报关的单位。

注意：配额以及配额招标商品的发货人应与出口商保持一致。

3. 出口许可证号

本栏填写出口许可证编号，由发证系统自动生成。

4. 出口许可证有效截止日期

本栏填写《货物出口许可证管理办法》确定的有效期，由发证系统自动生成。

5. 贸易方式

本栏填写该项出口货物的贸易性质，包括一般贸易、进料加工、来料加工、出料加工、外资企业出口、捐赠、赠送等。

注意：一份许可证只能填报一种贸易方式。

6. 合同号

本栏填写出口合同的编号。

注意：一份许可证只能填报一个合同号。

7. 报关口岸

本栏填写出口报关口岸。

注意：(1) 出口许可证实行“一证一关”制，一份许可证只允许填报一个关区；(2) 对指定口岸的出口商品，按国家有关规定执行。

8. 进口国（地区）

本栏填写合同目的地国家或地区。

注意：(1) 一份许可证只能填报一个国家（地区）；(2) 不能使用地区名，如欧盟等；(3) 如对中国保税区出口，进口国（地区）应打印“中国”。

9. 付款方式

本栏填写规定的付款方式，包括信用证、托收、汇付等。

注意：一份许可证只能填报一种付款方式。

10. 运输方式

本栏填写货物离境时的运输方式，包括海上运输、铁路运输、公路运输、航空运输等。

注意：一份许可证只能填报一种运输方式。

11. 商品名称、商品编码

本栏填写申请出口商品的名称及编码。

注意：(1) 商品编码按商务部公布的年度《出口许可证管理货物目录》中的10位商品编码填报，应与出口批准文件一致；(2) 商品名称由发证系统自动生成。

12. 规格、等级

本栏填写申请出口商品的规格和等级。

注意：只能填报同一商品编码下的4种不同规格等级，超过4种规格等级的，另行申请许可证。

13. 单位

本栏填写计量单位。

注意：(1) 按商务部公布的年度《出口许可证管理货物目录》中的计量单位填写；(2) 如合同使用的计量单位与规定的计量单位不一致，应换算成规定的计量单位。无法换算的，可在备注栏注明。

14. 数量

本栏填写申请出口商品的数量。

注意：(1) 数量最大位数为 9 位阿拉伯数字，最小保留小数点后 1 位；(2) 如数量过大，可分证办理，如数量过小，可在备注栏内注明；(3) 计量单位为“批”的，本栏均为“1”。

15. 单价（币别）

本栏填写申请出口商品的单价。

注意：(1) 单价与第十三项“单位”相对应，包括单价和货币种类；(2) 计量单位为 1 批的，本栏填写总金额。

16. 总值

本栏由发证系统自动计算。

17. 总值折美元

本栏由发证系统自动计算。

18. 总计

本栏由发证系统自动计算。

19. 备注

本栏用于注明其他需要说明的情况。

注意：如果不是“一批一证”报关的出口许可证，在本栏注明“非一批一证”。

20. 签证机构审批

本栏由签证机构填写。

三、进出口许可证申请表样表

(一) 进口许可证申请表

中华人民共和国进口许可证申请表

1. 进口商：　　　代码：	3. 进口许可证号：
2. 收货人：	4. 进口许可证有效截止日期： 年　月　日
5. 贸易方式：	8. 出口国(地区)：
6. 外汇来源：	9. 原产地国(地区)：
7. 报关口岸：	10. 商品用途：
11. 商品名称：	商品编码：

续表

12. 规格、型号	13. 单位	14. 数　量	15. 单价(币别)	16. 总值(币别)	17. 总值折美元
18. 总　计:					

<table>
<tr><td rowspan="2">19. 领证人姓名:

联系电话:

申请日期:

下次联系日期:</td><td>20. 签证机构审批(初审):</td></tr>
<tr><td>终审:</td></tr>
</table>

中华人民共和国商务部监制　　　　第一联（正本）签证机构存档

（二）出口许可证申请表

中华人民共和国出口许可证申请表

<table>
<tr><td>1. 出口商:　　代码:
深圳市××××××有限公司

领证人姓名:张 ××　电话:83××××××</td><td>4403618××××××</td><td>3. 出口许可证号:</td></tr>
<tr><td>2. 发货人:　　代码:

深圳市××××××有限公司</td><td>4403618××××××</td><td>4. 出口许可证有效截止日期:

年　月　日</td></tr>
<tr><td colspan="2">5. 贸易方式:一般贸易</td><td>8. 进口国(地区):德国</td></tr>
<tr><td colspan="2">6. 合同号:SZ×××××</td><td>9. 付款方式:汇付</td></tr>
</table>

续表

7. 报关口岸：深圳海关				10. 运输方式：海运、陆运	
11. 商品名称：功率≤125瓦的台扇				商品编码:8414519100	
12. 规格、等级	13. 单位	14. 数量	15. 单价(币别)美元	16. 总值(币别)美元	17. 总值折美元
12″台扇	台	210	6.2000	1,302	1,302
18. 总　计：	台	210	6.2000	1,302	1,302
19. 备　注： 申请单位盖章 申领日期：			20. 签证机构审批(初审)： 经办人： 终审：		

填表说明：1. 本表应用正楷逐项填写清楚，不得涂改、遗漏，否则无效。

2. 本表内容需打印多份许可证的，请在备注栏内注明。

拓展学习　自动进口许可证的适用范围

自动进口许可证，是指商务部授权发证机构依法对实行自动进口许可管理的货物颁发的准予进口的许可证件。自动进口许可证（自动进口许可机电产品除外）监管证件代码为“7”；机电产品自动进口许可证监管证件代码为“0”；加工贸易自动进口许可证监管证件代码为“v”，管理商品有原油、成品油。

2013年实行自动进口许可管理的货物包括以下两类。

一、非机电类商品

牛肉、猪肉及副产品、羊肉、肉鸡、鲜奶、奶粉、大豆、油菜子、植物油、豆粕、烟草、二醋酸纤维丝束、铜精矿、煤、废纸、废钢、废铝、铜、铁矿石、铝土矿、原油、成品油、天然气、氧化铝、化肥、钢材等商品。

二、机电类商品

（1）由商务部签发的商品编码类产品：光盘生产设备、烟草机械、移动通信产品、卫星广播、电视设备及关键部件、汽车产品、飞机、船舶、游戏机等商品。

（2）由地方、部门机电产品进出口办公室签发的商品编码类产品：汽轮机、发动机（非87章车辆用）及关键部件、水轮机及其他动力装置、化工装置、食品机械、工程机械、造纸机械、纺织机械、金属冶炼及加工设备、金属加工机床、电气设备、铁路机车、汽车产品、飞机、船舶、医疗设备等商品。

实训练习

请根据以下背景材料缮制出口许可证申请表。

（一）背景材料

（1）出口商：上海金浩进出口有限公司，代码：3101082356879。

（2）领证人姓名：童心，电话：021-65788877。

（3）发货人：同出口商。

（4）贸易方式：一般贸易。

（5）进口国（地区）：日本。

（6）合同号：10040001。

（7）付款方式：信用证。

（8）报关口岸：上海吴淞海关。

（9）运输方式：江海运输。

（10）商品名称：蔺草制的提花席、双苜席、垫子（单位面积>1 平方米，不论是否包边），商品编码：4601291111。

(11)规格、等级	(12)单位	(13)数量	(14)单价/USD
120×195	条	1000	11.00
135×195	条	2000	13.50
150×195	条	3000	15.00
180×200	条	4000	18.00

（15）出口许可证号：EL87654323；许可证有效期截止日期：自申领之日起一年内；申领日期：2012 年 1 月 12 日。

（二）出口许可证申请表缮制

中华人民共和国出口许可证申请表

<table>
<tr><td>1. 出口商： 代码：
领证人姓名： 电话：</td><td></td><td>3. 出口许可证号：</td></tr>
<tr><td>2. 发货人： 代码：</td><td></td><td>4. 出口许可证有效截止日期：
年 月 日</td></tr>
<tr><td colspan="2">5. 贸易方式：</td><td>8. 进口国(地区)：</td></tr>
<tr><td colspan="2">6. 合同号：</td><td>9. 付款方式：</td></tr>
<tr><td colspan="2">7. 报关口岸：</td><td>10. 运输方式：</td></tr>
<tr><td colspan="3">11. 商品名称 商品编码：</td></tr>
</table>

续表

12. 规格、等级	13. 单位	14. 数量	15. 单价(币别)	16. 总值(币别)	17. 总值折美元
18. 总　计：					

19. 备　注： 申请单位盖章 申领日期：	20. 签证机构审批(初审)： 经办人： 终审：

填表说明：1. 本表应用正楷逐项填写清楚，不得涂改、遗漏，否则无效。

2. 本表内容需打印多份许可证的，请在备注栏内注明。

项目五

进出口货物报检单证

【任务要求】

- 1. 了解报检单证的含义及构成；
- 2. 掌握进出口货物报检单缮制的一般原则和缮制要求；
- 3. 能依据背景材料熟练缮制进出口货物报检单。

进出口货物报检是指进出口货物收发货人或其代理人，依照有关法律、行政法规的规定，在规定的地点和期限内以书面或电子申报方式向出入检验检疫机构报告其法定检验检疫物的情况，随附有关单证，并接受出入境检验检疫机构对其法定检验检疫物实施检验检疫以获得出入境通关放行凭证及其他证单的行为。

一、报检单证

报检单证通常指在进出口货物报检时需要填写或提交的商业单据，根据我国《商检法》和其他有关检验检疫法规的要求，进出口当事人或其代理人在向国家商检机构办理进出口报检手续时，应如实填写《进口货物报检单》或《出口货物报检单》，并随附其他报检单据。出口时应随附外贸合同或销售确认书或订单、信用证、发票、装箱单、有关函电、厂检单、出境货物运输包装性能检验结果单（带包装的）以及其他单证等；进口时应随附外贸合同、发票、提（运）单、装箱单以及其他单证等。

二、进出口货物报检单缮制的一般原则

（1）报检单必须按照所申报的货物内容填写，填写内容必须与随附单据相符，填写必须完整、准确、真实，不得涂改。

（2）报检单所列各栏必须填写完整、准确、清晰，没有内容填写的栏目应以斜杠“/”或“＊＊＊”表示，不得留空。

（3）报检日期按检验检疫机构受理报检日期填写。

（4）填制完毕的报检单必须加盖报检单位公章或已经向检验检疫机构备案的“报检专用章”，报检人应在签名栏手签，要求必须是本人手签，不得代签。

（5）原则上一批货物填写一份报检单。“一批货物”是指同一合同，同一类货物，同一运输工具，运往同一地点，特殊情况除外。

三、进出口货物报检单的内容及缮制要求

（一）入境货物报检单

1. 编号

本栏填写报检单编号，由检验检疫机构报检受理人员填写，前 6 位为检验检疫局机关代

码，第 7 位为报检类代码（1），第 8、9 位为年代码，第 10 至 15 位为流水号。

2. 报检单位

本栏填写向检验检疫机构申报检验、检疫、鉴定业务的单位，报检单应加盖报检单位公章。

3. 报检单位登记号

本栏填写报检单位在检验检疫机构登记的号码。

4. 联系人、电话

本栏填写报检人员姓名和联系电话。

5. 报检日期

本栏填写检验检疫机构实际受理报检的日期，由机构人员填写。

6. 收货人

本栏填写外贸合同中的买方名称或信用证的申请人名称。

7. 发货人

本栏填写外贸合同中的卖方名称或信用证的受益人名称。

8. 企业性质

本栏根据收货人的企业性质，在对应的"□"里面打上"√"。

9. 货物名称

本栏按贸易合同或发票所列的货物名称填写，根据需要可填写型号、规格或牌号。

注意：（1）货物名称不得填写笼统的商品类，如"陶瓷"、"玩具"等，必须填写具体的类别名称，如"日用陶瓷"、"塑料玩具"；（2）不够位置填写的，可用附页的形式填报。

10. H. S. 编码

本栏填写货物对应的十位海关商品代码。

11. 原产国（地区）

本栏填写货物原始生产/加工的国家或地区名称。

12. 数/重量

本栏填写报检货物的数/重量。

注意：重量一般填写净重。如填写毛重，或以毛重作净重则需注明。

13. 货物总值

本栏填写入境货物的总值及币种。

注意：（1）应与合同、发票或报关单上所列的货物总值一致；（2）如同一报检单报检多批货物，需分别列明每批货物的总值。

14. 包装种类及数量

本栏填写本批货物运输包装的种类及件数。

15. 运输工具名称号码

本栏填写装运本批货物进境的运输工具类别名称（如船舶、飞机、汽车、火车等）及运输工具编号（船名、飞机航班号、车牌号码、火车车次）。

16. 合同号

本栏填写贸易双方就本批货物所签订的书面贸易合同、订单或形式发票的编号。

17. 贸易方式

本栏按实际贸易方式填写，主要包括一般贸易、来料加工、进料加工、其他等。

18. 贸易国别（地区）

本栏填写本批货物贸易的国家或地区，一般填写合同卖方所在国家或地区。

19. 提单/运单号

本栏填写本批货物对应提单/运单的编号，有二程提单的应同时填写。

20. 到货日期

本栏按货物到货通知单所列的日期填写。

21. 卸毕日期

本栏按货物实际卸毕的日期填写。

注意：在货物还未卸毕前报检的，可暂不填写，待货物卸毕后再补填。

22. 索赔有效期

本栏按合同规定的索赔截止日期填写。

23. 启运国家（地区）

本栏填写装运本批货物进境的交通工具的启运国家（地区）。

注意：如从中国境内保税区或出口加工区入境的，填写保税区或出口加工区。

24. 启运口岸

本栏填写装运本批货物进境的交通工具的启运口岸名称。

注意：如从中国境内保税区或出口加工区入境的，填写保税区或出口加工区。

25. 经停口岸

本栏填写本批货物在启运后，到达目的地前中途停靠的口岸名称。

26. 许可证/审批号

本栏对实施许可证制度管理或者审批制度管理的货物，报检时填写许可证编号或审批单编号。

27. 入境口岸

本栏填写装运本批货物的交通工具进境时首次停靠的口岸名称。

28. 目的港（地）

本栏填写本批货物预定最后抵达的交货港（地）。

29. 集装箱规格、 数量及号码

本栏填写装载本批货物的集装箱规格（如 20 英尺、40 英尺等）以及分别对应的数量和集装箱号码。若集装箱太多，可用附单形式填报。

30. 合同订立的特殊条款以及其他要求

本栏填写贸易合同中双方对本批货物特别约定而订立的质量、卫生等条款和报检单位对本批货物检验检疫的特别要求。

注意：对需证单的，需在此注明需要证单的名称。

31. 货物存放的地点

本栏填写本批货物卸货时存放的地点。

32. 用途

本栏填写本批货物的用途。

根据实际情况，从给定项目中选择填报。包括：(1) 种用或繁殖；(2) 食用；(3) 奶用；(4) 观赏或演艺；(5) 伴侣动物；(6) 试验；(7) 药用；(8) 饲用；(9) 介质土；(10) 食品包装材料；(11) 食品加工设备；(12) 食品添加剂；(13) 食品容器；(14) 食品洗涤剂；(15) 食品消毒剂；(16) 其他。

33. 随附单据

本栏填写向检验检疫机构报检时所提供的单据，在对应的"□"里面打上"√"。注意：对报检单上未标出的，须自行填写提供的单据名称。

34. 标记及号码

本栏按货物实际运输包装标记填写。

注意：(1) 如没有标记，填写"N/M"；(2) 标记栏不够位置填写时，可用附页填写。

35. 报检人郑重声明

本栏由报检人亲笔签名。

36. 检验检疫费

本栏由检验检疫机构计费人员核定费用后填写。

37. 领取证单

本栏由报检人在领取检验检疫机构出具的有关检验检疫证单时填写领证日期及领证人姓名。

(二) 出境货物报检单

1. 编号

本栏填写报检单编号，由检验检疫机构报检受理人员填写，前 6 位为检验检疫局机关代码，第 7 位为报检类代码 (2)，第 8、9 位为年代码，第 10 至 15 位为流水号。

2. 报检单位

本栏填写向检验检疫机构申报检验、检疫、鉴定业务的单位。报检单应加盖报检单位公章。

3. 报检单位登记号

本栏填写报检单位在检验检疫机构登记的号码。

4. 联系人、电话

本栏填写报检人员姓名和联系电话。

5. 报检日期

本栏填写检验检疫机构实际受理报检的日期，由机构人员填写。

6. 发货人

本栏填写外贸合同中的卖方名称或信用证的受益人名称。

7. 收货人

本栏填写外贸合同中的买方名称或信用证的申请人名称。

8. 货物名称

本栏按贸易合同或发票所列的货物名称填写，根据需要可填写型号、规格或牌号。

注意：(1) 货物名称不得填写笼统的商品类，“陶瓷”、“玩具”等，必须填写具体的类别名称，如“日用陶瓷”、“塑料玩具”；(2) 不够位置填写的，可用附页的形式填报。

9. H. S. 编码

本栏填写货物对应的海关十位商品代码。

10. 产地

本栏填写货物生产/加工的省（自治区、直辖市）以及地区（市）名称。

11. 数/重量

本栏填写报检货物的数/重量。

注意：重量一般填写净重。如填写毛重，或以毛重作净重则需注明。

12. 货物总值

本栏按本批货物合同或发票上所列的总值填写（以美元计）。

注意：如同一报检单报检多批货物，需列明每批货物的总值。

13. 包装种类及数量

本栏填写本批货物运输包装的种类及件数。

14. 运输工具名称号码

本栏填写装运本批货物出境的运输工具的名称（如船舶、飞机、汽车、火车等）及运输工具编号（船名、飞机航班号、车牌号码、火车车次）。

注意：报检时未能确定运输工具编号的，可只填写运输工具类别。

15. 贸易方式

本栏按实际贸易方式填写，主要有一般贸易、来料加工、进料加工、其他等。

16. 货物存放的地点

本栏填写本批货物存放的地点。

17. 合同号

本栏填写本批货物贸易合同、订单的编号。

18. 信用证号

本栏填写本批货物的信用证编号。

19. 用途

本栏填写本批货物的用途。

根据实际情况，从给定项目中选择填报。包括：(1) 种用或繁殖；(2) 食用；(3) 奶用；(4) 观赏或演艺；(5) 伴侣动物；(6) 试验；(7) 药用；(8) 饲用；(9) 介质土；(10) 食品包装材料；(11) 食品加工设备；(12) 食品添加剂；(13) 食品容器；(14) 食品洗涤剂；(15) 食品消毒剂；(16) 其他。

20. 发货日期

本栏填写出口装运日期，按本批货物信用证或合同上所列的出境日期填写，预检报检可不填。

21. 输往国家（地区）

本栏填写贸易合同中买方（进口方）所在的国家或地区，或合同注明的最终输往国家或地区。

注意：出口到中国境内保税区、出口加工区的，填写保税区、出口加工区。

22. 许可证/审批号

本栏对实施许可证制度或者审批制度管理的货物，报检时填写许可证编号或审批单编号。

23. 启运地

本栏填写装运本批货物离境的交通工具的口岸/地区城市名称。

24. 到达口岸

本栏填写装运本批货物的交通工具最终抵达目的地停靠的口岸名称。

25. 生产单位注册号

指生产/加工本批货物的单位在检验检疫机构的注册登记编号。

26. 集装箱规格、数量及号码

本栏填写装载本批货物的集装箱规格（如40英尺、20英尺等）以及分别对应的数量和集装箱号码。

注意：若集装箱太多，可用附单形式填报。

27. 合同、信用证订立的检验检疫条款或特殊要求

本栏填写贸易合同或信用证中贸易双方对本批货物特别约定而订立的质量、卫生等条款和报检单位对本批货物检验检疫的特别要求。

28. 标记及号码

本栏填写出境货物实际运输包装标记。

注意：(1) 如没有标记，填写"N/M"；(2) 标记栏不够位置填写时，可用附页填写。

29. 随附单据

本栏按实际提供的单据，在对应的"□"里面打上"√"。

注意：对报检单上未标出的，须自行填写提供的单据名称。

30. 需要证单名称

本栏按需要检验检疫机构出具的证单，在对应的"□"打"√"，并对应注明所需证单的正副本的数量。

注意：对报检单上未标出的，如"通关单"等，须自行填写所需证单的名称和数量。

31. 报检人郑重声明

本栏由报检人亲笔签名。

32. 检验检疫费

本栏由检验检疫机构计费人员核定费用后填写。

33. 领取证单

本栏由报检人在领取证单时填写领证日期及领证人姓名。

四、报检单样单

（一）入境货物报检单

中华人民共和国出入境检验检疫
入境货物报检单

报检单位（加盖公章）： 编号：

报检单位登记号： 联系人： 电话： 报检日期： 年 月 日

发货人	（中文）		企业性质（划“√”）		□合资□合作□外资
	（外文）				
收货人	（中文）				
	（外文）				
货物名称（中/外文）	H. S. 编码	产地（地区）	数/重量	货物总值	包装种类及数量
运输工具名称号码				合同号	
贸易方式		贸易国别（地区）		提单/运单号	
到货日期		启运国家（地区）		许可证/审批号	
卸毕日期		启运口岸		入境口岸	
索赔有效期至		经停口岸		目的地	
集装箱规格、数量及号码					
合同订立的特殊条款以及其他要求			货物存放地点		
			用途		
随附单据（划“√”或补填）		标记及号码	＊外商投资财产（划“√”或补填）		□是 □否
□合同 □发票 □提/运单 □兽医卫生证书 □植物检疫证书 □动物检疫证书	□到货通知 □装箱单 □质保书 □理货清单 □磅码单 □验收报告		＊检验检疫费		
			总金额（人民币元）		
			计费人		
			收费人		
报检人郑重声明： 1. 本人被授权报检。 2. 上列填写内容正确属实，货物无伪造或冒用他人的厂名、标志、认证标志，并承担货物质量责任。 签名：				领取证单	
				日期	
				签名	

注：有“＊”号栏由出入境检验检疫机关填写 ◆国家出入境检验检疫局制

（二）出境货物报检单

中华人民共和国出入境检验检疫

出境货物报检单

报检单位（加盖公章）： 编号：

报检单位登记号 联系人 电话 报检日期： 年 月 日

发货人	（中文）	
	（外文）	
收货人	（中文）	
	（外文）	

货物名称（中/外文）	H. S. 编码	产地（地区）	数/重量	货物总值	包装种类及数量

运输工具名称号码		贸易方式		货物存放地点	
合同号		信用证号		用途	
发货日期		输往国家（地区）		许可证/审批号	
启运地		到达口岸		生产单位注册号	
集装箱规格、数量及号码					

合同、信用证订立的检验检疫条款或特殊要求	标记及号码	随附单据（划“√”或补填）	
		□合同 □信用证 □发票 □换证凭单	□装箱单 □包装性能结果单 □许可/审批文件 □厂检单

需要证单名称（划“√”或补填）		＊检验检疫费	
□品质证书 __正__副 □质量证书 __正__副 □数量证书 __正__副 □兽医卫生证书 __正__副 □健康证书 __正__副	□卫生证书 __正__副 □动物卫生证书 __正__副 □植物检疫证书 __正__副 □熏蒸/消毒证书 __正__副	总金额（人民币元）	
		计费人	
		收费人	

报检人郑重声明：	领取证单	
1. 本人被授权报检。 2. 上列填写内容正确属实，货物无伪造或冒用他人的厂名、标志、认证标志，并承担货物质量责任。	日期	
签名：	签名	

注：有“＊”号栏由出入境检验检疫机关填写 ◆国家出入境检验检疫局制

拓展学习 我国进出口商品检验工作流程

进出口商品检验（Import/Export Commodity Inspection）简称商检，是指由国家设立的检验机构或向政府注册的独立机构，对进出口货物的质量、规格、卫生、安全、数量等进行检验、鉴定，并出具证书的工作。目的是经过第三者证明，保障对外贸易各方的合法权益。国家规定，重要进出口商品，非经检验发给证件的，不准输入或输出。我国进出口商品检验工作，主要有四个环节，即：接受报检、抽样、检验和签发证书。

一、接受报检

报检是指对外贸易关系人向商检机构报请检验。报检时需填写“报检申请单”，填明申请检验、鉴定工作项目和要求，同时提交对外所签买卖合同，成交小样及其他必要的资料。

二、抽样

商检机构接受报检之后，及时派员赴货物堆存地点进行现场检验、鉴定。抽样时，要按照规定的方法和一定的比例，在货物的不同部位抽取一定数量的、能代表全批货物质量的样品（标本）供检验之用。

三、检验

商检机构接受报检之后，认真研究申报的检验项目，确定检验内容，仔细审核合同（信用证）对品质、规格、包装的规定，弄清检验的依据，确定检验标准、方法，然后抽样检验，检验方式包括仪器分析检验、物理检验、感官检验、微生物检验等。

四、签发证书

在出口方面，凡列入种类表内的出口商品，经商品检验合格后签发放行单（或在“出口货物报关单”上加盖放行章，以代替放行单）。凡合同、信用证规定由商检部门检验出证的，或国外要求签检证书的，根据规定签发所需封面证书；不向国外提供证书的，只发放行单。种类表以外的出口商品，应由商检机构检验的，经检验合格发给证书或放行单后，方可出运。在进口方面，进口商品经检验后，分别签发“检验情况通知单”或“检验证书”，供对外结算或索赔用。凡由收、用货单位自行验收的进口商品，如发现问题，供对外索赔用。对于验收合格的，收、用货单位应在索赔有效期内把验收报告送商检机构销案。

实训练习

一、单项选择题

1. 在填制“入境货物报检单”时，不能在“贸易方式”一栏中填写的是（　　）。

A. 来料加工　　B. 无偿援助　　C. 观赏或演艺　　D. 外商投资

2. 报检单填写货物“用途”一栏时，以下哪一个不是（　　）。

A. 种用　　B. 食用　　C. 奶用　　D. 工业用

3. 某公司与美国某公司签订外贸合同，进口一台原产于意大利的印刷机械（检验检疫类别为 M/），货物自意大利运至天津口岸后再运至西安使用。报检时，“入境货物报检单”中的贸易国别、原产国、启运国家和目的地应分别填写（　　）。

A. 美国、意大利、美国、天津　　B. 意大利、美国、美国、天津

C. 美国、意大利、意大利、西安　　D. 意大利、意大利、天津、西安

4.《出境货物报检单》的“报检日期”一栏填写（　　）。

A. 出境货物检验检疫完毕的日期

B. 检验检疫机构实际受理报检的日期

C. 出境货物的发货日期

D. 报检单的填制日期

5. 报检单上的“报检人郑重声明”一栏应由（　）签名。

A. 报检单位的法定代表人　　B. 打印报检单的人员

C. 收用货单位的法定代表人　　D. 办理报检手续的报检员

二、业务题

某公司出口一批货物，请根据以下背景材料及商业发票填制一份出境货物报检单。

（一）背景材料

报检员陈晓（联系电话：051385468754）持合同、信用证、发票、装箱单及出口许可证（编号：XK9876889）于2013年2月15日到南通市出入境检验检疫局报检，货物（出口前存大港仓库、H.S. 编码：1905900001）次日出运。信用证要求提供品质证书、数量证书及卫生证书各一式两份。报检单编号：X989458754，报检单位登记号：NT564875。

（二）商业发票

COMMERCIAL INVOICE

<table>
<tr><td colspan="2">CONSIGNOR:
NANTONG FOODSTUFFS I/E CO., LTD.
123 GONGNONG ROAD, NANTONG</td><td colspan="3">NO. NT0053D
DATE: JAN. 25, 2013</td></tr>
<tr><td colspan="2">CONSIGNEE:
BLUE EAGLE TRADING CO.
785 SAHA RORD OSAKA, JAPAN</td><td colspan="3">L/C NO.: LC2154785
DATE: JAN. 20, 2013
BANK OF CHINA SHANGHAI BRANCH</td></tr>
<tr><td colspan="2">PORT OF LOADING: SHANGHAI CHINA
VESSEL: STAR RIVER V. 054
PORT OF DISCHARGE: OSAKA JAPAN</td><td colspan="3">CONTRACT NO.: NT674454</td></tr>
<tr><td>MARKS &
NO. OF PKGS</td><td>DISCRIPTION OF GOODS</td><td>QTY</td><td>UNIT PRICE</td><td>AMOUNT</td></tr>
<tr><td>NT674454
NANTONG
CHINA</td><td>XITING CRISP BISCUIT</td><td>25MT</td><td>USD120/BAG</td><td>USD60000</td></tr>
<tr><td colspan="5">ORIGIN: NANTONG CHINA
PACKING: IN BAG 1 * 20'YUSD0985454543 50KGS/BAG
SIGNED BY
NANTONG FOODSTUFFS I/E CO., LTD.</td></tr>
</table>

（三）出境货物报检单缮制

填制在样单“出境货物报检单”里面。

项目六

出口托运单证

【任务要求】

1. 了解出口托运流程及单证流转操作；
2. 了解出口托运单的含义与构成；
3. 掌握海运托运单的内容及缮制要求；
4. 能依据背景材料熟练缮制出口托运单或托运委托书。

出口货物托运（Export Cargo Shipping）是指出口单位通过有权受理对外货物运输业务的单位，办理出口货物的海、陆、空等运输事宜，是国际货物运输的第一个步骤。不同的运输方式所对应的货物托运的流程及内容也不同。

出口托运单证是在出口托运过程所产生、所必备的单据文件，主要有出口托运单、出口报关单、装货单与收货单、出口检验申请单及其他单据。托运单证是取得运输单据的前期单据，也是形成结汇单证的基础，托运单据缮制的正确与否将最终影响到能否安全、顺利结汇。

一、出口托运流程及单证流转操作

以集装箱海运出口货物为例，出口托运流程及单证流转操作如下。

（一）订舱

发货人或货物托运人根据贸易合同或信用证有关条款的规定，在货物托运前一定的时间，填制订舱单（Booking Note，B/N）向船公司或其代理人，或其他运输经营人申请订舱。

（二）接受托运申请

船公司或其代理人，或其他运输经营人在决定是否接受发货人的托运申请时，首先应考虑其航线、港口、船舶、运输条件等能否满足发货人的要求。在接收托运申请后，应着手编制订舱清单（Booking List，B/L），然后分送集装箱码头堆场、集装箱货运站，据以安排空箱及办理货运交接。

（三）申领、发放空箱

发货人申请用箱，先从货代处取得集装箱发放/设备交接单（Equipment Interchange Receipt，EIR），然后提空箱。通常整箱货运的空箱由发货人到集装箱码头堆场领取，拼箱货运的空箱则由集装箱货运站负责领取。

（四）拼箱货装箱

发货人将不足一整箱的货物交集装箱货运站，填写集装箱装箱单（Container Load Plan，CLP），货运站根据订舱清单及集装箱装箱单的资料进行装箱，装箱完毕后签发场站收据（Dock Receipt，D/R）。

（五）整箱货交接

发货人填写集装箱装箱单，自行负责装箱，装箱完毕后将加具有海关封志的整箱货运至集装箱码头堆场，码头堆场根据订舱清单及集装箱装箱单核对货物，验收完毕后签发场站收据。

（六）集装箱的交接签证

集装箱码头堆场在验收货物和集装箱后，即在场站收据上签字，并将签署的场站收据交还给发货人，据此换取提单（Bill of Lading）。

（七）换取提单

发货人凭经签署的场站收据，向负责集装箱运输的人或其代理换取提单，然后去银行结汇。

（八）装船

集装箱码头根据待装的货箱情况，制订出装船计划，待船舶靠泊后即行装船。

二、出口托运单的含义及构成

出口托运单（Booking Note，B/N）又称订舱单，是托运人根据贸易合同和信用证条款内容填制的，向承运人或其代理办理货物托运的单证，是承运人和托运人之间对托运货物的合约，记载有关托运人与送货人相互间的权利义务。托运单是缮制提单的主要背景资料，若缮制错漏就会影响运输单据的正确缮制和快速流转，影响安全收汇。

根据运输方式的不同，托运单分为海运托运单、空运托运单和陆运托运单，其中海运托运单包括散装运输托运单和集装箱货物托运单，海运集装箱货物托运单一式十联，其各联构成如下。

第一联：集装箱货物托运单（货主留底）（B/N）；
第二联：集装箱货物托运单（船代留底）；
第三联：运费通知（1）；
第四联：运费通知（2）；
第五联：装货单（S/O）；
第五联副本：缴纳出口货物港务费申请书；
第六联：大副联（场站收据副本）；
第七联：场站收据（D/R）；
第八联：货代留底；
第九联：配舱回单（1）；
第十联：配舱回单（2）。

其中，装货单和场站收据是全套托运单的核心。

装货单（Shipping Order，S/O）俗称下货纸。它是船公司或其代理人在接受托运人提出的托运申请后，发给托运人或货运代理人的凭证，同时也是命令船长将单上货物装船的单证。托运人还必须凭此单向海关办理出口货物申报手续，海关凭以验放货物。

场站收据（Dock Receipt，D/R）又称港站收据或码头收据，是国际集装箱运输专用出口货运单证，它是由承运人委托 CY、CFS 或内陆 CFS 在收到 FCL 或 LCL 后，签发给托运人的证明已收到托运货物并对货物开始负有责任的凭证。场站收据一般是托运人口头或书面订舱，与船公司或船代达成货物运输的协议，船代确认订舱后由船代交托运人或货代填制，在承运人委托的码头堆场、CFS 或内陆 CFS 收到 FCL 或 LCL 后签发生效，托运人或其代理人可凭场站收据向船代换取已装船或待装船提单。

三、海运托运单的内容及缮制要求

发货人办理托运手续时，应根据信用证或合同的相关要求填制托运委托书（Shipper's Letter of Instruction，SLI），缮制完毕后必须在船公司船期表规定的截单日之前提交给货运代理人，以便货运代理人缮制托运书及时办理订舱事宜。无论是托运委托书还是托运单，其基本内容和缮制要求都基本一致，具体如下。

（一）托运人（Shipper）

本栏填写托运人的全称、街名、城市、国家名称以及联系电话、传真号等。

注意：在信用证结汇方式下，托运人一般按信用证的受益人（Beneficiary）内容填写。

（二）收货人（Consignee）

本栏填写收货人的全称、街名、城市、国家名称以及联系电话、传真号等。

注意：（1）收货人可以不记名，填写“凭指示”字样，如“to order”或“to order of shipper”等，这种提单可以转让。一般托运人依据信用证对装运文件的要求，显示这种“凭指示”字样。（2）收货人可以记名，填写实际收货人，也可以是货运代理人。通常货主委托其货运代理托运并且运费到付时，承运人提单上收货人是货运代理人，货代提单上收货人是实际收货人。（3）承运人一般不接受一票货物有两个或两个以上收货人。如果实际业务中有两个或者两个以上收货人，托运单中收货人栏内填写第一收货人，通知人栏内填写第二收货人。

（三）通知人（Notify Party）

本栏填写通知人的全称、街名、城市、国家名称以及联系电话、传真号等。

注意：通知人是到货后船公司通知的提货人，应按照信用证提单条款规定的通知人来填写。

（四）装运港（Port of Loading）

本栏填写装运货物的港口名称，必要时加上港口所在国家（地区）的名称。

注意：（1）在信用证项下，必须按照信用证规定的装运港填制；（2）对于从内陆点送货到沿海港口，发货地不一定是装运港。

（五）卸货港（Port of Discharge）

本栏填写货物被最后卸离船舶的港口名称，必要时加上港口所在国家（地区）的名称。

注意：（1）通常卸货港是最终收货人所在国家（地区）的港口。但有时候卸货港只是靠近收货人所在国家（地区），不在收货人所在国境或关境内，这时托运人要依照合同规定或收货人清关要求，并结合承运人的航线、挂港、转运等情况来选择卸货港或指运地；（2）对于信用证结汇方式，必须按信用证中规定的卸货港填制；（3）对于有中间商加入的三角交易，一般货物被直接运到最终收货人所在国家（地区）的港口，而货款包括运费则可以与中间商结算。

（六）目的地（Final Destination for the Merchant's Reference）

本栏填写货物最终目的地的城市名称、国家（地区）名称。

有时候最终目的地与卸货港相距甚远，从卸货港到最终目的地的费用需要明确由谁支付，才可以填制目的地。常见的承运人提单显示卸货港，在货代提单时才显示最终目的地，这时，由货代的卸货港海外代理在卸货港支付从装运港到卸货港的运费给承运人，并从承运人处提取货物后，自行用其他运输工具将货运至最终目的地，货代向收货人收取从装运港到最终目的地的全程运费后将货交给真正收货人。

（七）货物名称与包装种类（Kind of Packages and Description of Goods）

本栏填写符合信用证或合同规定并与实际货物相一致的货物名称和包装种类，货物名称可以使用统称。

（八）箱数与件数（No. of Containers or Packages）

本栏填写装入集装箱内货物的外包装件数或集装箱个数，分别用罗马数字小写和英文大写数字来表示。

注意：（1）在提单正面印有“不知条款”，表示承运人不知道集装箱内实际装入的货物品质和数量。因此托运人对于实际货物的品质、数量和件数承担全部的责任，承运人不承担集装箱内货损、货差和短缺的责任。（2）件数有时候是承运人对货物的灭失或损坏支付赔偿金的计费标准。因此，一般要求托运人填写件数的小写数字同时还要填写大写件数，以防篡改。例如：托运货物 100 箱，本栏填写“100CTNS”和“SAY ONE HUNDRED CARTONS ONLY.”。（3）对不同包装种类的货物混装在一个集装箱内，这时，货物的总件数显示数字相加的和，包装种类用件数统称“packages”来表示。例如：托运 A 货物 100 箱、B 货物 50 包，本栏填写“150PKGS”和“SAY ONE HUNDRED AND FIFTY PACKAGES ONLY.”。（4）对于集成托盘包装的货物，一般除了填报托盘只数外，还在托盘只数后的括号内填报每只托盘上的货物的小件数。例如：5 pallets（s. t. c. 30 cartons），表示共计有 5 只托盘，每只托盘上装有 30 纸箱货物。

（九）封志号、标记与号码（Seal No. & Marks & Nos.）

本栏填写集装箱封志的号码和运输标志。

注意：（1）集装箱封志号一般在提单上显示，托运单上不填报；（2）运输标志应与实际货物外包装上正面唛头的全部内容完全一致，包括数字、字母和简单图形；（3）如果货物外包装上的唛头内容较多而无法在有限空间的本栏中显示，一般承运人接受“贴唛”，但提单贴唛处须盖上与“签单章”一致的骑缝章；（4）托运单上的唛头与实际货物唛头不一致时，承运人或海关都可以认为是货单不一致而拒绝放行或装运。

（十）毛重（Gross Weight）

本栏填写实际货物的毛重，以千克（kg）为计量单位。

注意：（1）托运单填报的毛重应与实际货物毛重相一致，不得伪报、瞒报或虚报；（2）实际毛重应不超过集装箱最大限重，否则由此造成的运输过程中因超重而产生的损失均由托运人负责；（3）托运单上的重量应与其他文件上的重量一致，如报检单、通关单、报关单和提单等。

（十一）体积（Measurement）

本栏填写实际货物的体积，一般以立方米（M^3 或 CBMS）为计量单位。

（十二）运费支付（Payment of Freight）

本栏填写运费支付情况，需结合价格条件来填写。

注意：（1）如果价格条件是 CIF 或 CFR，则应在装运港由卖方支付运费，托运单上需显示“FREIGHT PREPAID”或“FREIGHT PAID”；（2）如果价格条件是 FOB，则应在目的港由买方支付运费，托运单上需显示“FREIGHT COLLECT”。

（十三）要求签发的提单份数（Number of Original B/L）

本栏填写托运人要求签发提单的份数。

注意：（1）根据《UCP600》，信用证规定的每种单据须至少提交一份正本。如果信用证使用诸如“一式两份（induplicate）”、“两份（in two fold）”、“两套（in two copies）”等用语要求提交多份单据，则提交至少一份正本，其余使用副本即可满足要求，除非单据本身另有说明。（2）每份正本提单具有同等效力。（3）收货人持凭其中的任一份正本提单提取货物后，其他正本提单即刻自动失效。

（十四）要求签发的提单日期和地点（Place and Date of Issue）

本栏填写提单签发时间和地点。

注意：（1）提单的签发日期将被视为发送、接管或装运的日期，也即发运的日期。如单据以印戳或批注的方式表明了发送、接管或装运日期，该日期将被视为发运日期。（2）提单签发地点，通常为装运港所在城市，并在该地签发。

（十五）托运人签字、盖章（Signature& Stamp）

本栏由托运人盖章签字以生效。

四、海运托运单样单

（一）出口货物托运单

出口货物托运单

填制日期：2013 年 3 月 19 日

<table>
<tr><td rowspan="2">托运人:DESHUN TRADING CO.，LTD.
HUARONG MANSION RM2901 NO. 85 GUANJIAQIAO
NANJING 210005，CHINA</td><td>合同号</td><td>NEO2013026</td></tr>
<tr><td>发票号</td><td>05IN-T126</td></tr>
<tr><td rowspan="2">收货人：
TO ORDER OF AL RAJHI BANKING AND INVESTMENT CORP.</td><td>信用证号</td><td>0011LC123756</td></tr>
<tr><td>运输方式</td><td>BY SEA</td></tr>
</table>

续表

<table>
<tr><td colspan="3">通知人：
NEO GENERAL TRADING CO. P. O BOX 99552, RIYADH 22766, KSA</td><td colspan="3">运输条款：☐ CY/CY ☐ CY/HK ☐ CY/FO
☐ CY/DR ☐ DR/DR ☑ DR/CY</td></tr>
<tr><td colspan="3">装船期：NOT LATER THAN APIRL 30 ,2013</td><td colspan="3" rowspan="2">提单：☑ 需正本提单 ☐ 电放
1 ORIGINAL AND 2 COPIES</td></tr>
<tr><td colspan="3">装运港：SHANGHAI PORT, CHINA</td></tr>
<tr><td colspan="3">转船/分批：转船：NOT ALLOWED；分批：NOT ALLOWED</td><td colspan="3" rowspan="2">海运费：☑ FREIGHT PREPAID
☐ FREIGHT COLLECT</td></tr>
<tr><td colspan="3">目的港：DAMMAM PORT, SAUDI ARABIA</td></tr>
<tr><td>标记唛码</td><td>件数</td><td>货物品名及规格</td><td>箱量</td><td>毛重</td><td>尺码</td></tr>
<tr><td>NGD
NEO2001026
DAMMAM PORT
SAUDI ARABIA
NO. 1-1700</td><td>1700CTNS</td><td>CANNED MUSRHOOMS</td><td>1×20' FCL</td><td>2546KGS</td><td>15. 5CBMS</td></tr>
<tr><td colspan="3">拖车行名称：</td><td colspan="2">电话：</td><td>联系人：</td></tr>
<tr><td colspan="6">如委托我司拖车、报关，请填写：电话：025-92325621 联系人：陈燕
装货时间：2013 年 3 月 25 日　装货地点：南京经济技术开发区太新路 88 号南京德顺贸易有限公司</td></tr>
<tr><td colspan="6">特别事项：
请订于 3 月 29 日的船期
备注/Note：美国货物限重：17. 2T/20'GP 19. 9T/40'GP 19. 9T/40'HQ；其他地区限重：21. 7T/20'GP 26. 6T/40'GP 26. 6T/40'HQ</td></tr>
<tr><td colspan="6">托运人签名和签章：
DESHUN TRADING CO. , LTD.
HUARONG MANSION RM2901 NO. 85 GUANJIAQIAO
NANJING 210005, CHINA
电　话：025-96454563　传　真：025-96987564</td></tr>
</table>

（二）海运出口货物代运委托书

海运出口货物代运委托书

<table>
<tr><td>委托编号(Entrusting Serial)
G-68</td><td>提单号(B/L No.)</td><td>合同号(Contract No.)
SF5976</td><td>委托日期
(Entrusting Date)
7TH, OCT 2013</td></tr>
<tr><td colspan="4">发货人名称地址(Shipper's Full Name and Address)
CHINA NATIONAL MINSHAN CORP.
NO. 11 JIANGLIN ROAD CHENGDU, CHINA</td></tr>
</table>

<table>
<tr><td colspan="6">收货人名称地址(Consignee's Full Name and Address)
TO ORDER OF BANK OF INDIA, LOUBORUCH, STERSHIRE DENIL ZBK, UK</td></tr>
<tr><td colspan="6">通知方名称地址(Notify Party's Full Name and Address)
W/N SHIPPING SERVICES, 94 BEAUNOUND ROAD</td></tr>
<tr><td colspan="2">装货港(Port of Loading)
SHANGHAI</td><td colspan="2">目的港(Port of Destination)
LONDON</td><td colspan="2">船名(Vessel) 航次(Voy.)</td></tr>
<tr><td>唛头标记
(Marks & No.)</td><td>包装件数及种类
(No. & Kind of Packages)</td><td>货物说明
(Description of Goods)</td><td>重量
(Weight in Kgs)</td><td colspan="2">体积
(Measurement in CBM)</td></tr>
<tr><td>LONDON
NO. 1-10</td><td>10 CTNS</td><td>SLICED WATER CHESTNUTS</td><td>1800. 00KGS</td><td colspan="2">24. 522M^3</td></tr>
<tr><td colspan="2">装船日期(Loading Date)
15TH, OCT 2013</td><td colspan="2">可否转船(Transhipment)
ALLOWED</td><td colspan="2">可否分批(Partial Shipment)
NOT ALLOWED</td></tr>
<tr><td colspan="2">结汇 L/C Expiry Date
30TH OCT 2013</td><td colspan="2">提单份数
Copies of B/L 3</td><td>正本
1 Original</td><td>副本
2 Copy</td></tr>
<tr><td colspan="6">运费及支付地点(Freight Payable at) PREPAID</td></tr>
<tr><td colspan="6">备注(Remarks):
BILLS OF LADING IN THE SHORT FORM ARE NOT ACCEPTABLE</td></tr>
<tr><td colspan="3">委托人签字(Entrusting Party Signature):

地址(Address):

电话(Telephone):</td><td colspan="3">代理人签字(Agent Signature):CHINA NATIONAL FOREIGN TRADE TRANSPORTATION CORP. SICHUAN BRANCH
地址(Address): NO. 56 SHUANGLAN ROAD CHENGDU, CHINA
电话(Telephone):028-96732761</td></tr>
</table>

拓展学习 杂货班轮货运单证流转操作

(1) 托运人向船公司在装货港的代理人（也可直接向船公司或其营业所）提出货物装运申请单，递交托运单（Booking Note，B/N），填写装货联单（主要由装货单、收货单和留底组成）。

(2) 船公司同意承运后，其代理人指定船名，核对装货单（Shipping Order，S/O）与托运单上的内容无误后，签发S/O，将留底联留下后退还给托运人，要求托运人将货物及时送至指定的码头仓库。

(3) 托运人持S/O及有关单证向海关办理货物出口报关、验货放行手续，海关在S/O上加盖放行图章后，货物准予装船出口。

(4) 船公司在装货港的代理人根据留底联编制装货清单（Loading List，L/L）送船舶及理货公司、装卸公司。

(5) 大副根据L/L编制货物积载计划（Cargo Stowage Plan）交代理人分送理货、装卸公司等按计划装船。

(6) 托运人将经过检验检疫的货物送至指定的码头仓库准备装船。

(7) 货物装船后，理货长将S/O交大副，大副核实无误后留下S/O并签发收货单(Mate's Receipt，M/R)。

(8) 理货长将大副签发的M/R转交给托运人。

(9) 托运人持M/R到船公司在装货港的代理人处付清运费（预付运费情况下），船公司在装货港的代理人审核无误后，留下M/R签发正本已装船提单（B/L）给托运人。

(10) 托运人持B/L及有关单证到议付银行结汇（在信用证支付方式下），取得货款，议付银行将B/L及有关单证邮寄开证银行。

(11) 货物装船完毕后，船公司在装货港的代理人编妥出口载货清单（Manifest，M/F）送船长签字后向海关办理船舶出口手续，并将M/F交船随带，船舶起航。

(12) 船公司在装货港的代理人根据B/L副本（或M/R）编制出口载货运费清单(Freight Manifest，F/M)，连同B/L副本、M/R送交船公司结算代收运费，并将卸货港需要的单证寄给船公司在卸货港的代理人。

(13) 船公司在卸货港的代理人接到船舶抵港电报后，通知收货人船舶到港日期，做好提货准备。

(14) 收货人到开证银行付清货款取回B/L（在信用证支付方式下）。

(15) 卸货港船公司的代理人根据装货港船公司的代理人寄来的货运单证，编进口载货清单及有关船舶进口报关和卸货所需的单证，约定装卸公司、理货公司、联系安排泊位，做好接船及卸货准备工作。

(16) 船舶抵港后，船公司在卸货港的代理人随即办理船舶进口手续，船舶靠泊后即开始卸货。

(17) 收货人持正本B/L到船公司在卸货港的代理人处办理提货手续，付清应付的费用后换取代理人签发的提货单（Delivery Order，D/O）。

(18) 收货人办理货物进口手续，支付进口关税；收货人持D/O到码头仓库或船边提取货物。

实训练习

请根据以下信用证资料缮制海运货物托运委托书。

（一）信用证资料

NATIONAL PARIS BANK

24 MARSHALL AVE DONCASTER MAONTREAL，CANADA

WE ISSUE OUR IRREVOCABLE DOCUMENTARY CREDIT NUMBER：TH2013MU518.

IN FAVOUR OF：GREAT WALL TRADING CO.，LTD，123 SHENGLI ROAD SHANGHAI，CHINA.

BY ORDER OF：YI YANG TRADING CORPORATION，88 MARSHALL AVE DONCASTER VIC 3108 CANADA.

FOR AN AMOUNT OF：USD96300.00.

DATE OF EXPIRY：15NOV，2013.

PLACE：IN BENEFICIARY' COUNTRY.

AVAILABLE WITH ANY BANK BY NEGOTIATION OF BENEFICIARY' S DRAFT DRAWN ON US AT SIGHT IN MONTREAL AGAINST DELIVERY OF THE FOLLOWING DOCUMENTS：

+COMMERCIAL INVOICES IN 5 COPIES.

+CANADA CUSTOMS INVOICES IN 6 COPIES.

+FULL SET OF NEGOTIABLE INSURANCE POLICY OR CERTIFICATE BLANK ENDORSED FOR 110 PERCENT OF INVOICE VALUE COVERING ALL RISKS.

+ONE ORIGINAL MARINE BILLS OF LADING CLEAN ON BOARD PLUS 2 NON-NEGOTIABLE COPIES MADE OUT TO ORDER OF NATIONAL PARIS BANK，24 MARSHALL AVE DONCASTER MONTREAL CANADA AND NOTIFY APPLICANT.

+SPECIFICATION LIST OF WEIGHTS AND MEASURES IN 4 COPIES COVERING SHIPMENT OF COTTON TEATOWELS AS PER S/C ST505 FOR 1-300 CTNS SIZE 10 INCHES * 10 INCHES 15000 DOZ @USD 1.13/DOZ ，FOR 301-600 CTNS SIZE 20 INCHES * 20 INCHES 9000 DOZ @USD 2.51/DOZ AND FOR 601-900 CTNS SIZE 30 INCHES * 30 INCHES 12000 DOZ @USD 4.73/DOZ CIF MONTERAL.

FROM SHANGHAI PORT TO MONTREAL PORT NOT LATER THAN 31OCT，2013.

PARTIAL SHIPMENTS：ALLOWED.

TRANSHIPMENT：ALLOWED.

SPECIAL INSTRUCTIONS：

+ALL CHARGES IF ANY RELATED TO SETTLEMENTS ARE FOR ACCOUNT OF BENEFICIARY.

+ IN CASE OF PRESENTATION OF DOCUMENTS WITH DISCREPANCIES A CHARGE OF USD 55.00 WILL BE DEDUCTED FROM PAYMENT.

THIS CREDIT IS SUBJECT TO THE U.C.P. FOR DOCUMENTARY CREDITS 1993 REVISION ICC，I.C.C. PUBLICATIONS NO.600.

（二）附加资料

（1）预配 1 个 20 英尺和 1 个 40 英尺集装箱，均为整箱货，出口公司仓库装箱。

（2）货物备妥日期：2013 年 10 月 25 日；制单日期：2013 年 10 月 20 日。

（3）运输标志：按照国际标准唛头设计［第一行：收货人缩写；第二行：参考号；第三行：目的港（地）；第四行：件号、批号］。

（4）毛重及体积：@G.W：25KGS；@MEAS.：（45×35×30）CM。

（三）缮制海运货物托运委托书

海运货物托运委托书

<table>
<tr><td colspan="2">经营单位
（托运人）</td><td colspan="6"></td></tr>
<tr><td rowspan="3">提
单
项
目
要
求</td><td>发货人
Shipper</td><td colspan="6"></td></tr>
<tr><td>收货人
Consignee</td><td colspan="6"></td></tr>
<tr><td>通知人
Notify Party</td><td colspan="6"></td></tr>
<tr><td colspan="2">海运费（ ）
Sea freight</td><td colspan="2">预付（ ）或到付（ ）
Prepaid or Collected</td><td>提单数</td><td></td><td>提单寄送地址</td><td></td></tr>
<tr><td>启运港</td><td></td><td>目的港</td><td></td><td>可否转运</td><td></td><td>可否分批</td><td></td></tr>
<tr><td colspan="2">集装箱预配数</td><td colspan="2">20×　　　40×</td><td>装运期限</td><td colspan="3"></td></tr>
<tr><td colspan="2">标记唛头</td><td>件数及
包装式样</td><td>中英文货名</td><td>毛重（千克）</td><td>尺码（立方米）</td><td colspan="2">成交条件（总价）</td></tr>
<tr><td colspan="2"></td><td></td><td></td><td></td><td></td><td colspan="2"></td></tr>
<tr><td colspan="2" rowspan="2">内装箱(CFS)</td><td rowspan="2">×市×路
××电话
××××</td><td rowspan="2">特种货物
冷藏货
危险品</td><td colspan="4">重件:（每件重量）</td></tr>
<tr><td colspan="4">大件:（长宽高）</td></tr>
<tr><td colspan="2" rowspan="2">门对门装箱地址</td><td colspan="2" rowspan="2"></td><td colspan="4">特种集装箱:（　）</td></tr>
<tr><td colspan="4">货物备妥日期:（　）</td></tr>
<tr><td colspan="2">外币结算账号</td><td colspan="2"></td><td colspan="4">产地装箱（　）自送（　）</td></tr>
<tr><td colspan="4" rowspan="7">声明事项</td><td>人民币结算账号</td><td colspan="3"></td></tr>
<tr><td>托运人签单</td><td colspan="3"></td></tr>
<tr><td>电话</td><td colspan="3"></td></tr>
<tr><td>传真</td><td colspan="3"></td></tr>
<tr><td>联系人</td><td colspan="3"></td></tr>
<tr><td>地址</td><td colspan="3"></td></tr>
<tr><td>制单日期</td><td colspan="3"></td></tr>
</table>

项目七

进出口货物报关单证

【任务要求】

1. 了解报关单证的含义及构成；
2. 了解进出口货物报关单的含义、作用和种类；
3. 掌握进出口货物报关单缮制的一般原则和缮制要求；
4. 能依据背景材料熟练缮制进出口货物报关单。

进出口报关是指进出口货物收发货人或其代理人向海关办理货物进出境手续及相关海关事务的过程，包括向海关申报、交验单据证件，并接受海关的监管和检查等环节。

报关是进出口贸易的环节之一，是国家对外经济贸易活动和国际贸易链条中的重要组成部分。报关业务的质量直接关系着进出口货物的通关速度、企业的经营成本和经济效益、海关的行政效率。由于报关活动与国家对外贸易政策法规的实施密切相关，报关业务有着较强的政策性、专业性、技术性和操作性。

一、报关单证

报关单证通常指在货物进出口报关时需要提交的单据，一般可分为主要单证和随附单证两大类，其中主要单证就是进出口货物报关单，它是所有报关单证的核心；随附单证包括基本单证、特殊单证和预备单证，基本单证包括商业票据、装箱单、装货单（出口）、提货单（进口）等，特殊单证包括进出口许可证件、加工贸易手册、减免税证明、原产地证明、出口收汇核销单等，预备单证包括贸易合同及进出口企业有关证明文件等。

二、进出口货物报关单的含义及作用

进出口货物报关单（简称报关单）是指进出口货物收发货人或其代理人，按照海关规定的格式对进出口货物的实际情况做出书面申明，以此要求海关对其货物按适用的海关制度办理通关手续的法律文书。

报关单在对外经济贸易活动中具有十分重要的法律地位，它既是海关监管、征税、统计以及开展稽查和调查的重要依据，又是加工贸易进出口货物核销，以及出口退税和外汇管理的重要凭证，也是海关处理走私、违规案件及税务、外汇管理部门查处骗税和套汇犯罪活动的重要证书。

三、进出口货物报关单的分类

按进出口状态、表现形式、海关监管方式以及用途的不同，进出口货物报关单可以分为以下几种类型。

（1）按进出口状态可分为进口货物报关单和出口货物报关单。

（2）按表现形式可分为纸质报关单和电子数据报关单。

（3）按海关监管方式可分为进料加工进出口货物报关单（粉红色）、来料加工及补偿贸易进出口货物报关单（浅绿色）、外商投资企业进出口货物报关单（浅蓝色）、一般贸易及其他贸易进出口货物报关单（白色）和需国内退税的出口贸易报关单（浅黄色）。

（4）按用途可分为报关单录入凭单、预录入报关单、EDI报关单和报关单证明联。

报关单录入凭单指申报单位按海关规定的格式填写的凭单，用作报关单预录入的依据；

预录入报关单指预录入公司录入、打印，并联网将录入数据传送到海关，由申报单位向海关申报的报关单；

EDI报关单指申报单位采用EDI方式向海关申报的电子报文形式的报关单及事后打印、补交备核的书面报关单；

报关单证明联指海关在核实货物实际入、出境后按报关单格式提供的证明，用作企业向税务、外汇管理部门办结有关手续的证明文件。

四、进出口货物报关单缮制的一般原则

（1）报关单的填制必须真实，要做到两个相符：一是单证相符，即报关单与合同、批文、发票、装箱单等相符；二是单货相符，即报关单中所报内容与实际进出口货物情况相符。

（2）不同合同的货物，不能填在同一份报关单上；同一批货物中有不同贸易方式的货物，也须用不同的报关单向海关申报。

（3）一张报关单上如有多种不同商品，应分别填报清楚，但一张报关单上最多不能超过五项海关统计商品编号的货物。

（4）进料加工、来料加工的料件及进口后经批准转内销或作为资产顶进，也填写进口货物报关单。

（5）报关单中填报的项目要准确、齐全。

（6）电脑预录入的报关单，其内容必须与原始报关单上的内容完全一致。

（7）向海关递交的报关单，事后发现差错，须立即填写报关单更正单，向海关办理更正手续。

（8）对于海关放行后的出口货物，由于运输工具配载等原因，全部或部分未能装载上原申报的运输工具的，出口货物发货人应向海关递交《出口货物报关单更改申请》。

五、进出口货物报关单的内容及缮制要求

为规范进出口货物收发货人的申报行为，统一进出口货物报关单填制要求，保证报关单数据质量，根据海关总署对报关单填制进行的最新修订要求，报关单各栏目的填制规范如下。

（一）进口口岸/出口口岸

1. 含义

指货物实际进出口我国关境口岸海关的名称。进口口岸是进入我国关境的第一海关，出口口岸是运离我国关境的最后一海关。

2. 填报要求

（1）一般要求

本栏填写隶属海关的名称及代码。

例如：货物由天津新港进境，“进口口岸”栏填“新港海关 0202”。

（2）特殊情况

加工贸易货物：填报货物限定或指定进出口岸的口岸海关名称及代码。

转关运输货物：进口转关填报货物进境地海关名称及代码；出口转关填报货物出境地海关名称及代码。

例如：从天津进境转关至郑州，填写天津（隶属）海关名称及代码。

（二）备案号

1. 含义

进出口货物收发货人办理报关手续时，应向海关递交的备案审批文件的编号。

2. 填报要求

（1）一份报关单只允许填报一个备案号。无备案审批文件的报关单，本栏免予填报。

（2）备案号的标记码必须与“贸易方式”、“征免性质”、“征免”、“用途”及“项号”等栏目相协调。

（3）加工贸易货物，填报加工贸易手册编号。

（4）进出口征减免税审批货物填报征免税证明编号，不得为空。

（5）对进入特殊区域的保税货物，在“备案号”栏应填报标记代码为“H”的电子账册的备案号。

（6）进口实行原产地证书联网管理的香港 CEPA、澳门 CEPA 项下进口货物，本栏填报“Y”＋“11 位原产地证书编号”，如：“Y3M03A000001”。

常见的备案审批文件与对应的首字母代码如表 7-1 所示。

表 7-1　常见的备案审批文件与对应的首字母代码

B	C	E	Y	Z
来料加工手册	进料加工手册	加工贸易电子账册	原产地证书	征免税证明

（三）进口日期/出口日期

1. 含义

进口日期指运载所申报进口货物的运输工具申报进境的日期；

出口日期指运载所申报出口货物的运输工具办结出境手续的日期。

2. 填报要求

（1）日期均为 8 位数字，按年（4 位）、月（2 位）、日（2 位）顺序进行填写，如：“20080808”；

（2）对集中申报的报关单，进口日期以海关接受申报的日期为准；

（3）出口日期栏不用填写。

（四）申报日期

1. 含义

指海关接受进出口货物的收发货人或受其委托的报关企业向海关申报货物进出口的日期。

2. 填报要求

本栏在申报时免予填报。

(五) 经营单位

1. 含义

指对外签订并执行进出口贸易合同的我国境内企业、单位或者个人的名称及海关注册编码。

2. 编码规则

(1) 编码

办理注册登记时，海关为之设置的注册登记编码，经营单位编码为10位数字。

(2) 编码结构（表7-2）

表 7-2 编码结构

第1～4位 行政区划代码	第5位 市内经济区划代码	第6位 企业经济类型代码	第7～10位 顺序编号
	1. 经济特区	1. 有进出口经营权的国有企业	
	2. 经济技术开发区	2. 中外合作企业	
	3. 高新技术产业开发区	3. 中外合资企业	
	4. 保税区	4. 外商独资企业	
	5. 出口加工区	5. 有进出口经营权的集体企业	
	6. 保税港区	6. 有进出口经营权的私营企业	
	7. 保税物流园区	7. 有进出口经营权的个体工商户	
	8. 综合实验区	8. 有报关权没有进出口权的企业	
	9. 其他	9. 其他	

例如（单选）：根据经营单位编码规则，编码第6位为“6”，表示该企业的经济类型为（　　）

A. 外商独资企业　　B. 有进出口经营权的国有企业

C. 有进出口经营权的私营企业　　D. 有进出口经营权的个体工商户

答案：C

3. 填报要求

(1) 本栏填写经营单位的中文名称及编码。

(2) 有代理报关资格的报关企业代理其他进出口企业办理进出口报关手续时，填报委托的进出口企业的名称及海关注册编码。

例如：中国矿产钢铁有限责任公司（110891××××）进口一批无缝锅炉管，委托辽宁龙信国际货运公司（210298××××）持经营单位手册和相关单证向大连大窑湾海关申报货物进口，则经营单位栏填写“中国矿产钢铁有限责任公司110891××××”。

(3) 进出口企业之间相互代理进出口，或者没有进出口经营权的企业委托有进出口经营权的企业代理进出口的，填报“代理方的中文名称及编码”。

例如：北京宇都商贸有限公司（1101250756）委托大连化工进出口公司（2102911013）与韩国签约进口电动叉车，则经营单位栏填写“大连化工进出口公司2102911013”。

(4) 外商投资企业委托有进出口经营权的企业进出口。

① 进口投资总额以内的设备、物品，经营单位应填“外商投资企业”，在报关单备注栏

填上“委托××公司进口”。

例如：上海协通针织有限公司（3101935039）委托上海机械进出口（集团）公司（3105913429）进口圆形针织机，则经营单位填“上海协通针织有限公司 3101935039”。

② 进口生产用原材料：填报“代理方中文名称及编码”，即经营单位应填有进出口经营权的企业的名称及编码。

例如：中外合资沈阳贝沈钢帘线有限公司（2101232999）使用自有资金，委托上海新元五矿贸易公司（3105913429）持 2100-2003-WZ-00717 号自动进口许可证（代码 7）进口镀黄铜钢丝，则进口报关单“经营单位”填“上海新元五矿贸易公司 3105913429”。

例如：某外资企业公司委托某国营外贸公司购买进口投资设备及用做生产原料的钢材一批，货物由某物流公司承接进口运输相关事宜，并委托某报关公司向海关办理进口报关手续。该批钢材报关时报关单经营单位应填报为（ ）。

A. 该外资企业　　B. 某国营外贸公司

C. 某物流公司　　D. 某报关公司

答案：B

4. 特殊情况下确定并填报经营单位的原则

（1）援助、赠送、捐赠的货物，经营单位填报接受货物的单位的中文名称及编码。

（2）经营单位编码第 6 位为“8”的单位只有报关权而没有进出口经营权的，不得作为经营单位填报。

（3）境外企业不得作为经营单位填报。

（4）如果对外签约，执行合同不是同一单位，则以执行合同的单位为准。

例如：中国化工进出口总公司对外统一签约，由辽宁省化工进出口公司执行合同，则填写辽宁省化工进出口公司的名称及海关注册编码。

（六）运输方式

1. 含义

指载运货物进出关境所使用的运输工具的分类。

2. 填报要求

应根据实际运输方式按海关规定的《运输方式代码表》选择填报相应的运输方式名称或代码。常见的运输方式名称及代码如表 7-3 所示。

表 7-3　常见的运输方式名称及代码

运输方式名称	水路运输	铁路运输	汽车运输	航空运输
运输方式代码	2	3	4	5

（七）运输工具名称

1. 含义

指载运货物进出境的运输工具的名称或运输工具编号。

2. 填报要求

（1）一份报关单只允许填报一个运输工具名称。

（2）水路运输填报船舶英文名称或船舶编号/航次号。

例如：Vessel：EAST EXPRESS，Voyage：801E，则运输工具名称栏填：EAST EX-

PRESS/801E。

(3) 航空运输填报航班号。

(4) 进口转船运输时填写抵达我国口岸的船舶名称及航次号。

例如：货物用“东风号”货轮从纽约起运，经香港换装“红日号”从广州海关入境，则船舶要填写入境的船舶即“红日号”的船舶英文名称及航次号。

(5) 进口转关运输填报转关标志“@”＋转关运输申报单编号；出口转关运输只需填报转关运输标志“@”。

(6) 无实际进出境的货物，报关单本栏为空。

（八）提运单号

1. 含义

指进出口货物提单或运单的编号。

2. 填报要求

(1) 一份报关单只允许填报一个提运单号，一票货物对应多个提运单号，应分单填报。

(2) 实际进出境的不同运输方式的填报要求。

水路运输：填进出口提单号，如有分提单的，填“提单号＊分提单号”。

公路运输：免于填报。

铁路运输：填报运单号。

航空运输：填“总运单号_分运单号”，无分运单的填报“总运单号”。

(3) 无实际进出境的，本栏免于填报。

(4) 进口转船运输时填写转船时签发的提运单号。

例如：货物用“东风号”货轮从纽约起运，经香港换装“红日号”从广州海关入境，则提单号要填写货物装上红日号时船公司签发的提单号。

(5) 进出口转关运输免于填报。

（九）收货单位/发货单位

1. 含义

收货单位指已知的进口货物在境内的最终消费、使用单位。

发货单位指出口货物在境内的生产或销售单位。

2. 填报要求

(1) 有海关注册编码或加工企业编码的收、发货单位，进口货物报关单的“收货单位”栏或出口货物报关单的“发货单位”栏必须填报其中文名称及编码；没有编码的，填报其中文名称。

(2) 本栏与“经营单位”栏具有关联性，具体如表 7-4 所示。

表 7-4　收（发）货单位与经营单位的关系及填报要求

进出口情况	关系	填报要求	
		经营单位	收(发)货单位
自行进出口货物(无委托代理关系)	相同	进出口企业	
外资企业委托外贸企业进口投资设备、物品	相同	外商投资企业	
其他企业委托外贸企业进出口货物	不同	外贸企业	其他企业

（十）贸易方式

1. 含义

指以国际贸易中进出口货物的交易方式为基础，结合海关对进出口货物监督管理综合设定的对进出口货物的管理方式。

2. 填报要求

（1）一份报关单只允许填报一种贸易方式，不同贸易方式分单填报。

（2）按海关规定的《贸易方式代码表》选择填报相应的贸易方式简称或代码。主要贸易方式、代码及其适用范围如表 7-5 所示。

表 7-5 主要贸易方式、代码及其适用范围

代码	简　称	全　　称
0110	一般贸易	一般贸易
0214	来料加工	来料加工装配贸易进口料件及加工出口货物
0420	加工贸易设备	加工贸易项下外商提供的进口设备
0615	进料对口	进料加工
2025	合资合作设备	合资合作企业作为投资进口的设备物品
2225	外资设备物品	外资企业作为投资进口的设备物品
2600	暂时进出货物	暂时进出口货物
3010	货样广告品 A	有经营权单位进口的货样广告品
3039	货样广告品 B	无经营权单位进口的货样广告品
3612	捐赠物资	进出口捐赠物资

（十一）征免性质

1. 含义

指海关对进出口货物实施征、减、免税管理的性质类别。

2. 填报要求

（1）一份报关单只允许填报一种征免性质，涉及多个征免性质，应分单填报。

（2）按照《征免性质代码表》选择填报相应的征免性质简称或代码。常见的征免性质及其适用范围如表 7-6 所示。

表 7-6 常见的征免性质及其适用范围

代码	简称	全　　称
101	一般征税	一般征税进出口货物
299	其他法定	其他法定减免税进出口货物
401	科教用品	在大专院校及研究机构进口科教用品
501	加工设备	加工贸易外商提供的不作价进口设备
502	来料加工	来料加工装配和补偿贸易进口料件及出口成品
503	进料加工	进料加工贸易进口料件及出口成品
601	中外合资	中外合资经营企业进出口货物

续表

代码	简称	全　称
602	中外合作	中外合作经营企业进出口货物
603	外资企业	外商独资企业进出口货物
789	鼓励项目	国家鼓励发展的内外资项目进口设备
799	自有资金	外商投资额度外利用自有资金进口设备、备件、配件

（十二）征税比例/结汇方式

1. 含义

征税比例用于原“进料非对口”贸易方式下进口料件的进口报关单。

结汇方式指出口货物的发货人或其代理人收结外汇的方式，也就是国际贸易中的汇款支付、结算的方式。

2. 填报要求

（1）进口货物报关单征税比例栏目不需要填写。

（2）出口货物报关单结汇方式栏目应按海关规定的《结汇方式代码表》选择填报相应的结汇方式名称或缩写或代码。常见的结汇方式代码如表 7-7 所示。

表 7-7　常见的结汇方式代码表

结汇方式代码	1	2	3	4	5	6
名称	信汇	电汇	票汇	付款交单	承兑交单	信用证
英文缩写	M/T	T/T	D/D	D/P	D/A	L/C

（十三）许可证号

1. 含义

指一国根据其进出口管制法令由商务主管部门签发的允许管制商品进出口的证件。应申领进（出）口许可证的货物，必须在本栏填报商务部及其授权发证机关签发的进（出）口货物许可证的编号。

2. 填报要求

（1）本栏涉及的填报内容包括：进（出）口许可证、两用物项和技术进（出）口许可证、两用物项和技术进（出）口许可证（定向）、出口许可证（加工贸易）、出口许可证（边境小额贸易）五类证件的编号。

备注：除上述五类许可证以外的其他的监管证件不填报在“许可证号”栏，而应当在“随附单据”栏填报，如“自动进口许可证”应当在“随附单据”栏填报，而不填于此。

例如：中外合资沈阳贝沈钢帘线有限公司（2101232999）使用自有资金，委托上海新元五矿贸易公司（3105913429）持 2100-2003-WZ-00717 号自动进口许可证（代码 7）进口镀黄铜钢丝。则不能将自动进口许可证号“2100-2003-WZ-00717 号”填写在许可证号栏目中，而应当在“随附单据”栏填报。

（2）一份报关单只允许填报一个许可证号，非许可证管理商品本栏为空。

（十四）起运国（地区）/运抵国（地区）

1. 含义

起运国（地区）指进口货物直接运抵或者在运输中转国（地）未发生任何商业性交易的情况下运抵我国的起始发出的国家（地区）。

运抵国（地区）指出口货物离开我国关境直接运抵或者在运输中转国（地）未发生任何商业性交易的情况下最后运抵的国家（地区）。

2. 填报要求

（1）本栏应按海关规定的《国别（地区）代码表》选择填报相应的起运国（地区）或运抵国（地区）中文名称或代码。主要国别（地区）代码如表7-8所示。

（2）无实际进出境的，本栏填报“中国”（代码0142）。

（3）对发生运输中转的货物，如中转地未发生任何商业性交易，则起、抵地不变，如中转地发生商业性交易，则以中转地作为起运/运抵国（地区）填报。

例1：我国A公司与美国的B公司签订进口合同，货物从纽约直接运输至上海，则起运国为美国。

例2：我国某公司进口一批货物，货物从伦敦起运途经香港转运至上海。如果在香港中转时没有发生买卖关系，则起运国仍为英国；如果在香港发生了买卖关系，那么启运国为香港。

表7-8　主要国别（地区）代码表

代码	中文名称	代码	中文名称
110	中国香港	307	意大利
116	日本	331	瑞士
121	中国澳门	344	俄罗斯
132	新加坡	501	加拿大
133	韩国	502	美国
142	中国	601	澳大利亚
143	台澎金马关税区	609	新西兰
303	英国	701	国(地)别不详
304	德国	702	联合国及机构和国际组织
305	法国	999	中性包装原产国别

（十五）装运港/指运港

1. 含义

装货港指进口货物在运抵我国关境前的最后一个境外装运港。

指运港指出口货物运往境外的最终目的港；最终目的港不可预知的，可按尽可能预知的目的港填报。

2. 填报要求

（1）本栏应根据实际情况按海关规定的《港口航线代码表》选择填报相应的港口中文名称或代码。

（2）无实际进出境的，本栏填报“中国境内”（代码0142）。

（3）进口货物如果在运输途中发生中转，不论是否发生买卖关系，都以进口货物在运抵我国关境之前的最后一个境外中转港作为装运港。

例如：大连某企业从美国进口一批货物，经日本东京转船至韩国釜山港，换装“MAYER V. 0517”轮运至大连港，此时报关单上的装货港栏目填写“釜山”。

（4）出口货物不管在运输途中是否发生转运，都以货物运往境外的尽可能知道最终目的港作为指运港。

例如：浙江某企业出口一批货物给新加坡某企业，货物运至新加坡后转船至英国伦敦，此时报关单上的指运港栏目填写“伦敦”。

（十六）境内目的地/境内货源地

1. 含义

境内目的地指已知的进口货物在国内的消费、使用地或最终运抵地；境内货源地指出口货物在国内的产地或原始发货地。

2. 填报要求

本栏按《国内地区代码表》选择国内地区名称或代码填报，代码含义与经营单位代码前5位的定义相同。

例1：广州某公司（440131××××）进口一批货物，第5位为“3”，即“高新技术开发区”，故境内目的地栏目填：广州高新技术产业开发区。

例2：广州A公司（440191××××）委托广州B公司（440131××××）进口一批货物。境内目的地栏要根据收货单位来判断，这批货物的收货单位应填：“广州A公司440191××××”。境内目的栏目根据收货单位代码的5位来判断，第5位为“9”。境内目的栏目有两种填法，填44019或者广州其他。

（十七）批准文号

1. 含义

指出口收汇核销单编号。

2. 填报要求

（1）进口报关单不需填报。

（2）出口报关单填报出口收汇核销单编号。

（3）出口不需要使用出口收汇核销单贸易方式的货物，本栏无需填报。

（十八）成交方式

1. 含义

指进出贸易是进出口商品的价格构成和买卖双方各自应承担的责任、费用和风险，以及货物所有权转移的界限。

备注：报关单填制中的诸如“CIF、CFR、FOB”等成交方式是中国海关规定的《成交方式代码表》中所指定的成交方式，与《2010年国际贸易术语解释通则》中的贸易术语并非完全同一内涵。这里的“CIF、CFR、FOB”主要体现成本、运费、保险费等成交价格构成因素。

2. 填报要求

（1）按海关规定的《成交方式代码表》（表7-9）选择填报相应的成交方式名称或代码。

（2）无实际进出境的，进口填报 CIF 价，出口填报 FOB 价。

表 7-9 各种贸易术语填写的成交方式的对应关系及成交代码表

发票中的贸易术语	报关单中填写的成交方式	成交方式代码
CIF、CIP 以及 DAF、DES、DEQ、DDU、DDP	CIF	1
CFR(CNF、C&F)、CPT	CFR(CNF、C&F)	2
FCA、FAS、EXW、FOB	FOB	3

（十九）运费

1. 含义

指进出口货物从始发地至目的地的国际运输所需要的各种费用。

2. 填报要求

（1）本栏用于成交价格中不包含运费的进口货物或成交价格中含有运费的出口货物，应填报该份报关单所含全部货物的国际运输费用。

（2）本栏应根据具体情况选择运费单价、运费总价或运费率三种方式之一填报，同时注明运费标记，并按海关规定的《货币代码表》（表 7-10）选择填报相应的币种代码。运费标记："1"表示运费率；"2"表示每吨货物的运费单价；"3"表示运费总价。

具体填制方法如下。

① 运费率：直接填报运费率的数值，运费率标记免填。

例如：运费率为 5%，则"运费"栏填：5。

② 运费单价：填报运费"货币代码/运费单价的数值/运费单价标记"。

例如：24 美元的运费单价，则"运费"栏填：502/24/2。

③ 运费总价：填报运费"货币代码/运费总价的数值/运费总价标记"。

例如：7000 美元的运费总价，则"运费"栏填：502/7000/3。

（3）运保费合并计算的，运保费填报在"运费"栏中。

表 7-10 主要货币代码表

货币代码	货币符号	货币名称	货币代码	货币符号	货币名称	货币代码	货币符号	货币名称
110	HKD	港元	116	JPY	日元	132	SGD	新加坡元
142	CNY	人民币	133	KRW	韩国圆	300	EUR	欧元
302	DKK	丹麦克朗	303	GBP	英镑	330	SEK	瑞典克朗
331	CHF	瑞士法郎	344	SUR	俄罗斯卢布	501	CAD	加拿大元
502	USD	美元	601	AUD	澳大利亚元	609	NZD	新西兰元

（二十）保费

1. 含义

指进出口货物从始发地至目的地的国际运输保险费用。

2. 填报要求

（1）本栏用于成交价格中不包含保险费的进口货物或成交价格中含有保险费的出口货物，应填报该份报关单所含全部货物国际运输的保险费用。

（2）可按保险费总价或保险费率两种方式之一填报，同时注明保险费标记（保费率标记免填)，并按海关规定的《货币代码表》选择填报相应的币种代码。

保险费标记："1"表示保险费率；"3"表示保险费总价。

具体填制方法如下。

① 保费率：直接填报保费率的数值。

例如：3‰的保险费率填报为"0.3"。

② 保费总价：填报保费币值代码＋"/"＋保费总价的数值＋"/"＋保费总价标记。

例如：10000 港元保险费总价填报为"110/10000/3"。

(3) 运保费合并计算的，运保费填报在运费栏目中，本栏免予填报。

(4) 运费与保险费在填制的过程中，要根据成交方式判断运费、保险费要不要填，具体规则如表 7-11 所示。

表 7-11　运费与保险费填报要求

进口/出口	成交方式	运费	保费
进口	CIF	不填	不填
	FOB	填写	填写
	CFR	不填	填写
出口	CIF	填写	填写
	FOB	不填	不填
	CFR	填写	不填

(二十一) 杂费

1. 含义

指成交价格以外的，应计入完税价格或应从完税价格中扣除的费用，如手续费、佣金、回扣等。

2. 填报要求

(1) 本栏在填写时应计入完税价格的杂费填报为正值或正率，应从完税价格中扣除的杂费填报为负值或负率。

(2) 可按杂费总价或杂费率两种方式之一填报，同时注明杂费标记（杂费率标记免填)，并按海关规定的《货币代码表》选择填报相应的币种代码。

杂费标记："1"表示杂费；"3"表示杂费总价。

具体填制方法如下。

① 杂费率：直接填报杂费率的"数值/杂费率标记"。

例如：应计入完税价格的 1.5％的杂费率，则"杂费"栏填：1.5/1。

例如：应从完税价格中扣除的 1.5％的回扣率，则"杂费"栏填：－1.5/1。

②杂费总价：填报杂费"货币代码/杂费总价的数值/杂费总价标记"。

例如：应计入完税价格的 500 英镑杂费总价，则"杂费"栏填：303/500/3。

(二十二) 合同协议号

1. 含义

指外贸合同（协议）或者订单的编号。

2. 填报要求

本栏应填报进（出）口货物合同（协议）的全部字头和号码。

（二十三）件数

1. 含义

指有外包装的单件进出口货物的实际件数，货物可以单独计数的一个包装称为一件。

2. 填报要求

（1）本栏应填报有外包装的进（出）口货物的实际件数。

（2）本栏不得填报为零，裸装、散装货物填报为“1”。

（3）有关单据仅列明托盘件数，或者既列明托盘件数，又列明单件包装件数的，本栏填报托盘件数。

例如：“3 PALLETS 240 BALLES”，件数应填报为“3”。

（4）有关单据既列明集装箱个数，又列明托盘件数、单件包装件数，按以上要求填报。如仅列明集装箱个数，未列明托盘或者单件包装件数的，填报集装箱个数。

（5）如果货物有两种及以上不同包装的，填写两种包装的合计件数。

例如：资料中显示甲商品装了 20 纸箱，乙商品装了 30 捆，则“件数”栏填写“50”。

（二十四）包装种类

1. 含义

指进出口货物的实际外包装种类。

2. 填报要求

（1）按海关规定的《包装种类代码表》（表 7-12）选择填报相应的包装种类。

（2）本栏在填写时要与“件数”栏相对应，如果有两种及以上不同包装的，“包装种类”栏填写“其他”。

表 7-12　常见的包装种类代码表

中文名称	英文名称	中文名称	英文名称
木箱	(Wooden)Case	裸装	Nude
纸箱	Carton,CTNS(Cartons)	托盘	Pallet
桶装	Drum/Barrel	包	Bale,BLS(Bales)
散装	Bulk		

（二十五）毛重

1. 含义

指货物及其包装材料的重量之和。

2. 填报要求

本栏填报进（出）口货物实际毛重，计量单位为千克，不足 1 千克的填报为“1”；如果货物重量在 1 千克以上且非整数，其小数点后保留 4 位，第五位及以后略去。

（二十六）净重

1. 含义

指货物的毛重减去外包装材料后的重量，即商品的实际重量。

2. 填报要求

本栏填报进（出）口货物的实际净重，计量单位为千克，不足 1 千克的填报为“1”。如果货物重量在 1 千克以上且非整数，其小数点后保留 4 位，第五位及以后略去。

备注：毛重和净重的填报，注意分单填报的情况，应当按照对应的申报的货物分开填报各自的毛重或净重，而不能填所有货物的总重量。

（二十七）集装箱号

1. 含义

集装箱运输时集装箱箱体两侧标示的全球唯一的编号。

2. 填报要求

（1）本栏填报装载进出口货物（包括拼箱货）集装箱的箱体信息，分别填报集装箱号、集装箱的规格和集装箱的自重。填报方式为：“集装箱号/规格/自重”。

例如：集装箱数量、规格及号码是：1×20’TEXU360523120，集装箱自重是 2376 千克，则应填制为：TEXU360523120/20/2376。

（2）多个集装箱的，第一个集装箱号填报在“集装箱号”栏，其余的依次填报在“备注栏”栏。

（3）非集装箱货物，填报为“0”。

（二十八）随附单据

1. 含义

指随进（出）口货物报关单一并向海关递交的单证或文件。

2. 填报要求

（1）本栏填写在“许可证号”栏目填报的进出口许可证以外的监管证件的代码及编号，格式为：“监管证件代码：监管证件编号”；常见的监管证件代码如表 7-13 所示。

例如：入境货物通关单的编号是：442100104064457，则“随附单据”栏填写：“A：442100104064457”。

（2）有两个以上监管证件的，其中一个填在本栏，其他填制在备注栏。

表 7-13　常见的监管证件代码表

代码	监管证件名称	代码	监管证件名称
1	进口许可证	E	濒危物种允许出口证明书
4	出口许可证	F	濒危物种允许进口证明书
5	纺织品临时出口许可证	O	自动进口许可证(新旧机电品)
7	自动进口许可证	P	固体废物进口许可证
A	入境货物通关单	Y	原产地证明
B	出境货物通关单	v	自动进口许可证(加工贸易)

（二十九）用途/生产厂家

1. 含义

用途指进口货物在境内应用的范围；生产厂家指出口货物的境内生产企业。

2. 填报要求

（1）进口货物填报用途，应根据进口货物的实际用途，按海关规定的《用途代码表》（表 7-14）选择填报相应的用途名称或代码。

（2）生产厂家栏仅供必要时填报。

表 7-14　用途代码表

用途代码	用途名称	用途代码	用途名称
01	外贸自销内销	07	收保证金
02	特区内销	08	免费提供
03	其他内销	09	作价提供
04	企业自用	10	货样、广告品
05	加工返销	11	其他
06	借用	13	以产顶进

（三十）标记唛码及备注

1. 含义

标记唛码就是指运输的标志，是为方便收货人查找，便于在装卸、运输、储运过程中识别而设；备注指报关单其他栏目不能填写完全以及需要额外说明的内容，或其他需要备注、说明的事项。

2. 填报要求

（1）本栏上部填报货物运输包装上的标记唛码中除图形以外的所有文字、数字，无标记唛码的免于填报。

（2）本栏下部用于填报备注内容，一般包括以下几点。

① 受外商投资企业委托代理其在投资总额内进口投资设备、物品的外贸企业名称填写在本栏。填写“委托××××××公司进口”（××××××为代理的外贸企业名称）。

② 关联备案号。

③ 关联报关单号。

④ 所申报货物涉及多个监管证件的，除第一个监管证件以外的其余监管证件和代码。格式为：“监管证件的代码：监管证件编号”。

⑤ 所申报货物涉及多个集装箱的，除第一个集装箱号以外的其余的集装箱号。格式为：“集装箱号”＋“/”＋“规格”＋“/”＋“自重”。

⑥ 其他申报时必须说明的事项。

（三十一）项号

1. 含义

指申报货物在报关单中的商品排列序号。

2. 填报要求

(1) 本栏分两行填报及打印。第一行打印报关单中的商品排列序号；第二行专用于加工贸易等已备案的货物，填报和打印该项货物在《加工贸易手册》中的项号。

备注：如果备案号为空时，项号填报一行，填报货物在报关单中的商品序号。

(2) 有征免税证明或登记手册的商品本栏要分两行填报：第一行填报报关单中的商品排列序号；第二行填报该项货物在加工贸易手册中的项号、征免税证明或对应的原产地证书的商品项号。

例如：某公司进口一批货物（包括 3 种商品，按报关单序号分别是 01 布料、02 纽扣、03 花边），第一种商品布料在加工贸易手册为第 7 项，第二种商品为纽扣，在加工贸易手册为第 8 项，第三种商品为花边，在加工贸易手册为第 12 项，则报关单的项号如表 7-15 所示。

表 7-15 项号填报示例

项号	商品编码	商品名称、规格型号
01 07	×××× ××××	布料 ××××××××××
02 08	×××× ××××	纽扣 ××××××××××
03 12	×××× ××××	花边 ××××××××××

（三十二）商品编号

1. 含义

指按海关《进出口税则》或《海关统计商品目录》所规定的商品分类编号归类总规则确定的进出口货物的编号。

2. 填报要求

(1) 在填报商品编码时应该按照商品分类目录中的归类总规则和进出口商品的实际情况填报。

(2) 加工贸易《登记手册》中商品编号与实际商品编号不符的，应按实际商品编号变更《登记手册》的编号后，再据实填报。

（三十三）商品名称、规格型号

1. 含义

商品名称是指进出口货物规范的中文名称；商品的规格型号，是指反映商品性能、品质和规格的一系列指标，如等级、成分、含量、纯度、大小、长短、粗细等。

2. 填报要求

(1) 本栏分两行填报。第一行填报进出口货物规范的中文商品名称；第二行填报规格型号，必要时可加注原文。

(2) 商品名称及规格型号应据实填报，并与所提供的商业发票相符。

(3) 商品名称应当规范，规格型号应当足够详细，以能满足海关归类、审价及许可证件管理要求为准。根据商品属性，本栏填报内容包括：品名、牌名、规格、型号、成分、含量、等级、用途、功能等。

(4) 加工贸易等已备案的货物，本栏填报录入的内容必须与备案登记中同项号下货物的名称与规格型号一致。

(三十四) 数量及单位

1. 含义

指进出口商品的实际数量及计量单位。

2. 填报要求

(1) 按海关法定计量单位和成交计量单位填报。

(2) 本栏分三行填报：第一行填报法定第一计量单位及数量；第二行填报海关第二法定计量单位及数量（备注：如没有海关第二法定计量单位，则第二行留空）；第三行填报成交计量单位及数量（备注：如果成交计量单位与法定计量单位一致，则第三行留空）。

例如：某公司进口一批货物（包括 3 种商品，按报关单序号分别是 01 布料、02 纽扣、03 花边），第一种商品布料（法定计量单位为米/千克，成交单位为码），在加工贸易手册为第 7 项；第二种商品为纽扣（法定计量单位为个，成交单位为千克），在加工贸易手册为第 8 项；第三种商品为花边（法定计量单位为米，成交单位为米），在加工贸易手册为第 12 项，则报关单的数量及单位栏填报示例如表 7-6 所示。

表 7-16 数量及单位填报示例

项号	商品编码	商品名称、规格型号	数量及单位
01 07	×××× ××××	布料 ×××××××××	××米 ××千克 ××码
02 08	×××× ××××	纽扣 ×××××××××	××个 ××千克
03 12	×××× ××××	花边 ×××××××××	××米

(三十五) 原产国（地区）/最终目的国（地区）

1. 含义

原产国（地区）指进口货物的生产、开采或加工制造国家（地区）；

最终目的国（地区）指已知的出口货物的最终实际消费、使用或进一步加工制造国家（地区）。

2. 填报要求

(1) 本栏应按海关规定的《国别（地区）代码表》选择填报相应的国家（地区）名称及

代码。

（2）原产国（地区）填报要求

① 应依据《中华人民共和国进出口货物原产地条例》、《中华人民共和国海关关于执行〈非优惠原产地规则中实质性改变标准〉的规定》以及海关总署关于《各项优惠贸易协定原产地管理规章》规定的原产地确定标准填报。

② 同一批进口货物的原产地不同的，应分别填报原产国（地区）。

③ 进口货物原产国（地区）无法确定的，填报“国别不详”（代码 701）。

（3）最终目的国（地区）填报要求

① 出口货物不经过第三国（地区）转运的直接运输货物，以运抵国（地区）为最终目的国（地区）。

② 出口货物经过第三国（地区）转运的货物，以最后运往国（地区）为最终目的国（地区）。

③ 同一批出口货物的最终目的国（地区）不同的，应分别填报最终目的国（地区）。

④ 出口货物不能确定最终目的国（地区）时，以尽可能预知的最后运往国（地区）为最终目的国（地区）。

（三十六）单价

1. 含义

指商品的一个计量单位以某一种货币表示的价格。

2. 填报要求

（1）应填报同一项号下进（出）口货物实际成交的商品单位价格（发票单价）的金额。

（2）对无实际成交价格的货物，本栏填报货值。如，来料加工进口料件、无代价抵偿货物。

（3）单价的填报只填报单价的数值，不需要填报计价的单位（计量单位）和计价货币（币制），单价数值填报到小数点后 4 位，第 5 位及其后略去，如单价为“0.34567”应填报“0.3456”。

（三十七）总价

1. 含义

指进（出）口货物实际成交的商品总价。

2. 填报要求

（1）应填报同一项号下进（出）口货物实际成交的商品总价。

（2）无实际成交价格的，本栏填报货值。如，来料加工进口料件、无代价抵偿货物。

（3）总价填报到小数点后 4 位，第 5 位及其后略去。（与单价同）

（三十八）币制

1. 含义

指进出口货物实际成交价格的币种。

2. 填报要求

本栏应根据实际成交情况按海关规定的《货币代码表》选择填报相应的货币名称或代码，如《货币代码表》中无实际成交币种，需转换后填报。

（三十九）征免

1. 含义

征免即征免方式，指海关对进出口货物进行征税、减税、免税或特案处理的实际操作方式。

2. 填报要求

（1）本栏应按照海关核发的《征免税证明》或有关政策规定，对报关单所列每项商品选择填报海关规定的《征减免税方式代码表》中相应的征减免税方式。

（2）征免与贸易方式、征免性质、用途、备案号等栏目存在部分对应关系，具体如表7-17所示。

表7-17　贸易方式、征免性质、用途、征免各栏目之间的逻辑关系（部分）

贸易方式	征免性质	用途	征免	备案凭证首位
一般贸易(0110)	一般征税(101)	外贸自营自销(1)	照章征税(1)	
		其他内销(3)		
	科教用品(401) 重大项目(406) 鼓励项目(789)	企业自用(4)	全免(3)	Z(征免税证明)
来料加工(0214)	来料加工(502)	加工返销(5)	全免(3)	B(登记手册)
进料加工(0615)	进料加工(503)			C(登记手册)
合资合作设备(2025)	中外合资(601) 中外合作(602) 鼓励项目(789)	企业自用(4)	全免(3)	Z(征免税证明)
	一般征税(101)		照章征税(1)	
外资设备物品(2225)	外贸企业(603) 鼓励项目(789)	企业自用(4)	全免(3)	Z(征免税证明)
	一般征税(101)		照章征税(1)	
不作价设备(0320)	加工设备(501)	企业自用(4)	全免(3)	D(登记手册)
加工贸易设备(作价)(0420)	一般征税(101)		照章征税(1)	

另外，进出口货物报关单还包括其他栏目。

（1）预录入编号　本栏填报预录入报关单的编号，预录入编号规则由接受申报的海关决定。

（2）海关编号　本栏填报海关接受申报时给予报关单的编号，一份报关单对应一个海关编号。

（3）税费征收情况　本栏供海关批注进（出）口货物税费征收及减免情况。

（4）录入员及录入单位　本栏用于记录预录入操作人员的姓名及预录入单位名称。

（5）申报单位　自理报关的，本栏填报进出口企业的名称及海关注册编码；委托代理报关的，本栏填报经海关批准的报关企业名称及海关注册编码。

本栏还包括报关单左下方用于填报申报单位有关情况的相关栏目，包括报关员、报关单位地址、邮政编码和电话号码等栏目。

（6）海关审单批准放行日期（签章）　本栏供海关作业时签注。

六、进出口货物报关单样单

（一）进口货物报关单

中华人民共和国进口货物报关单

预录入编号：　　　　　　　　　　　　　　　　　　　　海关编号：

进口口岸	备案号	进口日期	申报日期
经营单位	运输方式	运输工具名称	提运单号
收货单位	贸易方式	征免性质	征税比例
许可证号	起运国(地区)	装货港	境内目的地

批准文号	成交方式	运费	保费	杂费
合同协议号	件数	包装种类	毛重/千克	净重/千克

集装箱号	随附单据	用途

标记唛头及备注

项号	商品编号	商品名称、规格型号	数量及单位	原产国(地区)	单价	总价	币制	征免

税费征收情况

录入员　录入单位	兹声明以上申报无讹并承担法律责任	海关审单批注及放行日期
报关员		（签章）
申报单位(签章)		审单　　审价
单位地址		征税　　统计
邮编　　电话　　填制日期		查验　　放行

（二）出口货物报关单

中华人民共和国出口货物报关单

预录入编号：　　　　　　　　　　　　　　　　　　　　海关编号：

出口口岸	备案号	出口日期	申报日期
经营单位	运输方式	运输工具名称	提运单号
发货单位	贸易方式	征免性质	结汇方式
许可证号	运抵国(地区)	指运港	境内货源地

批准文号	成交方式	运费	保费	杂费
合同协议号	件数	包装种类	毛重/千克	净重/千克
集装箱号	随附单据			生产厂家

标记唛头及备注

项号	商品编号	商品名称、规格型号	数量及单位	最终目的国(地区)单价	总价	币制	征免

税费征收情况

录入员　录入单	兹声明以上申报无讹并承担法律责任	海关审单批注及放行日期
报关员 单位地址	申报单位(签章)	(签章) 审单　　　　审价
		征税　　　　统计
邮编	电话　　　　填制日期	查验　　　　放行

拓展学习 出口货物通关流程

出口货物通关程序由申报、查验、征税、放行等四个基本环节构成。

一、申报

出口货物的发货人在根据出口合同的规定，按时、按质、按量备齐出口货物后，即应当向运输公司办理租船订舱手续，准备向海关办理报关手续，或委托专业（代理）报关公司办理报关手续。

需要委托专业或代理报关企业向海关办理申报手续的企业，在货物出口之前，应在出口口岸就近向专业报关企业或代理报关企业办理委托报关手续。接受委托的专业报关企业或代理报关企业要向委托单位收取正式的报关委托书，报关委托书以海关要求的格式为准。

准备好报关用的单证是保证出口货物顺利通关的基础。另外，出口货物的报关时限（指货物运到口岸后，法律规定发货人或其代理人向海关报关的时间限制）限为装货的24小时以前。不需要征税费、查验的货物，自接受申报起1日内办结通关手续。

二、查验

查验是指海关接受报关单位的申报并以已经审核的申报单位为依据，通过对出口货物进行实际的核查，以确定其报关单证申报的内容是否与实际进出口的货物相符的一种监管方式。海关查验的目的在于：第一，通过核对实际货物与报关单证来验证申报环节所申报的内容与查证的单、货是否一致，通过实际的查验发现申报审单环节所不能发现的有无瞒报、伪报和申报不实等问题；第二，通过查验可以验证申报审单环节提出的疑点，为征税、统计和后续管理提供可靠的监管依据。海关查验货物后，均要填写一份验货记录。验货记录一般包括查验时间、地点、进出口货物的收发货人或其代理人名称、申报的货物情况，查验货物的运输包装情况（如运输工具名称、集装箱号、尺码和封号）、货物的名称、规格型号等。需要查验的货物自接受申报起1日内开出查验通知单，自具备海关查验条件起1日内完成查验，除需缴税外，自查验完毕4小时内办结通关手续。

三、征税

根据《海关法》的有关规定，进出口的货物除国家另有规定外，均应征收关税。关税由海关依照海关进出口税则征收。需要征税费的货物，自接受申报1日内开出税单，并于缴核税单2小时内办结通关手续。

四、放行

一般出口货物：在发货人或其代理人如实向海关申报，并如数缴纳应缴税款和有关规费后，海关在出口装货单上盖“海关放行章”，出口货物的发货人凭以装船起运出境。

对于出口货物的退关：申请退关货物发货人应当在退关之日起三天内向海关申报退关，经海关核准后方能将货物运出海关监管场所。

签发出口退税报关单：海关放行后，在浅黄色的出口退税专用报关单上加盖“验讫章”和已向税务机关备案的海关审核出口退税负责人的签章，退还报关单位，以便办理出口退税等后续手续。

实训练习

一、单项选择题

1. 一张报关单上如有多种不同商品，应分别填报清楚，但一张报关单上最多不能超过（　）项海关统计商品编号的货物。

A. 3　　B. 4　　C. 5　　D. 6

2. 海关规定进口报关单上的进口日期是指（　　）。

A. 申报货物办结海关进口手续的日期

B. 向海关申报货物进口的日期

C. 运载货物的运输工具申报进境的日期

D. 所申报货物进入海关监管场地或仓库的日期

3. 以下说法哪些是不正确的（　　）。

A. 一份报关单只允许填报一个运输工具名称

B. 一份报关单只允许填报一个提运单号

C. 一份报关单只允许填报一种贸易方式

D. 一份报关单只允许填报一个集装箱号

4. 以下说法正确的是（　　）。

A.《进料加工登记手册》的手册号第一位字母为“C”

B. 无实际进出境的，出口货物报关单“运抵国”栏填写“中国境内”

C. 无实际进出境的，进口货物报关单“装货港”栏填写“中国”

D. 无实际进出境的，进口报关单上“成交方式”栏填“FOB”

5. 深圳某进出口公司（甲方）与德国某公司（乙方）签订一出口合同，合同中订明，甲方向乙方出售8000件衬衫，于2013年3月10日在盐田港装船，途经香港运往德国。在签订合同时甲方得知乙方还要将该批货物从德国运往智利。根据上述情况填写报关单时，填写正确的是（　　）。

A. 运抵国（地区）为“中国香港”，最终目的国（地区）为“德国”

B. 运抵国（地区）为“德国”，最终目的国（地区）为“智利”

C. 运抵国（地区）为“中国香港”，最终目的国（地区）为“智利”

D. 运抵国（地区）为“智利”，最终目的国（地区）为“智利”

6. A公司为一外商投资企业，委托国内的一家有进出口经营权的进出口公司B进口服装加工设备三套，由C公司负责设备的运输，D报关行负责向海关报关进口，作为D公司的报关员在填写报关单时，“经营单位”填为（　　）。

A. A公司　　B. B公司　　C. C公司　　D. 报关行

7. 100美元的运费单价应填报（　　）。

A. 110/100/1　　B. 303/100/3　　C. 502/100/2　　D. 502/100/3

8. 某进出口公司向某国出口500吨散装小麦，该批小麦分装在一条船的三个船舱内，海关报关单上的“件数”和“包装种类”两个项目的正确填报应是（　　）。

A. 件数为500吨，包装种类为“吨”

B. 件数为1，包装种类为“船”

C. 件数为3，包装种类为“船舱”

D. 件数为1，包装种类为“散装”

9. 上海协通纺织有限公司（3101230014）委托上海机械进出口公司（3101210756）从日本进口一批作为投资的设备，货物于2012年1月15日进口，次日由上海某报关行向上海浦东海关申报。在填写进口货物报关单时，以下叙述正确的是（　　）。

A. “经营单位”栏填写“上海机械进出口公司（3101210756）”

B. “申报日期”栏填写“12.1.16”

C. “贸易方式”栏填写“外资设备物品”

D. “征免”栏填“全免”

10. 某进出口公司报关员在制作一份进口报关单时，在“标记唛码及备注”栏目内填入以下内容，请选出哪些填报内容是不正确的（　　）。

A. NO MARKS 字样　　B. 付汇核销单编号

C. 多余的随附单据号码　　D. 多余的集装箱号码

二、请根据以下背景材料及其他参考资料，参照进出口货物报关单填制规范，完成报关单填制单项选择题。

（一）背景材料

广东东升医疗机械公司（经营单位代码：518994××××）在投资总额内，委托广东省机械进出口公司（经营单位代码：512091××××）进口设备一批，于 2013 年 5 月 1 日进口，次日由广东日华公司持“检验检疫货物通关单”（证件号码 A：53010104230018）和证明号为 Z51011A00388 的征免税证明（海关签注的征免性质为“鼓励项目”）及有关单据向佛山新港海关（关区代码 5189）代理报关。

（二）商业发票

QI SUN HE ENTERPRISE CORP. LONDON
COMMERCIAL INVOICE

NO. IV-AP0405
DATE：Apr. 5，2013
TO：GUANGDONG DONGSHENG MEDICAL APPARATUS AND INSTRUMENTS CO.，LTD FOSHAN GUANGDONG，CHINA
FROM LONDON TO FOSHAN BY SEA，Vessel Voyage No. MAY FLOWER V. 0425
B/L NO. LD41025　　Contract No. LD054-126

Marks & Nos	Des. of Goods	Quantity	Unit price（USD）	Amount（USD）
D. S. M FOSHAN P/NO. 1-5	MEDICAL APPARATUS ART NO：NG-501 MADE IN SWEDEN	5 SETS	CIF FOSHAN 6079. 25	30396. 25
		3 PALLETS AND 2＊20’ FCL CY/CY		

T. N. W：23426KGS　　T. G. W：26385KGS
TOTAL：SAY U. S. DALLARS THIRTY THOUSAND THREE HUNDRED NINETY-SIX AND TWO-FIVE ONLY.

QI SUN HE ENTERPRISE CORP. LONDON

（三）附加资料

广州海关关区代码：5100；

包装：出口坚固纸箱，单箱净重 2342. 6KGS，单箱毛重 2638. 5KGS；

集装箱编号：YMLU 6688327，YMLU 6688328；

集装箱皮重：2227KGS；

国际海运费用：3000 美元。

（四）单项选择题

1. 进口口岸栏应填（　　）。

A. 广州海关　　B. 佛山新港海关

C. 广州海关 5100　　D. 佛山新港海关 5189

2. 备案号栏应填（　　）。

A. Z51011A00388　　B. A：53010104230018

C. YMLU 6688327　　D. 不填

3. 进口日期栏应填（　　）。

A. 13.05.01　　B. 13.05.02

C. 2013.05.01　　D. 2013.05.02

4. 申报日期栏应填（　　）。

A. 13.05.01　　B. 13.05.02

C. 2013.05.01　　D. 2013.05.02

5. 经营单位栏应填（　　）。

A. 518994××××

B. 广东东升医疗机械公司

C. 广东东升医疗机械公司 518994××××

D. 广东省机械进出口公司 512091××××

6. 运输方式栏应填（　　）。

A. 海洋运输　　B. 2

C. 3　　D. 航空运输

7. 运输工具名称栏应填（　　）。

A. MAY FLOWER. 0425　　B. 0425

C. MAY FLOWER　　D. MAY FLOWER/0425

8. 提运单号栏应填（　　）。

A. LD41025　　B. IV-AP0405

C. LD054-126　　D. V. 0425

9. 收货单位栏应填（　　）。

A. 518994××××

B. 广东东升医疗机械公司

C. 广东东升医疗机械公司 518994××××

D. 广东省机械进出口公司 512091××××

10. 贸易方式应填（　　）。

A. 789　　B. 799　　C. 2025　　D. 2225

11. 征免性质应填（　　）。

A. 603　　B. 789　　C. 外资企业　　D. 自有资金

12. 起运国（地区）应填（　　）。

A. 伦敦　　B. 中国香港　　C. 英国　　D. 中国

13. 装运港栏应填（　　）。

A. 伦敦　　B. 中国香港　　C. 英国　　D. 中国

14. 原产国应填（　　）。

A. 英国　　B. 瑞士　　C. 伦敦　　D. 瑞典

15. 批准文号应填（　）。

A. 本栏为空　　B. CIF

C. Z51011A00388　　D. 53010104230018

16. 成交方式应填（　　）。

A. FOB　　B. CIF　　C. 一般贸易　　D. CFR

17. 运费应填（　　）。

A. 本栏为空　　B. 3000 美元　　C. 502/3000/3　　D. USD3000

18. 合同协议号应填（　）。

A. IV-AP0405　　B. LD41025
C. LD054-126　　D. V. 0425

19. 件数栏目应填（　　）。
A. 1　　B. 3　　C. 0　　D. 5

20. 包装种类栏应填（　　）。
A. 裸装　　B. 其他　　C. 件　　D. 托盘

21. 毛重栏应填（　　）。
A. 23426　　B. 26385　　C. 2342. 6　　D. 2638. 5

22. 集装箱号栏应填（　　）。
A. YMLU 6688327/40/2227　　B. YMLU 6688327/20/2227
C. YMLU 6688327 * 40 * 2　　D. YMLU 6688327 * 20 * 2

23. 随附单据应填（　　）。
A. A：53010104230018　　B. Z：51011A00388
C. Y：×××××××　　D. 本栏为空

24. 用途应填（　　）。
A. 5　　B. 4　　C. 3　　D. 1

25. “标记唛码及备注”栏除了填报标记唛码外，还应填报（　　）。
A. A：53010104230018
B. Z：51011A00388
C. 委托广东省机械进出口公司进口，其他集装箱编号：YMLU 6688328
D. 标记唛码已填，无需再填报其他内容

项目八

出口结汇单证

结汇单证是指在国际贸易结算中，为解决货币收付问题所使用的各种单据及证明，是进出口贸易中必不可少的重要单证。在信用证结汇方式下，出口货物装运之后，出口方应按合同或信用证要求，正确缮制各种结汇单证，并在信用证规定的有效时间内，送交银行议付和结汇，从而完成一笔有效的出口任务。除采用信用证结汇外，其他结汇方式主要有：信汇、电汇、票汇、付款交单、承兑交单、先出后结、先结后出等。

任务一　商业发票

【任务要求】

1. 了解商业发票的含义及作用；
2. 掌握商业发票的内容及缮制要求；
3. 能够根据信用证及其他材料熟练缮制商业发票。

发票（Invoice）是进出口贸易结算中使用的最主要的单据之一，我国进出口贸易中使用的发票主要有商业发票（Commercial Invoice）、海关发票（Customs Invoice）、形式发票（Proforma Invoice）、领事发票（Consular Invoice）及厂商发票（Manufacturer's Invoice）等。在一笔出口业务中，商业发票是全套单据的核心，其他单据均是以商业发票为中心来缮制的。

一、商业发票的含义及作用

商业发票（Commercial Invoice）简称发票，是出口公司对国外买方开立的载有货物名称、规格、数量、单价、总金额等方面内容的清单，供国外买方凭以收货、支付货款和报关完税使用，是所装运货物的总说明。

商业发票的作用主要体现在以下方面。

（1）发票是交易的合法证明文件，是货运单据的中心，也是装运货物的总说明；

（2）发票是买卖双方收付货款和记账的依据；

（3）发票是买卖双方办理报关、纳税的计算依据；

（4）在信用证不要求提供汇票的情况下，发票代替了汇票作为付款依据；

（5）发票是出口人缮制其他出口单据的依据。

二、商业发票的内容及缮制要求

商业发票由出口企业自行拟制，无统一格式，但基本内容和缮制方法大致相同，具体如下。

（一）出票人的名称与地址（Exporter's Name and Address）

本栏填写出票人的名称和地址，通常已印制好。

注意：该信息应与合同的卖方或信用证的收益人的名称、地址相同。

（二）发票名称（Name of Document）

本栏填写发票的名称。

注意：（1）应用英文粗体标出"Commercial Invoice"或"Invoice"字样。（2）发票的名称应与信用证规定的一致。如果信用证要求是"Certified Invoice"或"Detailed Invoice"，则发票的名称也应这样显示。（3）发票的名称中不能有"临时发票（Provisional Invoice）"或"形式发票（Proforma Invoice）"等字样出现。

（三）发票编号（No.）

本栏填写发票编号。

注意：发票编号由出口公司根据本公司的实际情况自行编制，是全套结汇单据的中心编号。

（四）发票日期（Date）

本栏填写发票签发日期。

注意：该日期应晚于合同和信用证的签发日期，在结汇单据中是最早签发的单据。

（五）信用证编号（L/C No.）

本栏填写信用证号码。

注意：如果是其他支付方式可不填。

（六）合同编号（Contract No.）

本栏填写合同编号。

注意：（1）合同编号应与信用证列明的一致，信用证未规定合同编号，可不填；（2）其他支付方式下，必须填入。

（七）收货人（Messrs）

本栏填写出口货物的收货人名称和地址。

注意：（1）信用证方式下一般填写开证申请人；（2）托收方式下通常填写买方；（3）在填写时，名称地址不应同行放置，应分行表明。

（八）航线（From … to …）

本栏填写货物实际的起运港（地）和目的港（地）。

注意：（1）如货物需经转运，应把转运港（地）的名称表示出来，如：From Shanghai to London W/T Rotterdam by Steamer；（2）如货物运至目的港后再转运内陆城市，可在目的港下方打 In transit to …或 In transit 字样。

（九）唛头及件号（Marks and Number）

本栏填写货物运输标志。

注意：（1）唛头应按信用证或合同规定的填制；（2）如果来证要求使用国际标准唛头，

则应按要求进行刷唛，唛头通常包括收货人简称、参考号码、目的地和货物总件数等四方面内容；(3) 如来证未作具体的规定，则填写“N/M”或“NO MARKS”字样。

(十) 货物描述 (Description of Goods)

本栏填写货物说明，通常包括品名、品质、数量、包装等内容。

注意：(1) 信用证方式下必须与信用证的描述一致，省略或增加货名的任何字或句，都会造成单证不符；(2) 如为其他支付方式，应与合同规定的内容相符。

(十一) 单价及价格术语 (Unit Price and Trade Terms)

本栏填写出口商品的单价，通常包括计价货币、单位价格、计量单位和贸易术语四部分内容，如：USD100 Per DOZ CIF London。

注意：在填写时应与合同、信用证保持一致。

(十二) 总值 (Total Amount)

本栏填写出口货物总值。

注意：(1) 发票总额不能超过信用证金额，对于佣金和折扣应按信用证规定的处理；(2) 如果来证要求分别列出运费、保险费和 FOB 价格，必须照办；(3) 如果来证要求分别扣除佣金和折扣列出净价格，必须照办。

例 1：CIF Tokyo　　USD 30000
　　Less F　　USD 250
　　Less I　　USD 150
　　FOB　　USD 29600

例 2：CIFC4D5 Tokyo　　USD 30000
　　Less D　　USD 1500
　　Less C　　USD 1194
　　NET　　USD 27306

(十三) 声明文句及其他内容 (Declaration and Other Contents)

本栏根据信用证的规定或特别需要在发票上注明有关内容。比如：(1) 某些参考号：Import License No. (进口许可证号码)；(2) 证明文句：We hereby declare that the goods are of pure national origin of the exporting country (兹声明该商品保证产于出口国)；We hereby certify that the contents of invoice herein are true and correct (兹证明发票中的内容是真实正确的)。

(十四) 出票人签章 (Signature)

本栏由出票人签章。

注意：(1) 在发票的右下角打上出口公司的名称，并由经办人签名或盖章；(2) 如信用证规定手签 (Manual Signed)，则必须按规定照办；(3) 对墨西哥、阿根廷等国家的出口，无论信用证是否规定，都必须手签。

三、信用证商业发票条款举例

(1) Signed commercial invoice 3-fold.

信用证要求：签署的商业发票一式三份。

(2) 5% discount should be deducted from total amount of the commercial invoice.

信用证要求：商业发票的总金额须扣除5%折扣。

(3) Manually signed commercial invoice in triplicate indicating applicant's ref. No. SCLI-98-0474.

信用证要求：手签的商业发票一式三份，并在商业发票上显示开证人的参考号码SCLI-98-0474。

(4) Signed commercial invoices in duplicate showing separately FOB value, freight charge, insurance premium, CIF value and country of origin.

信用证要求：签署的商业发票一式两份，分开显示FOB总值、运费、保险费、CIF总值和原产国。

四、商业发票样单

Issuer GUANGDONG TEXTILES IMP. & EXP. KNITWEARS COMPANY LIMITED 15/F.,GUANGDONG TEXTILES MANSION 168 XIAO BEI ROAD GUANGZHOU CHINA	广东省纺织品进出口 针织品有限公司 GUANGDONG TEXTILES IMP. & EXP. KNITWEARS COMPANY LIMITED 15/F.,GUANGDONG TEXTILES MANSION 168 XIAO BEI ROAD GUANGZHOU CHINA 商 业 发 票 **COMMERCIAL INVOICE**	
To JOHNSON'S S. A. NUBLE 1034 SANTIAGO CHILE	No. YSM1999B	Date OCT. 5,2012
Transport details FROM: HUANGPU W/T: HONG KONG TO: SAN ANTONIO WESSEL: BLUE SKY V. 076	S/C No. GD-98TX2509	L/C No. 524250
	Terms of payment BY L/C	

Marks and numbers	Number and kind of pkg; Description of goods	Quantity	Unit price	Amount
JOHNSON'S 97KCS05107 SAN ANTONIO CHILE NO. 1-80 MADE IN CHINA	GARMENTS (100% COTTON JERSEY BABY'S OVERALL) 80CARTONS	4000PCS	USD1. 50/PC	USD6000. 00
JOHNSON'S 97KCS05111 SAN ANTONIO CHILLE NO. 1-80 MADE IN CHINA	GARMENTS (100% COTTON JERSEY BABY'S BEATLE WITH SNAP WITH A SMALL EMB ON NECK) 80CARTONS	4000PCS	USD1. 60/PC	USD6400. 00

CFRC3% SAN ANTONIO USD12400. 00

LESS C3 USD372. 00

TOTAL: 160CARTONS 8000PCS CFR SAN ANTONIO USD12028. 00

TOTAL VALUE: U. S. DOLLARS TWELVE THOUSAND AND TWENTY-EIGHT ONLY.

WE CERTIFY THAT THE SUPPLIED GOODS ARE OF CHINESE ORGIN.

GUANGDONG TEXTILES IMP. & EXP.
KNITWEARS COMPANY LIMITED

Exporter stamp and signature

拓展学习 海关发票、形式发票、领事发票和厂商发票

海关发票（Customs Invoice）是进口国（地区）海关制定的一种专用于向该国（地区）出口的一种特别的发票格式。其主要目的和作用是证明商品的成本价值和商品的生产国家，以作为进口货物估价完税和实行差别税率的依据。目前，要求提供海关发票的主要国家（地区）有美国、加拿大、澳大利亚、新西兰、牙买加、加勒比共同市场国家以及一些非洲国家等。

形式发票（Proforma Invoice）是出口商向进口商发出的有关货物名称、规格、单价等内容的非正式参考性发票，供进口商申请进口批汇之用，不能用于托收和议付。

领事发票（Consular Invoice）是拉美、菲律宾等国为了解进口货物的原产地、货物有无倾销等情况而规定的，由进口国驻出口国领事签证的发票，作为征收进口关税的前提。

厂商发票（Manufacturer's Invoice）是进口国为确定出口商有无倾销行为，以及为了进行海关估价、核税和征收反倾销税，而由出口货物的制造厂商所出具的，以本国货币计算的，用来证明出口国国内市场出厂价的发票。

任务二　装　箱　单

【任务要求】

1. 了解装箱单的含义及作用；
2. 掌握装箱单的内容及缮制要求；
3. 能够根据信用证及其他材料熟练缮制装箱单。

一、装箱单的含义及作用

装箱单（Packing List，Packing Specification）又称包装单、码单，是用以说明货物包装细节的清单。

装箱单的作用主要是补充发票内容，详细记载包装方式、包装材料、包装件数、货物规格、数量、重量等内容，便于进口商和海关等对货物进行核对、查点。类似的单据还有重量单、尺码单、规格单等，其中重量单是用来列明每件货物的毛、净重；尺码单用于列明货物每件尺码和总尺码，或用来列明每批货物的逐件花色搭配；规格单是用来列明包装的规格情况。

二、装箱单的内容及缮制要求

装箱单无统一格式，各出口企业制作的装箱单大致相同，其主要内容和缮制方法如下。

（一）出口企业名称和地址（Exporter's Name and Address）

本栏填写出口企业的名称和地址。

注意：该信息应与发票同项内容一致，缮制方法相同。

（二）单据名称（Name of Document）

本栏填写单据的名称。

注意：(1) 单据名称通常用英文粗体标出，常见的装箱单英文名称有：Packing List (Note)，Packing Specifications；(2) 实际使用中，应与信用证要求的名称相符，倘若信用证未作规定，可自行选择。

(三) 装箱单编号 (NO.)

本栏填写装箱单编号，一般填发票号码，也可填合同号。

(四) 出单日期 (Date)

本栏填写装箱单签发日期。

注意：该日期不得早于发票日期，但可晚于发票日期 1 至 2 天。

(五) 唛头 (Shipping Mark)

本栏填写货物运输标志。

注意：唛头制作要符合信用证的规定，并与发票的唛头相一致。

(六) 品名和规格 (Name of Commodity and Specifications)

本栏填写货物的名称和规格。

注意：该信息必须与信用证的描述相符，规格包括商品规格和包装规格。

例如：Packed in polythene bags of 3kg each，and then in inner box，20 boxes to a carton.（每 3 千克装一塑料袋，每袋装一盒，20 盒装一纸箱。）

(七) 数量 (Quantity)

本栏填写出口商品的实际数量。

注意：如品质规格不同应分别列出数量，并累计其总数。

(八) 单位 (Unit)

本栏填写出口商品外包装的包装单位，如箱、包、桶等，按信用证或合同填写。

(九) 毛重 (Gross Weight)

本栏填写出口商品的毛重。

注意：如涉及多个规格、型号或货号的，分别填写货物的实际毛量并累计其总量。

(十) 净重 (Net Weight)

本栏填写出口商品的净重。

注意：如涉及多个规格、型号或货号的，分别填写货物的实际净量并累计其总量。

(十一) 尺码 (Measurement)

本栏填写出口商品的体积。

注意：如涉及多个规格、型号或货号的，分别填写货物的实际体积并累计其总量。

(十二) 签章 (Signature)

本栏由出票人签章。

注意：签章应与商业发票相符，如果信用证规定中性包装，本栏可不填。

三、信用证装箱单条款举例

(1) Packing list in triplicate.

信用证要求：装箱单一式三份。

(2) Signed packing list, one original and one copy.

信用证要求：签署的装箱单一式两份，一正一副。

(3) Weight and measurement list showing the detail of colors, sizes and quantities in each carton and also net weight and gross weight.

信用证要求：重量/尺码明细单，详注每箱货物的颜色、尺寸和数量以及毛重和净重。

(4) Manually signed packing list in triplicate detailing the complete inner packing specifications and contents of each package.

信用证要求：手签装箱单一式三份，详注每件货物内部包装的规格和内容。

四、装箱单样单

上海进出口贸易有限公司

SHANGHAI IMPORT & EXPORT CORPORATION

123 ZHONGSHAN RORD SHANGHAI, CHINA

PACKING LIST

TO: ANTAK DEVELOPMENT LTD　　INVOICE NO. SHGM70561

ANTAK 00SHGM3178B　　S/C NO. 00SHGM3178B

SIGAPORE　　L/C NO. 1234567

SHIPPING MARKS: C/N: 1-190

C/NOS.	NOS & KINDS OF PKGS	QUANTITY	G. W. (KGS)	N. W. (KGS)	MEAS. (M^3)
	MEN'S COTTON WOVEN SHIRTS 1 pc in a polybag 6pcs in a kraft bag				
1-70	ART NO. :1094L M　L　XL 3　3　4 =10doz. /cn	700DOZ	2310KGS	2170KGS	9. 8532M^3
71-170	ART NO. :1096G M　L　XL 1. 5 3 3. 5=8doz. /cn	800DOZ	4500KGS	4300KGS	16. 5816M^3
171-190	ART NO. :666M M　L　XL 1. 5 3. 5 3=8doz. /cn	160DOZ	660KGS	620KGS	2. 8152M^3
TOTAL		1660DOZ	7470KGS	7090KGS	29. 25M^3

拓展学习 重量单、尺码单和规格单

重量单（Weight Note/Memo）又称磅码单，是用以说明货物重量细节的清单。在信用证中也有“Weight Note”、“Certificate of Weight”等不同的表示法。重量单也是发票的补充单据，其作用在于作为买方计价、计数或计算运费的依据，多见于以重量计价的货物。重量单应列明每件货物的毛重、净重或皮重。有时应买方要求重量单常与装箱单以联合形式出具，重量单无固定格式，由出口人自行拟制。其主要栏目包括重量单名称、编号及日期、商品名称、唛头、毛重、净重、皮重、总件数等。缮制重量单的主要依据是商业发票，此外重量单的内容也应与其他结汇单据一致。除重量栏目外，其余重量单的栏目缮制要点与装箱单基本一致。若采用托盘装运，除了注明货物装上托盘后的总毛重与总净重外，还应注明托盘本身的重量。如果用“Certificate of Weight”来表示重量单，则最好加注“We certify that the weights are true and correct.”（兹证明所有重量均正确无误）的证明文句。

尺码单（Measurement List）是用以说明货物尺码细节的清单。其作用在于便于买方安排运输、装卸和仓储，同时它也是计算运费的最重要依据。尺码单上一般要求列明每件货物的尺码和总尺码，并提供货物包件的体积。货物的包件体积可以按信用证的要求，用长×宽×高来表示，也可用立方米表示。尺码单无固定格式，由出口人自行拟制。其主要栏目内容包括单据名称、编号、日期、货物名称、货物数量、尺码及签字等。缮制时应将不同货物的尺码及长、宽、高的尺寸做重点说明。除尺码栏外，尺码单的缮制要求与装箱单基本一致。若采用托盘装运，除了注明货物装上托盘后的总尺码外，还应注明托盘本身的尺码。此外，尺码单有时也与重量单以联合的形式出具。

规格单（Specifications List）是用以说明包装规格细节的清单，有时也称为“Packing Specifications”。规格单的内容与装箱单相似，但偏重于每件货物的包装规格，一般要求列明包装的方式及内含量。例如：纸箱装，每箱 60 听，每听 1000 片；每包 90 套等。

任务三 原产地证书

【任务要求】

1. 了解原产地证书的概念、作用和签发机构；
2. 掌握 C/O、FORM A 及 FORM E 的内容及缮制要求；
3. 能依据信用证及其他材料熟练缮制三种原产地证书。

一、原产地证书的概念及作用

原产地证明书是出口商应进口商要求而提供的、由公证机构或政府或出口商出具的证明货物原产地或制造地的一种证明文件。

原产地证书是贸易关系人交接货物、结算货款、索赔理赔、进口国通关验收、征收关税的有效凭证，它还是出口国享受配额待遇、进口国对不同出口国实行不同贸易政策的凭证。

二、原产地证书的签发机构

我国原产地证书的签发机构一般可分为以下三类。

（一）商检机构出具的原产地证书

由我国政府机构出具的产地证书，如中华人民共和国检验检疫局（CIQ）出具的一般原产地证书（Certificate of Origin，C/O）、普惠制产地证格式 A（GSP FORM A）以及《中国—东盟自由贸易协定》原产地证书（FORM E）等。

（二）商会出具的产地证书

由商业组织或民间团体组织出具的产地证，如中国国际贸易促进委员会（CCPIT）出具的一般原产地证书，简称贸促会产地证书（CCPIT Certificate of Origin）。

（三）制造商或出口商出具的产地证书

即产地证书由商品的制造商或出口商出具，实际业务中较少用到。

在国际贸易实务中，应该提供哪种产地证明书，主要依据合同或信用证的要求。通常来说，对于一般原产地证书（C/O），商检机构和贸促会都可以签发；而对于优惠产地证（如 FORM A，FORM E，FORM F 等），只能由我国商检机构签发；另外，如果信用证未明确规定产地证书的出具者，那么银行应该接受任何一种产地证明书。

三、原产地证书的内容及缮制要求

（一）一般原产地证书（C/O）

1. 证书编号（Certificate No.）

本栏填写签证机构编定的证书号，例如：C09470ZC11220021。

2. 出口方（Exporter）

本栏填写出口公司的详细地址、名称和国家（地区）名。

注意：若经其他国家或地区，需填写转口商名称时，可在出口商后面填英文 VIA，然后再填写转口商名址、国家。

3. 收货方（Goods Consigned to）

本栏填写最终收货人名称、地址和国家（地区）名，通常是外贸合同中的买方或信用证上规定的提单通知人。

注意：（1）如信用证规定所有单证收货人一栏留空，在这种情况下，本栏应加注“TO WHOM IT MAY CONCERN”或“TO ORDER”，但本栏不得留空；（2）若需填写转口商名称时，可在收货人后面加填英文 VIA，然后再写转口商名称、地址、国家。

4. 运输方式和路线（Means of Transport and Route）

本栏填写装运港和目的港、运输方式。

注意：若经转运，还应注明转运地。

例如：通过海运，由上海港经香港转运至汉堡港，应填为：FROM SHANGHAI TO HAMBURG BY VESSEL VIA HONGKONG。

5. 目的地国家（地区）（Country/Region of Destination）

本栏填写目的地国家（地区）。

注意：目的地国家（地区）一般应与最终收货人或最终目的港（地）国别相一致，不能填写中间商国家名称。

6. **签证机构用栏**（For Certifying Authority Use Only）

本栏由签证机构在签发后发证、补发证书或加注其他声明时使用。

注意：证书申领单位应将本栏留空。

7. **运输标志**（Marks and Numbers）

本栏填写唛头，应按信用证、合同及发票上所列唛头填写完整图案、文字标记及包装号码。

注意：(1) 不可简单填写“按照发票”(AS PER INVOICE NUMBER) 或者“按照提单”(AS PEER B/L NUMBER)；(2) 货物如无唛头，填写“无唛头”(NO MARK) 字样；(3) 本栏不得留空，如唛头多，本栏填写不够，可填写在第 7、8、9 栏内的空白处，如还是不够，可用附页填写。

8. **商品描述、包装数量及种类**（Number and Kind of Packages; Desc. of Goods）

本栏填写商品描述及包装数量。

注意：(1) 商品名称要填写具体名称；(2) 包装数量及种类应与信用证及其他单据严格一致。包装数量应在阿拉伯数字后加注英文表述。如货物为散装，在商品名称后加注“散装”(IN BULK) 字样；(3) 有时信用证要求在所有单据上加注合同号码、信用证号等，可加注在本栏内；(4) 本栏的末行要打上表示结束的符号（**************），以防加添内容。

9. **商品编码**（H. S. Code）

本栏要求填写 H. S. 编码，应与报关单一致。

注意：(1) 若同一证书包含有几种商品，则应将相应的税目号全部填写；(2) 本栏不得留空。

10. **数量**（Quantity）

本栏要求填写出口货物的数量及商品的计量单位。

注意：(1) 当货物以重量计量时，填写货物的净重和计量单位；(2) 如果只有毛重，则填写毛重及计量单位，并注明“G. W.”字样。

11. **发票号码及日期**（Number and Date of Inv.）

本栏填写商业发票号码及日期。

12. **出口方声明**（Declaration by the Exporter）

本栏填写出口人的名称、申报地点及日期，由已在签证机构注册的人员签名并加盖有中英文的印章。

13. **签证机构签字、盖章**（Certification）

本栏由出票人签章。

签证机构签证人经审核后在本栏（正本）签名，并盖签证印章。

(二) 普惠制原产地证书（格式 A）

普惠制原产地证书（格式 A）是出口商的声明和官方机构的证明合二为一的联合证明。本证书一律不得涂改，证书不得加盖校对章。一般使用英文填制，但唛头标记不受限制，可据实填写，证书各栏填制要求如下。

1. **证书编号**（Reference No.）

填签证机构编定的证书号，例如：A09470ZC11220021。

2. 出口商名称、地址、国别（Goods Consigned From）

本栏填写在中国境内的出口商详细名称、地址及国别。

注意：出口商名称必须经所在地商检机构登记注册，其名称、地址必须与注册档案一致。

3. 收货人的名称、地址和国别（Goods Consigned to）

本栏填写收货人名称、地址、国名，即提单通知人或信用证上特别声明的收货人。

注意：(1) 如最终收货人不明确或为中间商时可填“TO ORDER”字样；(2) 如果“TO ORDER”后面加打了银行或公司名称，也需打上给惠国国名。

4. 运输方式及路线（Means of Transport and Route）

本栏填写装货和到货地点（始发地必须是中国国内的港口或城市，目的地必须是给惠国城市或国家）、离境日期及运输方式（如海运、陆运、空运、陆海联运等）。

注意：(1) 如到货港不清楚，可填进口国名或地区（仅限欧盟，如 EU）；(2) 如经香港转运，应标明离开中国境内的日期，并在日期前加上英文“ON”或“ON /AFTER”，表示于×××日期或自×××日期之后启运，不能用“BEFORE”或“ABOUT”表示在×××日期之前或前后。月份需用英文大写表示，年份需打四位数。

5. 供官方使用（For Official Use）

申请人不用填写本栏。在签发“后发”、“补发”证书时由签证机构在证书正本和副本上加盖相应的印章。

6. 商品顺序号（Item Number）

本栏填写出口商品种类顺序号。

注意：(1) 同批出口货物有不同种类的可按顺序分列“1”、“2”、“3”……；(2) 单项商品，填写“1”。

7. 唛头及包装号（Marks and Number of Packages）

本栏填写货物的唛头，应与发票唛头一致。

注意：(1) 如无唛头，应填“N/M”字样；(2) 本栏不得出现“香港、台湾或其他国家和地区制造”或“见提单”、“见发票”等的字样。

8. 商品名称，包装数量及种类（Number and Kind of Pks; Desc. of Goods）

本栏填写商品的名称，应据商品的用途及所用材料给予商品详细的描述。

注意：(1) 商品的描述以能确定 H.S. 税目号为准；(2) 包装数量应包含各种商品的数量及总数量，如货物无包装，应注明“散装（IN BULK）”或“裸装（IN NUDE）”，总数量应用英文大写数字和阿拉伯数字表示，并标明货物包装种类或度量单位，最后应加上截止线，以防止添加伪造内容；(3) 国外信用证要求填具合同、信用证号码等内容的，可加在截止线下方空白处。

9. 原产地标准（Origin Criterion）

本栏是国外海关审证的核心项目，必须如实填写，否则可能引起退证查询。此栏填写要求如下。

(1) 完全为中国原产产品，不含任何进口成分，出口到所有给惠国均填“P”；

(2) 含有进口成分的产品（须符合原产地标准）：①产品出口到欧盟 27 国、瑞士、挪威、土耳其、列支敦士登、日本等国，填写“W”加商品的 H.S. 四位数编码，例如“W” 95.03；②产品出口到加拿大，只填“F”，不填 H.S. 编码；③产品出口到澳大利亚、新西兰，本栏可留空或填“W”加商品的 H.S. 四位数编码；④产品出口到俄罗斯、白俄罗斯、乌克兰、哈萨克斯坦、乌兹别克斯坦等国家，其进口成分不得超过离岸价的 50%，填写“Y”字样，并在字母后面打上进口价值占出厂价的百分比，例如“Y”45%。

10. 毛重或其他数量（Gross Weight or Other Quantity）

本栏填写商品的计量单位，如“只”、“件”、“匹”、“双”等。

注意：(1) 计量单位应以发票所列的销售单位为准；(2) 以重量计算的，则填毛重；只有净重的，填净重即可，但要标上："N. W. (NET WEIGHT)"。

11. 发票号及日期（Number and Date of Invoice）

本栏填写商业发票的编号和出票日期，不得留空。

注意：(1) 月份一律用英文缩写，年度要打四位数；(2) 本栏所填发票号日期必须与发票一致；(3) 发票日期不能晚于第十一、十二栏申请签发日期和第三栏出货日期。

12. 签证当局的证明（Certification）

本栏由签证人员签名并加盖公章。

注意：(1) 审签人签名必须清楚且保持与备案笔迹的一致，并留有足够的盖章位置；(2) 印章与签名不可重叠；(3) 如无特殊要求，只签一份正本，不签副本；(4) 本栏日期不得早于第十栏发票日期和第十二栏申请日期。

13. 出口商的申明（Declaration by the Exporter）

本栏应有出口国国名“中国”和进口国国名，进口国国名必须与第三栏目的港相适应。

注意：(1) 运往欧盟的货物，进口国不明确时，本栏可填“EU”；(2) 申请人须在本栏签名并加盖经检验检疫局注册的单位印章，填写申报地点和申报日期；(3) 本栏的申报日期不得早于第十栏申请日期。

(三)《中国—东盟自由贸易协定》原产地证书（FORM E）

中国—东盟自由贸易区原产地证书采用专用证书格式。证书由一份正本及三份副本组成，证书的正本和第二副本应由出口人提供给进口人以供其在进口国通关使用，第一副本应由出口成员方签证机构留底，第三副本由出口人留存。FORM E 证书所用文字为英语，每份证书应注明其签证机构的单独编号，证书各栏填制要求如下。

1. 证书编号（Reference No.）

填签证机构编定的证书号，例如：E09470ZC11220001。

2. 出口商名称、地址、国家（Goods Consigned from）

本栏带有强制性，应填明在中国境内的出口商名称、地址和国名。

注意：本栏不得出现香港、台湾等中间商名称。

例如：ZHEJIANG CEREALS, OILS FOODSTUFFS CO., LTD. NO. 229 TIYUCHANG ROAD, HANGZHOU, ZHEJIANG, CHINA.

3. 收货人的名称、地址、国家（Goods Consigned to）

本栏应填中国—东盟自贸区成员国最终收货人名称（即信用证上规定的提单通知人或特别声明的收货人）、地址和国名。

注意：本栏不得出现香港、台湾等中间商的名称。

例如：UNIQUE GOODWILL CO., LTD. 898-900 SONGWAD RD, BANGKOK, THAILAND.

4. **运输方式及路线**（Means of Transport and Route）

本栏应填离港日期、运输工具及卸货口岸。

例如：FROM NINGBO，CHINA TO BANGKOK，THAILAND BY SEA FREIGHT.

DEPARTURE DATE（离港日期）：JAN 22，2006.

VESSEL'S NAME/ AIRCRAFT ETC.（船舶名称/飞机等）：HEUNG A SINGAPORE V.

PORT OF DISCHARGE（卸货口岸）：BANGKOK，THAILAND.

5. **供官方使用**（For Office Use）

本栏由进口国海关标注产品享受关税优惠情况。

例如：□根据中国—东盟自由贸易区优惠关税协议给予优惠待遇

□不给予优惠待遇（请注明原因）

进口国有权签字人签字。不论是否给予优惠待遇，进口成员国海关必须在第4栏做出相应的标注。

6. **商品顺序号**（Item Number）

本栏填写商品顺序号。

注意：如同批出口货物有不同品种，则按不同品种分列"1"、"2"、"3"……，以此类推。单项商品，本栏填"1"。

7. **唛头及包装号**（Marks and Number of Packages）

本栏填写唛头及包装号。

注意：(1) 唛头应与实际货物外包装上的唛头及发票上的唛头一致，填打完整的图案文字标记及包装号；(2) 唛头不得出现中国以外的地区或国家制造的字样，也不能出现香港、澳门、台湾原产地字样；(3) 本栏不得留空，如货物无唛头时，应填打"无唛头"(N/M 或 NO MARK)；(4) 如唛头过多，本栏不够填，可填在第7、8、9、10栏结束符以下的空白处。

例如：SHOE ZONE LIMITED
135-1318-003
FELIXSTOWE
C/NO.：91-300

8. **商品名称、包装数量及种类**（Number and Kind of Pks；Desc. of Goods）

本栏填写商品的名称、包装的数量及种类，以及 H.S. 编码。

注意：(1) 包装数量必须用英文数字描述后再用括号加上阿拉伯数字同时表示；(2) 应具体填明货物的包装种类（如 CASE，ARTON，BAG 等），不能只填"PACKAGE"。如果无包装，应填明货物出运时的状态，如"NUDE CARGO"（裸装货）、"IN BULK"（散装货）、"HANGING GARMENTS"（挂装）等；(3) 品名填写具体，应详细到可以准确判定该商品的 H.S. 品目号，不能笼统填"MACHINE"、"GARMENTS"、"FABRIC"等。如果信用证中品名笼统或拼写错误，必须在括号内加注具体描述或正确品名；(4) 每类商品名称后面要求填写对应的国际上协调统一的四位 H.S. 编码；(5) 商品的商标、牌名(BRAND) 及货号 (ARTICLE NUMBER) 一般可以不填；(6) 商品名称等项列完后，应在末行加上截止线，以防止加填伪造内容；(7) 国外信用证有时要求填写合同、信用证号码等，可加在本栏截止线下方，并以"REMARKS"作为开头。

例如：THREE HUNDRED AND EIGHTY (380) CARTONS OF GROUNDNUT

KERNEL H. S. CODE：2008

ONE THOUSAND EIGHT HUNDRED (1800) BAGS OF OIL CAKE RESIDUE OF CAMELLIA H. S. CODE：2306

＊＊＊

9. 原产地标准（Origin Criterion）

本栏填写出口货物的原产地标准，具体要求是：(1) 货物系出口国完全生产的，不含任何非原产成分，填“X”；(2) 货物在出口成员国加工但并非完全生产，未使用原产地累计规则判断原产地标准的，填该成员国成分的百分比，例如40%；(3) 货物在出口成员国加工但并非完全生产的，使用了原产地累计规则判断原产地标准的，填中国—东盟累计成分的百分比，例如40%；(4) 货物符合产品特定原产地标准的产品，填“PSR”（产品特定原产地标准）。

10. 毛重或其他数量，货值［Gross Weight or Other Quantity and Value (FOB)］

本栏填写出口货物的毛重或其他数量、FOB货值。

注意：(1) 应以商品的正常计量单位填写，如“只”、“件”、“双”、“台”、“打”等；(2) 以重量计算的则填毛重，只有净重的，填净重亦可，但要标上N.W.(NET WEIGHT)；(3) 货值为正式出口商业发票上的价值，以FOB价计。

11. 发票号码及日期（Number and Date of Invoice）

本栏填写商业发票的号码及日期。

注意：发票日期不能迟于出货日期和申报日期，例如：206CG006 JAN. 16，2007。

12. 出口商声明（Declaration by the Exporter）

本栏填申报地点、申报日期，例如：SHENZHEN，CHINA JAN. 17，2006。

注意：(1) 申报单位的申报员在本栏手签，并加盖申报单位已在签证机构注册的中英文印章；(2) 进口国必须是中国—东盟自贸区的成员国，且必须与第三栏目的港的国别一致；(3) 申报日期不得早于发票日期，不迟于出运日期（后发证书除外）。

13. 签证当局证明（Certification）

本栏填打签证机构的签证地点和签证日期，如：SHENZHEN，CHINA JAN. 18，2006。

注意：(1) 签证机构授权签证人员经审核后在本栏手签，并加盖签证局印章；(2) 签证日期不得早于发票日期和申报日期，不迟于货物的出运日期（后发证书除外）；(3) 如系后发证书，本栏需加打“ISSUED RETROACTIVELY”；(4) 如系重发证书，本栏需加打“CERTIFIED TRUE COPY”。

四、信用证原产地证书条款举例

(1) Certificate of origin G. S. P (FORM A) a original and one copy，evidencing China as origin of goods.

信用证要求：普惠制原产地证明书（FORM A）一正一副，证明货物的原产地为中国。

(2) Certificate of origin should state that the goods do not contain any component of an Israel origin whatever the proportion of such component，the exporter or supplier has no direct or indirect connection whatsoever with Israeli.

信用证要求：一般原产地证明书，须声明货物中不含任何以色列的原料和加工成分，出口商或供应商不曾与以色列有任何直接或间接联系。

(3) Certificate of origin in two copies indicating that goods are of Chinese origin issued by chamber of commerce.

信用证要求：由商会出具的产地证明书两份，证明货物原产地为中国。

五、原产地证书样单

(一) 一般原产地证书

<table>
<tr><td colspan="2">1. Exporter(full name and address)
SHANGHAI KNITWEAR IMP. & EXP. CO. LTD. ,
1040 NORTH SUZHOU ROAD SHANGHAI,CHINA</td><td colspan="3" rowspan="2">CERTIFICATE NO. C0978676509
CERTIFICATE OF ORIGIN
OF
THE PEOPLE'S REPUBLIC OF CHINA</td></tr>
<tr><td colspan="2">2. Consignee(full name,address,country)
I. C. ISAACS &CO. LTD. ,
3840 BANK STREET.
BALTIMORE, MARYLAND 21224, U. S. A.</td></tr>
<tr><td colspan="2">3. Means of transport and route
FROM SHANGHAI TO BALTIMORE BY SEA</td><td colspan="3" rowspan="2">5. For certifying authority use only</td></tr>
<tr><td colspan="2">4. Country / region of destination
U. S. A.</td></tr>
<tr><td>6. Marks and numbers

I. C. I
BALTIMORE USA
CTN/NO. 1—45
MADE IN CHINA</td><td>7. Number and kind of packages description of goods;
FORTH FIVE (45) CARTONS
65% POLYESTER 35% COTTON
LADYIES KNIT JACKET
STYLENO. H32331SE
L/C NO. 89854955
*******************</td><td>8. H. S. Code

61. 04</td><td>9. Quantity

1080PCS</td><td>10. Number and date of invoices
29B00558Y
JUNE. 8th ,2004</td></tr>
<tr><td colspan="2">11. Declaration by the exporter
The undersigned hereby declares that the above details and statement are correct;that all the goods were produced in China and that they comply with the Rules of Origin of the People's Republic of China.

×××SHANGHAI KNITWEAR IMP. & EXP. CO. LTD. ,
SHANGHAI JUNE . 8th ,2012
Place and date,signature and stamp of authorized signatory</td><td colspan="3">12. Certification
it is hereby certified that the declaration by the exporter is correct.

中国国际贸易促进委员会
单据证明专用章
(沪)
×××CHINA COUNCIL FOR THE PROMOTION OF INTERNATIONAL TRADE
SHANGHAI JUNE . 8th ,2012
Place and date,signature and stamp of certifying authority</td></tr>
</table>

（二）普惠制原产地证书（FORM A）

<table>
<tr><td colspan="3">1. Goods consigned from (Exporter's business name, address, country)
SHANGHAI TEXTILES IMPORT AND EXPORT CO., 127, ZHONGSHAN ROAD E.I CN - 200002
SHANGHAI CHINA</td><td colspan="3" rowspan="2">Reference No. F878676098

GENERALIZED SYSTEM OF PREFERENCES
CERTIFICATE OF ORIGN
(Combined declaration and certificate)
FORM A
Issued in THE PEOPLE'S REPUBLIC of CHINA
(Country)</td></tr>
<tr><td colspan="3">2. Goods consigned to (consignee's name, address, country)
YIR & RTE TRADING CO., LTD
NUMBLE 1034 OSAKA
JAPAN</td></tr>
<tr><td colspan="3">3. Means of transport and route (as far as known)
ON/AFTER JUNE 30 2013
FROM SHANGHAI TO OSAKA
W/T HONGKONG BY VESSEL</td><td colspan="3">4. For office use</td></tr>
<tr><td>5. Item Number</td><td>6. Marks and numbers of packages</td><td>7. Number and kind of packages; description of goods</td><td>8. Origin criterion</td><td>9. Gross weight or other quantity</td><td>10. Number and date of invoices</td></tr>
<tr><td>1</td><td>S.B.T.C
240553
OSAKA
NO. 1-236</td><td>236(TWO HUNDRED AND THIRTY SIX CARTONS OF TOWELS)
*****************</td><td>"P"</td><td>16445KGS</td><td>FT280418
JUNE 8,2013</td></tr>
<tr><td colspan="3">11. Certification
It is hereby certified, on the basis of control carried out, that the declaration by the exporter is correct.

×××SHCIQ
SHANGHAI JUNE 28 2013
Place and date, signature and stamp of certifying authority</td><td colspan="3">12. Declaration by the exporter
The undersigned hereby declares that the above details and statements are correct, that all the goods were produced in CHINA and that they comply with the origin requirements specified for those goods in the Generalized System of Preferences for goods exported to
JAPAN
(Importing country)
××× SHANGHAI TEXTILES IMPORT AND EXPORT CO.,
SHANGHAI JUNE 28 2013
Place and date, signature and stamp of authorized signatory</td></tr>
</table>

(三)《中国—东盟自由贸易协定》原产地证书(FORM E)

<table>
<tr><td colspan="3">1. Goods consigned from (Exporter's business name, address, country)</td><td colspan="3" rowspan="2">Reference No.
ASEAN-CHINA FREE TRADE AREA
PREFERENTIAL TARIFF
CERTIFICATE OF ORIGIN
(Combined Declaration and Certificate)
FORM E
Issued in ____________________
(Country)
See Overleaf Notes</td></tr>
<tr><td colspan="3">2. Goods consigned to (Consignee's name, address, country)</td></tr>
<tr><td colspan="3">3. Means of transport and route(as far as known)
Departure Date
Vessel's name/Aircraft etc.
Port of discharge</td><td colspan="3">4. For official use
□Preferential Treatment Given Under ASEAN-CHINA Free Tradw Area Preferential Tariff
……………………………………………………
□Preferential Treatment Not Given (Please state reason/s)
……………………………………………………
Signature of Authorised Signatory of the Import Country</td></tr>
<tr><td>5. Item number</td><td>6. Marks and numbers on packages</td><td>7. Number and type of pkg, desc. of goods</td><td>8. Origin criterion</td><td>9. Gross weight or other qty and value(FOB)</td><td>10. Number and date of invoices</td></tr>
<tr><td colspan="3">11. Declaration by the exporter
The undersigned hereby declares that the above details and statement are correct; that all the goods were produced in
CHINA
____
(Country)
and that they comply with the origin requirements specified for these goods in the ASEAN-CHINA Free Trade Area Preferential Tariff for the goods exported to ____________
(Importing Country)
Place and date, signature of authorised signatory</td><td colspan="3">12. Certification
It is hereby certified, on the basis of control carried out, that the declaration by the exporter is correct.

Place and date, signature and stamp of certifying authority</td></tr>
</table>

拓展学习 我国原产地证书的种类和原产地标准

一、我国原产地证书的种类

目前，我国商检机构签发的原产地证书包括优惠性原产地证书、非优惠性原产地证书以及专用原产地证书等。优惠性原产地证书主要是普惠制产地证书（FORM A）和各类区域性优惠原产地证书；非优惠性原产地证书主要有一般原产地证书、加工装配证书以及转口证书；专用原产地证明书主要是金伯利进程证书、输欧盟农产品原产地证（蘑菇罐头证书）。

（一）优惠原产地证书

（1）普惠制原产地证书（FORM A） 适用于对39个发达国家出口的符合给惠国相关规定的产品。包括：欧盟27国（英国、法国、德国、意大利、荷兰、卢森堡、比利时、爱尔兰、丹麦、希腊、西班牙、葡萄牙、奥地利、瑞典、芬兰、波兰、匈牙利、捷克、斯洛伐克、斯洛文尼亚、爱沙尼亚、拉脱维亚、立陶宛、塞浦路斯、马耳他、保加利亚、罗马尼亚）、土耳其、挪威、瑞士、列支敦士登、澳大利亚、新西兰、加拿大、日本、俄罗斯、白俄罗斯、哈萨克斯坦、乌克兰。

（2）《亚太贸易协定》原产地证书 目前适用于对印度、韩国、孟加拉和斯里兰卡出口并符合相关规定的产品。

（3）《中国—东盟自由贸易协定》原产地证书（FORM E） 目前适用于对印度尼西亚、泰国、马来西亚、越南、菲律宾、新加坡、文莱、柬埔寨、缅甸、老挝等国出口并符合相关规定的产品。

（4）《中国—巴基斯坦自由贸易协定》原产地证书 我国出口到巴基斯坦的该优惠框架项下的产品凭此证书可获得巴基斯坦给予的关税优惠待遇。

（5）《中国—智利自由贸易协定》原产地证书（FORM F） 自2006年10月1日起，我国出口到智利的《中国—智利自由贸易协定》项下的产品享受智利给予的关税优惠待遇。

（6）《中国—新西兰自由贸易协定》原产地证书 自2008年10月1日起，我国出口到新西兰的符合中国—新西兰自贸区原产地规则的产品享受新西兰给予的关税优惠待遇。

（7）《中国—新加坡自由贸易协定》原产地证书 自2009年1月1日起，我国出口到新加坡的符合中国—新加坡自贸区原产地规则的产品享受新加坡给予的关税优惠待遇。

（8）《中国—秘鲁自由贸易协定》原产地证书 自2010年3月1日起，我国出口到秘鲁的符合中国—新加坡自贸区原产地规则的产品享受新加坡给予的关税优惠待遇。

（9）自2011年1月1日起，大陆出口到台湾的符合《海峡两岸经济合作框架协议》原产地规则的早期收获产品享受台湾给予的关税优惠待遇。

（10）《中国—哥斯达黎加自由贸易协定》原产地证明书 自2011年8月1日起，我国出口到哥斯达黎加的符合中国—哥斯达黎加自贸区原产地规则的产品享受哥斯达黎加给予的关税优惠待遇。

（二）非优惠原产地证书

（1）一般原产地证书（CO证书） 出口产品在进口国/地区通关所需，是进口国进行贸易统计等的依据。CO证书对所有独立关税区的国家（地区）都可签发。

（2）加工装配证书（Certificate of Processing） 是指对全部或部分使用了进口原料或零部件而在中国进行了加工、装配的出口货物，当其不符合中国出口货物原产地标准、未能取得原产地证书时，由签证机构根据申请单位的申请所签发的证明中国为出口货物加工、装配地的一种证明文件。

（3）转口证书（Certificate of Re-export） 是指经中国转口的外国货物，由于不能取得中国的原产地证，而由中国签证机构出具的证明货物系他国原产、经中国转口的一种证明文件。

（三）专用原产地证书

（1）金伯利进程证书 是指在实施金伯利进程证书制度成员国之间使用的，用于证明进出口毛坯钻石合法来源地的证明书。

(2) 输欧盟农产品原产地证（Certificate of Origin for Imports of Agricultural Products into the European Economic Community） 是欧盟委员会为进口农产品而专门设计的原产地证书，如蘑菇罐头证书。

二、原产地标准

原产地标准是各给惠国分别对原产品概念所下的定义。原产地标准把原产品分为两大类：完全原产产品和含有进口成分的原产产品。

完全原产产品是指全部使用本国产的原材料或零部件，完全由受惠国生产、制造的产品。

含有进口成分的原产产品是指全部或部分使用进口（包括原产地不明）原料或零部件生产、制造的产品，这些原料或零部件在受惠国经过充分加工和制作，其性质和特征达到了“实质性改造”。

对于如何判定进口成分是否达到“实质性改造”，各给惠国采用的标准不同，通常用两个标准来衡量，即加工标准和百分比标准。

(一) 加工标准

加工标准是根据制成品中的进口成分的 H.S. 品目号在生产加工过程中是否发生变化来判定是否经过实质性改造的标准。即：在一般条件下，如果进口成分与制成品品目号不同，即发生了变化，则经过了实质性改造；如果相同，则未经过实质性改造。在此基本原则基础上，一些给惠国还规定了某些附加条件，在这些附加条件满足后，方可认定经过了实质性改造。有关具体条件可参照有关给惠国制订的《加工清单》。

采用加工标准的给惠国有 19 个：欧洲联盟 15 国、瑞士、挪威、土耳其和日本。

(二) 百分比标准

百分比标准是根据进口成分（或本国成分）占制成品价值的百分比率来判定其是否经过实质性改造的标准。各给惠国采用的百分比各不相同，计算基础也不尽相同。应用时，应具体参照各国制订的标准。

采用百分比标准的国家有 13 个：加拿大、澳大利亚、新西兰、俄罗斯、乌克兰、白俄罗斯、哈萨克斯坦、捷克、斯洛伐克、波兰、匈牙利、保加利亚、美国。

(三) 给惠国成分

一些给惠国规定，受惠国从给惠国进口的原材料和零部件经加工和装配后，再出口到给惠国，这些从给惠国进口的原材料和零部件称为给惠国成分，在计算进口成分时，可计为受惠国的本国成分。

实行给惠国成分的给惠国有：欧洲联盟 15 国（法国、英国、爱尔兰、德国、丹麦、意大利、比利时、荷兰、卢森堡、希腊、西班牙、葡萄牙、奥地利、瑞典、芬兰）、瑞士、土耳其、日本、加拿大、澳大利亚、新西兰、俄罗斯、乌克兰、白俄罗斯、哈萨克斯坦、波兰。

(四) 原产地累计

原产地累计是指：在确定受惠产品原产地资格时，把若干个或所有受惠国（或地区）视为一个统一的经济区域，在这个统一的经济区域内生产加工产品所取得的增值，可以作为受惠国的本国成分加以累计。

原产地累计分全球性累计和区域性累计。全球性累计是指在进行原产地累计时，把世界上所有的受惠国（或地区）视为一个整体，产品中所含的任何一个受惠国的原料和劳务的价值均可视为出口受惠国的本国成分加以累计；区域性累计是指把若干个受惠国（或地区）视为一个统一的经济区域，它们之间的原料和劳务的价值可以相互累计。

我国适用的是全球性累计，实行全球性累计的给惠国有：加拿大、澳大利亚、新西兰、俄罗斯、乌克兰、白俄罗斯、哈萨克斯坦、波兰。

任务四 出口货物运输保险单

【任务要求】

1. 了解出口货物运输保险单的含义及作用；
2. 掌握出口货物运输保险单的内容及缮制要求；
3. 能够根据信用证及其他材料熟练缮制出口货物运输保险单。

出口货物运输保险是被保险人为了货物在出口运输过程中能安全地到达目的地，不受自然灾害和意外事故的损失，向保险人交纳一定的保险费，双方订立有保险契约，一旦货物遭受各种灾害和意外事故，进口商可以从保险人得到货物损失的经济补偿。

在目前世界各国所经营的保险业务中，主要有财产保险、人身保险、责任保险和保证保险等分类。出口货物运输保险属于财产保险范围内。

一、出口货物运输保险单的含义及作用

保险单或保险凭证（Insurance Policy/Certificate）是保险人（承保人）与被保险人（投保人或要保人）之间订立的保险合同的凭证，是进出口贸易中有关当事人索赔、理赔的依据。

凡按 CIF 和 CIP 条件成交的出口货物，出口商提交符合规定的保险单据是必不可少的义务。出口企业在出口时应根据出口合同或信用证规定，在备妥货物并已确定装运日期和运输工具后，按约定的保险险别和保险金额，向保险公司投保。投保时应填制投保单并支付保险费，保险公司凭以出具保险单或保险凭证。

二、出口货物运输保险单的内容及缮制要求

出口货物保险单没有固定格式，各个保险公司都有自己不同形式的保险单，但一般都包括以下内容，缮制要求如下。

（一）发票号码（Invoice No.）

本栏填写投保货物商业发票的号码。

（二）保险单号次（Policy No.）

本栏填写保险单号码。

（三）被保险人（Insured）

本栏填写出口货物的被保险人，填在“At the Request of”后。

注意：（1）如来证无特别规定，保险单的被保险人填写信用证上的受益人并由其背书；（2）如来证要求保险单为“to order of ＊＊＊＊＊＊bank”或“in favor of ＊＊＊＊＊＊bank”，被保险人一栏填写“出口公司名称＋held to order of ＊＊＊＊＊＊bank（或 in favor of ＊＊＊＊＊＊bank）”，并由出口公司背书；（3）如信用证有特殊要求，保险单以某某人为抬头人，那么被保险人一栏填写该指定人的名称，这种保险单就不要背书；（4）如信用证规定，保险单抬头为第三者名称即中性名义，那么被保险一栏填写“To whom it may concern”；（5）信用证规定保险单为空白抬头，被保险人一栏则填写“To Order”，并由出口公

司背书。

（四）保险货物项目（Description of Goods）

本栏填写货物的总称。

注意：同一种商品带有不同规格、型号、货号的可以略去。

（五）包装及数量（Quantity）

本栏填写最大包装的总件数及包装种类。

注意：裸装货物填写货物本身件数，散装货物填写货物净重。有包装但以重量计价的货物应同时填写总件数和计价重量。

（六）保险金额（Amount Insured）

本栏一般按发票总值或CIF价值的110%填写。

注意：(1) 信用证项下的保险单按来证规定办理；(2) 保险金额由金额数目和币别两部分组成，金额数目只取整数（进位取整）。投保币别应与信用证、发票所载币别一致，除非信用证另有规定。

（七）承保险别（Conditions）

本栏在填制时应严格按信用证规定的保险险别来填写。

注意：通常填保险险别的英文缩写，并注明所依据的保险条款及颁布年份。

例如：来证要求"INSURANCE POLICY COVERING ALL RISKS AND WAR RISKS AS PER OCEAN MARINE CARGO CLAUSES OF THE PICC DATED 1.1.1981."，在制单时，应在本栏上填写："COVERING ALL RISKS AND WAR RISKS AS PER OCEAN MARINE CARGO CLAUSES OF THE PICC DATED 1.1.1981."。

（八）标记（Marks & Nos.）

本栏按照发票或信用证上的运输标志来填写，也可以填写"AS PER INVOICE NO. * * * *"。

注意：如果信用证规定所有单据均要显示装运唛头，则应按照实际唛头填写。

（九）保险总金额（Total Amount Insured）

本栏将保险金额以大写的形式填入。

注意：(1) 计价货币填写全称；(2) 保险金额使用的货币应该与信用证使用的货币一致，保险总金额大写数据应与保险金额的小写数据一致。

例如：保险金额为USD12345，则保险总金额栏填写：U.S.DOLLARS TWELVE THOUSAND THREE HUNDRED AND FORTY FIVE ONLY.

（十）保费（Premium）

本栏一般由保险公司在印刷保险单时填入"As Arranged"字样，出口公司在填写保险单时无须填写。

注意：如果信用证要求在保险单上显示"保费已付"或"已付保险费若干美元"，则在制单时把原有的"As Arranged"删去，加盖校对章后填写"Paid"或"Paid USD * * * *"字样。

（十一）装载工具（Per Conveyance S. S）

本栏填写载货运输工具的名称。

注意：当货物由两程运输完成时，应分别填写第一程船名和第二程船名，中间用“/”分隔。

（十二）开航日期（Sig. on or abt.）

本栏一般填写提单签发日期，也可填写“As Per B/L”。

（十三）起运港（from）

本栏填写装运港的名称。

（十四）目的港（to）

本栏填写目的港的名称。

注意：（1）当货物经转船到达目的港时，这一栏填写：目的港 W/T（VIA）转运港；（2）当货物到达目的港后需转运内陆某地，则应在目的港后加上“AND THENCE TO…”或“IN TRANSIT TO…”字样。

例如：某批货物到达纽约港后需转运芝加哥，保险单目的港可填写“NEW YORK AND THENCE TO CHICAGO”或“NEW YORK IN TRANSIT TO CHICAGO”。

（十五）保险单份数

本栏填写保险单签发的份数。

注意：当信用证没有特别说明保险单份数时，出口公司一般提交一套完整的保险单（1份正本，1份副本）。

（十六）赔付地点（Claim Payable at）

本栏填写货物出险后的赔付地点，通常填写目的地。

（十七）日期（Date）

本栏填写保险单的签发日期，通常在海运提单签发之前（最迟同日）。

（十八）投保地点（at）

本栏填写投保地点的名称，一般为装运港的名称。

三、信用证保险单条款举例

（1）Insurance policy or certificate，named of assured to be showed ABC Co. Ltd.

信用证要求：保险单或保险凭证须做成以 ABC 有限公司为被保险人。

（2）Full set of marine insurance policy for full CIF value plus 10 pct covering all risks and war risk as per ocean marine cargo clauses and ocean marine war risks clauses of the PICC dated 1. 1. 1981. Insurance claims to be payable at destination in the currency of letter of credit.

信用证要求：全套海运保险单，根据中国人民保险公司 1981 年 1 月 1 日制定的海洋运输货物保险条款和战争险条款投保一切险和战争险。保险赔付地点在目的地，赔付货币为信用证中所采用的货币。

四、出口货物运输保险单样单

中保财产保险有限公司南通分公司

The People Insurance (Property) Company of China, Ltd.

PICC PROPERTY NANTONG BRANCH

发票号码 保险单号次

Invoice No. Policy No.

海洋货物运输保险单

MARINE CARGO TRANSPORTATION INSURANCE POLICY

被保险人：

Insured: ……………………………………………………………………………………

中保财产保险有限公司（以下简称本公司）根据被保险人的要求，由被保险人向本公司缴付约定的保险费，按照本保险单承保险别和背面所载条款与以下特款承保下述货物运输保险，特立本保险单。

This Policy of insurance witnesses that The People Insurance (Property) Company of China, Ltd. (hereinafter called "the Company"), at the request of the Insured and in consideration of the agreed premium paid by the Insured, undertakes to insure the under mentioned goods in transportation subject to the conditions of this Policy as per the Clauses printed overleaf and other special clauses attached hereon.

保险货物项目 Description of goods	包装及数量 Quantity	保险金额 Amount Insured

承保险别 货物标记

Conditions: Marks of Goods

总保险金额：

Total Amount Insured: ……………………………………………………………………

保费 装载运输工具

Premium……………………………………………Per conveyance S. S …………………………

开行日期 起运港 目的港

Sig. on or abt. ………………………………From……………… to ………………………………

所保货物，如遇出险，本公司凭本保险单及其他有关证件给付赔款。所保货物，如发生本保险单项下负责赔偿的损失或事故，应立即通知本公司下述代理人查勘。

Claims, if any, payable on surrender of this Policy together with other relevant document. In the event of accident whereby loss or damage may result in a claim under this Policy immediate notice applying for survey must be given to the Company's Agent as mentioned hereunder:

中保财产保险有限公司南通分公司

PICC PROPERTY NANTONG BRANCH

赔款偿付地点

Claim payable at……………………

日期 在

Date……………………………… at…………………………..

地址（Address）：

拓展学习 保险单据的分类

国际货物运输保险单据通常包括以下几种类别。

一、保险单（Insurance Policy）

保险单是一种正规的保险合同，是完整独立的保险文件。保单背面印有货物运输保险条款（一般表明承保的基本险别条款的内容），还列有保险人的责任范围及保险人与被保险人各自的权利、义务等方面的条款，俗称大保单。

二、保险凭证（Insurance Certificate）

保险凭证是表示保险公司已经接受保险的一种证明件，又称为小保单，是一种简化了的保险合同。它包括保险单的基本内容，但不附有保险条款全文。这种保险凭证与保险单有同等的法律效力。

三、联合凭证（Combined Certificate）

联合凭证是更为简化的保险凭证（仅仅在中资银行和华商中使用），又称为承保证明(Risk Note)。保险公司仅将承保险别、保险金额及保险编号加注在我国进出口公司开具的出口货物发票上，并正式签章即作为已经保险的证据。

四、预约保险单（Open Policy）

预约保险单是进口贸易中，被保险人（一般为进口人）与保险人之间订立的总合同。订立这种合同既可以简化保险手续，又可以使货物一经装运即可取得保障。

五、保险声明（Insurance Declaration）

预约保险单项下的货物一经确定装船，要求被保险人立即以保险声明书的形式，将该批货物的名称、数量、保险金额、船名、起讫港口、航次、开航日期等通知保险人，银行可将保险声明书当做一项单据予以接受。

六、批单（Endorsement）

保险单出立后，如需变更其内容，可由保险公司另出的凭证注明更改或补充的内容，称为批单。批单须粘在保险单上并加盖骑缝章，作为保险单不可分割的一部分。

还有一种暂保单（Cover Note），是由保险经纪人（Insurance Broker）即投保人的代理人出具的非正式保单。除非信用证特别要求，银行不接受暂保单。

任务五 海运提单

【任务要求】

- 1. 了解海运提单的含义及作用；
- 2. 掌握海运提单的内容及缮制要求；
- 3. 能够根据信用证及其他材料熟练缮制海运提单。

一、海运提单的含义及作用

海运提单（Ocean Bill of Lading，B/L），简称提单，是船方或其代理接管承运货物或货物装船后签发给托运人的货物收据，以及承运人据以保证交付货物的凭证。海运提单是海洋运输方式下最常见，使用最普遍的一种运输单据。

海运提单的作用主要表现在以下三个方面。

(一) 货物收据

提单是承运人签发给托运人的收据，确认承运人已收到提单所列货物并已装船，或者承运人已接管了货物，已代装船。

(二) 运输契约证明

提单是托运人与承运人的运输契约证明，承运人之所以为托运人承运有关货物，是因为承运人和托运人之间存在一定的权利义务关系，双方权利义务关系以提单作为运输契约的凭证。

(三) 货权凭证

提单是货物所有权的凭证，谁持有提单，谁就有权要求承运人交付货物，并且享有占有和处理货物的权利，提单代表了其所载明的货物。

二、海运提单的内容及缮制要求

海运提单的格式很多，每个船公司都有自己的提单格式，但提单的基本内容大致相同，具体填制要求如下。

(一) 托运人 (Shipper)

本栏填写委托货物运输的人，通常是合同的卖方或信用证的受益人，填写卖方或受益人的名称和地址。

(二) 收货人 (Consignee)

本栏应严格按信用证规定填制收货人。

注意：信用证中对收货人的规定有记名式、指示式、不记名式三种方式。(1) 记名式提单的收货人填信用证指定的收货人名称；(2) 指示式提单的收货人栏按信用证的不同规定可制成"To Order of ××× Co."、"To Order of ××× Bank"或"To Order of Shipper"等；(3) 不记名提单收货人填"To Bearer"(交持票人) 或"To Order"，即空白抬头。

(三) 被通知人 (Notify Party)

本栏填写接受船方发出货到通知的人，应严格按信用证规定填写。

注意：若信用证中未规定有被通知人，提单正本可照信用证办理，留空不填。但提供给船公司的副本提单仍要详细列明被通知人（可以用信用证申请人作为被通知人）的名称和地址。

(四) 前段运输 (Pre-carriage by)

本栏填写装运货物的前段运输船舶名称。

注意：(1) 如果货物需转运，在这一栏目中填写承运船舶的名称；(2) 如果货物不需转运，空白这一栏目。

(五) 收货地点 (Place of Receipt)

本栏填写出口货物的接收地点。

注意：(1) 如果货物需转运，通常填写装运港；(2) 如果货物不需转运，空白这一栏目。

（六）海运船只、航次（Ocean Vessel Voy. No.）

本栏填写装运货物的运输船舶名称。

注意：(1) 如果货物需转运，填写第二程船的船名；(2) 如果货物不需转运，填写承运船舶的船名。

（七）装运港（Port of Loading）

本栏填写装运港的名称。

注意：如果货物需转运，填写装运港/中转港的名称。

（八）卸货港（Port of Discharge）

本栏填写卸货港（至目的港）的名称。

（九）交货地点（Place of Delivery）

本栏填写最终目的地的名称。

注意：如果货物的最终目的地就是目的港，空白本栏。

（十）集装箱号（Container No.）

本栏填写集装箱号码。

（十一）唛头及号码（Seal No. Marks & Nos.）

本栏填写唛头和封箱号。

（十二）集装箱或最大包装数量（No. Of Containers or P'kgs）

本栏填写集装箱或者货物最大包装的数量及包装种类。

（十三）商品描述（Description of Goods）

本栏通常填写两个内容：商品名称和运费条款。

注意：(1) 根据《UCP600》的规定，海运提单的商品描述可使用统称；(2) 运费条款要根据信用证提单条款的规定来填写。

（十四）总毛重（Gross Weight）

本栏填写货物的总毛重，计量单位为千克。

（十五）总尺码（Measurement）

本栏填写货物的总尺码，计量单位为立方米。

（十六）特殊条款（Special Conditions）

本栏填写提单特殊条款的内容，主要有：指定船名、强调显示信用证的号码、合同号码等。

（十七）签发地点和时间（Place and Date of Issue）

本栏填写海运提单签发的地点和时间。

注意：(1) 海运提单签发地点，表示实际货物装运的港口或接受有关方面监管的地点；(2) 签发时间表示货物实际装运的时间或已经接受船方或船代理的有关方面监督的时间，一般为货物实际装船完毕的时间。

(十八) 正本提单份数 (No. of Original B/L)

本栏填写正本提单签发的份数。

注意：(1) 承运人一般签发海运提单正本两份，也可应当事人的要求签发两份以上；(2) 签发的份数，应当用大写数字在栏目内标明。

(十九) 有效的签章 (Stamp & Signature)

本栏由载货船舶的承运人或其他人签字、盖章。

三、信用证海运提单条款举例

(1) Full set of clean on board ocean bills of lading made out to order and blank endorsed marked 'freight prepaid' and notify accountee.

信用证要求：全套清洁已装船海运提单，做成空白抬头，空白背书。提单上标明"运费预付"，通知开证申请人。

(2) 2/3 set of clean on board ocean bills of lading made out to order of chekjang first bank ltd and blank endorsed marked 'freight paid' notify applicant.

信用证要求：三份清洁已装船提单中的两份，做成凭 chekjang first bank ltd 指示抬头，空白背书。提单上标明"运费已付"，通知开证申请人。

(3) Full set of clean on board original marine bill of lading, made out to order of applicant, blank endorsed notify: 1) birkart austria; 2) bellaflora.

信用证要求：全套清洁已装船正本海运提单，做成开证申请人指示抬头，空白背书。被通知人有两个，分别是：birkart austria，bellaflora。

四、海运提单样单

<table>
<tr><td colspan="2">Shipper
WENSLI GROUP. LTD.</td><td colspan="2" rowspan="5">NO: KJU6878-42

CHINA OCEAN SHIPPING COMPANY

COMBINED TRANSPORT BILL OF LADING</td></tr>
<tr><td colspan="2">Consignee or order
TO ORDER OF ROYAL BANK, NEW YORK, USA</td></tr>
<tr><td colspan="2">Notify address
N. E. ORIENTAL TRADING CO. LTD.</td></tr>
<tr><td>Pre-carriage by</td><td>Place of receipt</td></tr>
<tr><td>Ocean Vessel
SKY BRIGHT V. 047A</td><td>Port of Loading
SHANGHAI</td></tr>
<tr><td>Port of Discharge
DAMMAM PORT,
SAUDI ARABIA</td><td>Place of delivery</td><td>Freight payable at</td><td>Number of original B/L
THREE(3)</td></tr>
</table>

续表

<table>
<tr><td colspan="2">Container No. Seal No.
or Marks and Nos. of Pkg

N. E. O. T
NEO2010/026
DAMMAM PORT
B/N 1-600
TMSH5247</td><td>Number and kind
Description of Goods

400 BUNDLES TEXTILE FABRIC
200 BUNDLES LADIES' SUIT
TOTAL 600 BUNDLES</td><td>Gross Weight
(kgs)

5000KGS
3700KGS
8700KGS</td><td>Measurement
(m³)

10. 876M³
21. 457M³
32. 333M³</td></tr>
<tr><td colspan="5">SAY SIX HUNDRED BUNDLES ONLY FREIGHT PREPAID
ABOVE PARTICULARS FURNISHED BY SHIPPER</td></tr>
<tr><td rowspan="3">FREIGHT & CHARGES
FREIHTG PREPAID TO DAMMAM
FREIGHT CHARGE:USD5800. 00</td><td colspan="4">IN WITNESS where of the number of original Bills of Lading stated above have been signed ,one of which being accomplished,the other(s) to be void.</td></tr>
<tr><td colspan="4">Place and date of issue
SHANGHAI,AUG. 25,2012</td></tr>
<tr><td colspan="4">Signed for or on behalf of the Carrier
ABC SHIPPING COMPANY AS AGENT FOR THE CARRIER:COSCO</td></tr>
</table>

拓展学习 海运提单的种类

海运提单，根据各种特定的需要可分为以下几类。

一、货物是否装船

根据货物是否装船，海运提单可分为已装船提单和收货备运提单。

已装船提单（Shipped B/L or On Board B/L）是指货物装船后由承运人或其授权代理人根据大副收据签发给托运人的提单。如果承运人签发了已装船提单，就是确认他已将货物装在船上。这种提单除载明一般事项外，通常还必须注明装载货物的船舶名称和装船日期，即是提单项下货物的装船日期。

收货备运提单（Received for Shipment B/L）又称备运提单、待装提单，或简称待运提单。它是承运人在收到托运人交来的货物但还没有装船时，应托运人的要求而签发的提单。签发这种提单时，说明承运人确认货物已交由承运人保管并存在其所控制的仓库或场地，但还未装船。所以，这种提单未载明所装船名和装船时间，在跟单信用证支付方式下，银行一般都不肯接受这种提单。但当货物装船，承运人在这种提单上加注装运船名和装船日期并签字盖章后，待运提单即成为已装船提单。同样，托运人也可以用待运提单向承运人换取已装船提单。

二、提单有无不良批注

根据提单有无不良批注，海运提单可分为清洁提单和不清洁提单。

清洁提单（Clean B/L）指在装船时，货物外表状况良好，承运人在签发提单时，未加注任何有关货物残损、包装不良、件数、重量和体积，或其他妨碍结汇的批注的提单。

不清洁提单（Unclean B/L or Foul B/L）指在货物装船时，承运人若发现货物包装不牢、破残、渗漏、玷污、标志不清等现象时对此加以批注的提单。国际贸易结算中，银行只接受清洁提单，即承运人未在提单上批注货物外表状况有任何不良情况。

三、收货人抬头

根据提单收货人的抬头，海运提单可分为记名提单、不记名提单和指示提单。

记名提单（Straight B/L）又称收货人抬头提单，是在提单的抬头上注明指定的收货人，这种提单是不能转让的，只能由提单上注明的收货人提货。

不记名提单（Bearer B/L or Open B/L or Blank B/L）上收货人一栏内没有指明任何收货人，而注明“提单持有人”（Bearer）字样或将这一栏空白，不填写任何人的名称。这种提单不需要任何背书手续即可转让或提取货物，极为简便。

指示提单（Order B/L），在提单正面“收货人”一栏内填上“凭指示”（To order）或“凭某人指示”（Order of…）字样的提单，又分不记名指示和记名指示。不记名指示提单仅填写“To order”（凭指定），必须由托运人背书后才能转让，又称“空白抬头”；记名指示提单填写“To the order of…”（凭某某指定），该某某即为具体的指示人，提单由其背书后可以转让，通常为受托银行。背书又分两种形式：一种由有权背书人单纯签署，称为空白背书；另一种除背书人签署外，还写明被背书人（受让人）的名称，称为记名背书。在国际贸易中，使用最广泛的是“空白抬头、空白背书”的指示提单。

四、运输方式

根据运输方式，海运提单可分为直运提单、转船提单、联运提单和多式联运提单。

直达提单（Direct B/L），又称直运提单，是指货物从装货港装船后，中途不经转船，直接运至目的港卸船交与收货人的提单。直达提单上不得有“转船”或“在某港转船”的批注。凡信用证规定不准转船者，必须使用这种直达提单。如果提单背面条款印有承运人有权转船的“自由转船”条款，也不影响该提单成为直达提单。

转船提单（Transhipment B/L）是指货物从起运港装载的船舶不直接驶往目的港，需要在中途港口换装其他船舶转运至目的港卸货，承运人签发这种提单称为转船提单。在提单上注明“转运”或在“某某港转船”字样，转船提单往往由第一程船的承运人签发。由于货物中途转船，增加了转船费用和风险，并影响到货时间，故一般信用证内均规定不允许转船，但直达船少或没有直达船的港口，买方也只好同意可以转船。

联运提单（Through B/L）是指货物运输需经两段或两段以上的运输方式来完成，如海陆、海空或海海等联合运输所使用的提单。船船（海海）联运在航运界也称为转运，包括海船将货物送到一个港口后再由驳船从港口经内河运往内河目的港。联运提单的签发人只对第一程运输负责。

多式联运提单（Multimodal Transport B/L or Intermodal Transport B/L）主要用于集装箱运输。是指一批货物需要经过两种以上不同运输方式，其中一种是海上运输方式，由一个承运人负责全程运输，负责将货物从接收地运至目的地交付收货人，并收取全程运费所签发的提单。提单内的项目不仅包括起运港和目的港，而且列明一程二程等运输路线，以及收货地和交货地。

五、提单内容

根据提单内容的繁、简，海运提单可分为全式提单和略式提单。

全式提单（Long Form B/L）指提单除正面印就的提单格式所记载的事项外，背面列有关于承运人与托运人及收货人之间权利、义务等详细条款的提单。由于条款繁多，所以又称繁式提单。

简式提单（Short Form B/L or Simple B/L），又称短式提单、略式提单，是相对于全式提单而言的，是指提单背面没有关于承运人与托运人及收货人之间的权利义务等详细条款的提单。这种提单一般在正面印有"简式"（Short Form）字样，以示区别。

任务六 汇 票

【任务要求】

1. 了解汇票的含义及作用；
2. 掌握跟单信用证项下汇票的内容及缮制要求；
3. 能够根据信用证及其他材料熟练缮制汇票。

一、汇票的含义及作用

汇票（Draft/Bill of Exchange）是出票人签发的，委托付款人在见票时或者在指定日期无条件支付确定的金额给付款人或者持票人的票据。

汇票是一种资金单据和有价证券，也是国际结算中使用最广泛的一种信用工具，可以替代现金进行国际支付，办理国际结算，并且具有融资功能。在信用证或托收支付方式下，在货物装运完毕并取得运输单据之后，受益人或出口商通常需要缮制汇票，连同其他结汇单据一并递交给开证行或托收行以便办理结汇事宜。

二、跟单信用证项下汇票的内容及缮制要求

汇票在没有特殊规定时，都打两张，一式两份。汇票一般都在醒目的位置上印着"1"、"2"字样，或"original"、"copy"，表示第一联和第二联。汇票的一联和二联在法律上无区别。第一联生效则第二联自动作废（Second of Exchange Being Unpaid），第二联生效，第一联也自动作废（First of Exchange Being Unpaid）。汇票具体内容及缮制要求如下。

（一）出票根据（Drawn Under）

本栏填写开证行的全称与详细地址。

（二）信用证号码（L/C NO.）

本栏填写信用证号码。

注意：如果来证要求不填这一栏目，出口公司应照办。

（三）开证日期（Dated …）

本栏填写信用证开证日期。

（四）年息（Payable with Interest @% Per Annum）

本栏由结汇银行填写，用以清算企业与银行间利息费用。

（五）汇票小写金额（Exchange for …）

本栏填写汇票小写金额，包括货币符号和金额的阿拉伯数字。

注意：（1）汇票金额一般不超过信用证规定的金额；（2）在填写时同时应注意其金额不包含佣金，即填写净价。

（六）汇票大写金额（The Sum of …）

本栏填写汇票大写金额，包括货币名称和金额数字的英文翻译。

常见的货币英文名称写法如下：美元（USD）、英镑（GBP）、瑞士法郎（CHF）、港币（HKD）、日元（JPY）、人民币（CNY）、欧元（EUR）、澳大利亚元（AUD）、加拿大元（CAD）等。

（七）号码（NO.）

本栏填写汇票编号，通常与发票号码一致。

（八）付款期限（At … Sight）

本栏填写汇票的付款期限，汇票付款有即期和远期之分。

注意：不同的付款期限填写要求不同。（1）Sight Draft（即期汇票），在填写时只需使用“×××”或“———”或“＊＊＊”等符号或者直接将“AT SIGHT”字样填在这一栏目中，但本栏不得空白不填；（2）Time Draft（远期汇票），具体付款时间应按照信用证在规定的“远期”起算日算起的××天内，不同的起算日，付款的日期也不同。

例1：Draft at 30 days sight，这是以见票日为“远期”起算日，即为见票日后30天付款。在填写时，付款期限一栏内打上“30 DAYS”即可。

例2：Draft at 30 days from the date of invoice，这是以发票日期为“远期”起算日，即发票日期后30天付款。在填写时，付款期限一栏内打上“30 DAYS FROM THE DATE OF INVOICE”。对于此类来证，发票制作时应尽量提前以便卖方尽早收汇。

例3：Draft at 30 days from the date of B/L，这是以提单日期作为“远期”起算日，即提单签发日后的30天付款。在填写时，付款期限一栏内打上“30 DAYS AFTER B/L DATE”。

（九）受款人（Pay to the Order of …）

本栏填写汇票的收款人。

注意：（1）在信用证支付的条件下，汇票中受款人这一栏目通常填写议付行的名称和地址；（2）如果是公开议付，则可以选填任何一家银行（通常填写BANK OF CHINA）；（3）如果是限制议付，则必须按照指定银行进行填制。

中国主要银行英文名称如下。

中国银行	Bank of China
中国工商银行	Industrial & Commercial Bank of China
中国交通银行	Bank of Communication，China
中国农业银行	Agriculture Bank of China
中国建设银行	China Construction Bank

（十）汇票的交单日期（Date of Presentation）

本栏填写汇票的交单日期，即受益人把汇票交给议付行的日期。

注意：该栏由银行填写，银行在填写此日期时应注意交单日期不能超过信用证的有效期。

（十一）付款人（To … ）

本栏填写汇票的付款人。

注意：应根据信用证汇票条款中所规定的付款人填写，通常是开证行，也可以是开证行指定的其他银行。

（十二）出票人（Issuer）

本栏填写汇票的出票人，一般填写出口公司的全称和经办人的名字。

另外，在以托收方式托收货款时，使用的汇票与信用证支付条件的汇票相似，在填写方式上主要有以下区别。

（1）出票根据、信用证号码和开证日期三栏是不需要填写的，或在“Draw under”后的空栏内打上“For Collection”字样；或者在缮制托收汇票时，这三项不用缮制。

（2）在“付款期限”栏目中，填写 D/P at sight（即期付款交单）或 D/P ×× days（××天远期付款交单）；D/A ×× days（××天承兑交单）。

（3）在“受款人”栏目中，填写托收行名称。

三、信用证汇票条款举例

（1）We hereby issue our irrevocable letter of credit No. 194956 available with any bank in China，at 90 days after Bill of Lading date by draft.

信用证要求：出具提单后 90 天的汇票，中国任何银行均可以议付。

（2）Draft at 60 days sight from the date of presentation at your counter.

信用证要求：出具在议付行起算 60 天到期的远期汇票。

（3）Credit available with any bank in China by negotiation against presentation of beneficiary’s drafts at sight drawn on applicant in duplicate.

信用证要求：受益人出具以开证人为付款人的即期汇票一式两份，中国任何银行可以议付。

（4）All drafts should be marked “Drawn under the Citibank，New York L/C No. 1956717 dated 20040310”.

信用证要求：所有汇票须显示“Drawn under the Citibank，New York L/C No. 1956717 dated 20040310”字样。

四、汇票样单

（一）跟单信用证项下汇票

BILL OF EXCHANGE

凭 信用证

Drawn under BANK OF NEW YORK L/C NO. L-02-I-03437

日期

Dated Sept. 30th, 2007 支取 Payable with interest @…..%….. 按….. 息…. 付款

号码 汇票金额 上海

NO. STP015088 Exchange for USD23, 522.50 Shanghai ……….2007…………

见票……………………日后（本汇票之正本未付）付交

At * * * sight of this SECOND of Exchange (First of Exchange being unpaid) Pay to the order of BANK OF CHINA

金额

the sum of SAY US DOLLARS TWENTY THREE THOUSAND FIVE HUANDRED TWENTY TWO AND CENTS FIFTY ONLY

此致

TO BANK OF NEW YORK

____

Signature

（二）托收项下汇票

BILL OF EXCHANGE

号码 汇票金额 上海

No. __________ Exchange for Shanghai, 20

见票 日后（本汇票之副本未付）付交

At __________ sight of this FIRST of Exchange (Second of Exchange being unpaid) pay to the order of ____________________

金额

the sum of

此致

To ____________________

____

Signature

拓展学习 汇票的种类

汇票从不同的角度可分为以下几种。

一、出票人不同

按照出票人的不同，汇票可分为银行汇票和商业汇票。

银行汇票（Banker's Draft）是指出票人是银行，受票人也是银行的汇票。在国际贸易上，进口商为偿付货款，会备款向银行购买银行签发的汇票，自行寄交出口商，出口商即持汇票向付款银行领取货款。这种汇票方式亦即通常所称的票汇（demand draft，D/D）。

商业汇票（Commercial Bill of Exchange）是指出票人是商号或个人，付款人可以是商号、个人，也可以是银行的汇票。国际贸易上使用的汇票大都是这种汇票。出口商输出货物后，即签发商业汇票，凭以让售银行或委托银行代收。前一种情形是有信用状担保的场合；后一种情形则为以托收的D/P、D/A付款方式交易的场合。

二、有无随附商业单据

按照有无随附商业单据，汇票可分为光票和跟单汇票。

光票（Clean Bill of Draft）是指不附带商业单据的汇票，银行汇票多是光票。在国际贸易上，出口商常为推广某些新产品或开拓新市场，而以寄售方式将货物运交其国外代理商，到一约定时间即签发不附单证的光票委托银行寄往国外银行向受托人（代理商）提示付款，以收回货款。

跟单汇票（Documentary Bill of Draft）是指附带有商业单据的汇票，商业汇票一般为跟单汇票。如汇票是根据信用状签发，则除附上信用状外，另附上信用状要求的有关单证，即可让售与银行，一般称为押汇。如无信用状担保，虽汇票附有货运单证，也是跟单汇票，但银行不接受押汇，只能以托收方式代为收取货款。（无信用状担保的跟单汇票如经投保D/P、D/A输出保险或发票人为信用卓著的公司，银行或可考虑接受押汇）

三、付款时间不同

按照付款时间不同，汇票可分为即期汇票和远期汇票。

即期汇票（Sight Bill，Demand Bill，Sight Draft ）指持票人向付款人提示后对方立即付款，又称见票即付汇票。

远期汇票（Time Bill，Usance Bill）是在出票一定期限后或特定日期付款。在远期汇票中，记载一定的日期为到期日，于到期日付款的，为定期汇票，记载于出票日后一定期间付款的，为计期汇票；记载于见票后一定期间付款的，为注期汇票；将票面金额划为几份，并分别指定到期日的，为分期付款汇票。

四、承兑人不同

按承兑人的不同，分为商业承兑汇票和银行承兑汇票。

商业承兑汇票（Commercial Acceptance Bill）是企业或个人承兑的远期汇票，托收中使用的远期汇票即属于此种汇票。

银行承兑汇票（Banker's Acceptance Bill）是银行承兑的远期汇票，信用证中使用的远期汇票即属于此种汇票。

一张汇票往往可以同时具备几种性质。例如一张商业汇票同时又可以是即期的跟单汇票；一张远期的商业跟单汇票同时又是银行承兑汇票。

任务七　其他结汇单证

【任务要求】

1. 了解检验证书、装船通知和受益人证明的含义及作用；
2. 掌握检验证书、装船通知和受益人证明的内容及缮制要求；
3. 能以背景材料熟练缮制检验证书、装船通知和受益人证明。

一、检验证书

（一）检验证书的含义及作用

检验证书（Inspection Certificate）是各种进出口商品检验证书、鉴定证书和其他证明书的统称，是对外贸易有关各方履行契约义务、处理索赔争议和仲裁、诉讼举证，具有法律依据的有效证件，也是海关验放、征收关税和优惠减免关税的必要证明。

（二）检验证书的种类

检验证书通常包括两类。

第一类是我国商品检验证书，是我国商检局对进出口商品出具的检验证明，主要包括以下几种。

（1）品质检验证书（Inspection Certificate of Quality）
（2）重量检验证书（Inspection Certificate of Weight）
（3）数量检验证书（Inspection Certificate of Quantity）
（4）植物检疫证书（Phytosanitary Certificate ）
（5）动物卫生证书（Animal Health Certificate ）
（6）兽医检验证书（Veterinary Inspection Certificate）
（7）卫生检验证书（Sanitary Inspection Certificate）
（8）消毒检验证书（Disinfecting Inspection Certificate）
（9）产地检验证书（Inspection Certificate of Origin）
（10）价值检验证书（Certificate of Value）

第二类是我国商检局检验证书以外的其他检验证书，包括生产厂或出口公司的检验证书、进口商驻出口地点代表或代理人在货物装运前的检验证书、棉花出口植物检疫证书、SGS检验证书等。

（三）检验证书的内容与缮制要求

检验证书的内容与缮制要求依据其具体种类有所不同，但通常都包括以下方面。

1. 证书名称

证书名称通常事先已印制好。

注意：（1）检验、检疫证书因其证明内容有别、各国标准不一、货物差异、当事人要求不同等而名称各异；（2）除非信用证另有规定，检验、检疫证明书的名称应与合同或信用证规定相符。

2. 品名、数量、重量、包装种类及数量、口岸、运输工具、唛头等

本栏在填写时应与商业发票及提单上所描述的内容完全一致。

3. 收货人

本栏一般填写"＊＊＊"，也可填"To whom it may concern"或"To order"。

4. 检验结果

本栏是检验证明书中最重要的一项，通常由商检机构在本栏中记载货物经检验的状况，是证明货物是否符合合同或信用证要求的关键所在。

5. 出证机关、地点

检验证书一般由我国质检局/商会出具，亦可由外国公证行、公证人、鉴定人签发。

注意：(1) 如果信用证并未规定出证机关，则由出口商根据实际情况决定，如要求"Competent Authority"出证，一般由商检机构出具；(2) 如要求手签有关检验证，就不可以只加盖图章；(3) 加盖图章时，图章内的文字可以不是英文（这不构成不符）；(4) 出证地点通常在装运口岸。

6. 证书的日期

检验证书的日期一般在提单之前或与之同日，个别商品（如食盐）由于要在装船后进行公估，出证日可晚于提单日。

注意：(1) 证书日也不可过分早于提单日（比如鲜活商品检验、检疫证书的有效期为两周，超过这个期限必须重新检验）；(2) 证书日若晚于提单日三天以上，容易遭开证行/人拒付，议付也会发生问题；(3) 有的证书必须在装运前出具（如要求对运输货物容器的清洁状况进行检验）；(4) 根据ISBP规定，分析证、检验证、装船前检验证上注明的日期可以晚于提单日期。

7. 单证的份数

检验证份数通常一正三副。

注意：如合同或L/C要求两份正本，可以在证书上注明："本证书是×××号证书正本重本"并在证书号前加注"D"。

(四) 信用证检验证书条款举例

(1) Certificate of inspection certifying quality & quantity in triplicate issued by C. I. B. C.

信用证要求：由中国商品检验局出具的品质和数量检验证明书一式三份。

(2) Clean report of finding issued by Society General de Surveillance (SGS) Hong Kong, evidencing that quality, and packing of goods in full compliance with the requirement of L/C.

信用证要求：由香港的通用公证行签发的清洁检验报告书，证明货物质量、包装完全符合信用证的要求。

（五）检验证书样单

编号：NO.：891213

中华人民共和国出入境检验检疫
ENTRY-EXIT INSPECTION AND QUARANTINE
OF THE PEOPLE' S PEPUBLIC OF CHINA
品质检验证书
INSPECTION CERTIFICATE OF QUALITY

发货人：
CONSIGNOR：GUANGZHOU TOP IMPORT & EXPORT TRADING CO.，LTD.
ROOM 3019 HUICUIGE，HUABIAO SQUARE，NO.601 TIANHE NORTH ROAD GUANGZHOU，CHINA

收货人：
CONSIGNEE：WENSCO DAILY PRODUCT CO.，LTD.
555 HASTINGS SEYMOUR STREET VANCOUVER CENTRE VANCOUVER，BC CANADA

品名：
DESCRIPTION OF GOODS：3 ITEMS OF DAILY VASE

报检数量/重量：
QUANTITY/WEIGHT DECLARED：
2034PCS/7125.00KGS/23.083M³

标记及号码
MARK&NO.

包装种类及数量：
NUMBER AND TYPE OF PACKAGES：339 CTNS

P/O NO.：EX090823A
VANCOUVER
CTN NO.：1-339
MADE IN CHINA

运输工具：
MEANS OF CONVEYANCE：WHR MIT/ H.265

检验结果：
RESULTS OF INSPECTION：
经检验，上述货物符合 EX 090823A 号合同规定
WE HEREBY CERTIFY THAT AT TIME AND PLACE OF SHIPMENT THAT GOODS ARE OF CHINESE JIANGXI ORIGIN IN SOUND CONDITION AND ARE FIT FOR HUMAN USE.

印章
OFFICIAL STAMP

CHINA INSPECTION AND QUARANTINE BIREAU
中国进入境检验检疫局

签发地点
PLACE OF ISSUE：广州

签发时间
DATE OF ISSUE：OCT.17，2012

授权签字人
AUTHORIZED OFFICE

姓名
SIGNATURE：WING

我们已尽所知和最大的能力实施上述检验，不能因我们签发本证书而免除卖方或者其他方面根据合同和法律所承担的产品责任和其他责任。

ALL INSPECTIONS ARE CARRIED OUT CONSCIENTIOUSLY TO THE BEST OF OUR KONWLEDGE AND A BILITY THIS CERIFICATE DOES NOT IN ANY RESPECT ABSOLVE THE SELLER AND OTHER RELATED PARTIES FROM HIS CONTRACTUAL AND LEGAL OBLIGATIONS ESPECIALLY WHEN PRODUCT QUALITY IS CONCERNED.

二、装船通知

（一）装船通知的含义及作用

装船通知（Shipment/Shipping Advice），也叫装运通知，主要指的是出口商在货物装船后发给进口方的包括货物详细装运情况的通知，其目的在于让进口商做好筹措资金、付款和接货的准备，如成交条件为 FOB/FCA、CFR/CPT 等还需要向进口国保险公司发出该通知以便其为进口商办理货物保险手续。

出口装船通知应按合同或信用证规定的时间发出，该通知副本（Copy of Telex/Fax）常作为向银行交单议付的单据之一；在进口方派船接货的交易条件下，进口商为了使船、货衔接得当也会向出口方发出有关通知；通知以英文制作，无统一格式，内容一定要符合信用证的规定，一般只提供一份。

（二）装船通知的主要内容及缮制要求

1. 单据名称

Shipping/Shipment Advice、Advice of shipment 等，也有人将其称为 Shipping Statement/Declaration，如信用证有具体要求，从其规定。

2. 通知对象

本栏填写接收船公司到货通知的当事人，可以是开证申请人、申请人的指定人或保险公司等。

3. 通知内容

本栏是单据的核心所在，主要包括所发运货物的合同号或信用证号、品名、数量、金额、运输工具名称、开航日期、启运地和目的地、提运单号码、运输标志等。

注意：(1) 上述信息应当与其他相关单据保持一致；(2) 如信用证提出具体项目要求，如包装说明、ETD（船舶预离港时间）、ETA（船舶预抵港时间）等应严格按规定出单。

4. 制作和发出日期

制作和发出日期不能超过信用证约定的时间，常见的有以小时为准（如：Within 24/48 Hours）和以天（如：Within 2 Days After Shipment Date）为准两种情形。

注意：(1) 如果信用证没有规定制作和发出日期时出口商应在装船后立即发出；(2) 如信用证规定“Immediately After Shipment”（装船后立即通知），应掌握在提单后三天之内。

5. 签署

装船通知一般可以不签署，如信用证要求“Certified Copy of Shipping Advice”，通常加盖受益人印章。

（三）信用证装船通知条款举例

(1) Shipment advice with full details including shipping marks，ctn numbers，vessel’s name，b/l number，value and quantity of goods must be sent on the date of shipment to us.

信用证要求：装运通知应列明包括运输标志、箱号、船名、提单号、货物金额和数量在内的详细情况，并在货物发运当天寄开证行。

(2) Shipment advice quoting the name of the carrying vessel，date of shipment，number of packages，shipping marks ，amount，letter of credit number，copies of transmitted

shipment advice must accompany the presented documents.

信用证要求：装船通知必须注明承运船舶名称、开航日期、包装数、唛头、金额以及信用证号码，装船通知的电讯副本必须随附在所交单据中。

(3) Insurance covered by buyers, Shipping Advice must to be sent to ABH Insurance CO., Ltd. By registered airmail immediately after shipment, advising full detailed shipping particulars and Cover Note No. ×××, such copy of shipping advice to accompany the documents for negotiation.

信用证要求：由买方投保，装船通知必须在货物装船后立即通过挂号航邮寄给 ABH 保险有限公司，详尽告知装运情况和预约保险单号码，该装船通知副本议付时必须与其他单据一起提交银行。

(四) 装船通知样单

SHANGHAI JIEYI INDUSTRIAL TRADING COMPANY

ADD: 906 Pubei Road, Shanghai, China

TEL: 0086-021-64759723

FAX: 0086-021-64759800

SHIPPING ADVICE

To:

SANA NATIONAL IMP& EXP CORP.

P. O. BOX 20242 TAIZ STREET SANA'A- REPUBLIC OF YEMEN

TEL: +967-02-245786　　FAX: 245899

DATE: 15-May-13

Dear Sir,

We are very pleased to inform you that the baby blankets (11040 pieces to 552 cartons racing ships) under S/C no. JY-HSNSC05 will dispatch by COSCO TULIP V. 008 on May 20th 2013 and it will arrive in HODEIDAH . The B/L number is JY-HSNBL05 and the total invoice value is US$79, 569.20.

Yours faithfully,

SHANGHAI JIEYI INDUSTRIAL TRADING COMPANY

三、受益人证明

(一) 受益人证明的含义及作用

受益人证明 (Beneficiary' s Certificate)，是一种在信用证支付方式下由受益人自己出具的证明，以便证明自己履行了信用证规定的任务或证明自己按信用证的要求办事，如证明所交货物的品质、证明运输包装的处理、证明按要求寄单等。另外，受益人证明在非信用证方式下称为出口商证明 (Exporter's Certificate)，其含义与受益人证明基本相同。

受益人证明一般无固定格式，内容多种多样，以英文制作，通常签发一份。在信用证结算方式下，如果来证要求提交特定要求的受益人证明书，则受益人应按要求缮制该单据并与其他结汇单据一并提交给议付行或开证行，否则银行将以单证不符为由而拒付。所以，受益人必须重视该单据的制作。

(二) 受益人证明的内容和缮制要求

1. 受益人中英文名称和地址 (Beneficiary's Name and Address)

本栏根据合同中的买方或者信用证中的受益人来填写。

2. 单据名称（Name of Documents）

本栏根据信用证中规定填制，如 BENEFICIARY'S CERTIFICATE 或者 BENEFICIARY'S STATEMENT。

3. 收货人（Consignee）

本栏填写收货人的名称、地址以及其他信息。

4. 发票号码和日期（Invoice No）

本栏填写商业发票的号码和日期。

5. 信用证号码（L/C No）

本栏填写信用证号码，依据该票货物的信用证填制。

6. 出证日期（Issuing Date）

本栏填写证书缮制日期，该日期通常在所要证明的事件发生后和单据交单之前。

7. 证明内容（Contents）

本栏根据信用证或合同要求证明填写。

8. 受益人名称及负责人签字（Name & Signature）

本栏在证书缮制完毕后，盖上公司公章，负责人签署。

（三）信用证中受益人证明书条款举例

（1）All drums are neutral packing; No Chinese words or any hints to show the products made in China; No any printing materials are allowed to fill in drums.

信用证要求，受益人必须证明所有桶装均为中性包装，没有任何中文或迹象表明产品产自中国，而且在桶上没有出现任何印刷资料。

（2）Two sets of shipping samples and one set of non-negotiable shipping documents must be sent to applicant by speed post/courier service within 5 days from the date of bill of lading and a certificate to this effect from beneficiary together with relative speed post/ courier receipt must accompany the documents.

信用证要求，受益人必须证明两套船样以及一套不可议付的装运单据必须在提单日后 5 天之内通过航空快递已寄送给开证申请人，并且将寄单证明连同相关邮寄/航邮收据随附于议附单据。

（四）受益人证明书样单

南通强威纤维制品有限公司

NANTONG QIANGWEI FIBRE PRODUCTS COMPANY LIMITED

NO. 52 RENMIN ROAD NANTONG CHINA

BENEFICIARY'S CERTIFICATE

DEC. 24，2012

INVOICE NO.：NTQW09878　　L/C NO.：RL89744

WE HEREBY CERTIFY THAT WE HAVE SENT BY REGISTERED AIRMAIL THE FOLLOWING DOCUMENTS DIRECTLY TO HONEY ANGEL CO. LTD., NO. 435 SANTOS RD. NY. U. S. A.

1. COMMERCIAL INVOICE IN 2 COPIES.

2. 2 SET OF SIGNED NON-NEGOTIABLE B/L.

WANGMING

NANTONG QIANGWEI FIBRE PRODUCTS COMPANY LIMITED

拓展学习 船公司证明

船公司证明（Shipping Company's Certificate）是为满足进口商的要求，出口人在交单议付时，往往还须按信用证要求出具船公司的有关证明。常见的船公司证明有船龄证明、船级证明、黑名单证明、船籍证明、船长收据等，具体介绍如下。

一、船龄证明

船龄证明（Certificate of Vessel's Age）是一种说明载货船舶船龄的证明文件，由承运人出具。因为海洋运输环境恶劣，不是烈日就是冰雪，要不就是风急浪高，暴雨如注，所以航行15年以上的船舶就属于“高龄危险”船舶。国际上有些保险公司拒绝理赔产生在这种“高危”船舶上的意外，或者必须事先通知，收取较高保险费后才理赔。有些进口商担心自己的货物被装入此种“高危”船舶，就会在合同或信用证中提出要求承运人出具船龄证明，证明载货船舶的船龄不超过15年。

二、船级证明

船级证明（Certificate of Classification）是一种证明载货船舶符合一定船级标准的文书。按照惯例船级证明由船级社（Classification Society）出具。船级社是从事船舶检验的机构，世界上的船级社通常为民间组织，但是在我国，中国船级社（China Classification Society）是交通部直属的事业单位，属于政府部门。世界上最早的船级社是1760年成立的英国劳埃德船级社（Lloyd's Register of Shipping），也称劳氏船级社。后来船运发达的国家相继成立了自己的船级社，并在世界主要港口设立了分支机构，如挪威船级社（Det Norske Veritas）、美国船舶局（American Bureau of Shipping）、法国船级社（Bureau Veritas）、日本船级社（Nippon Kaiji Kyokai）等。船级社主要业务是对新造船舶进行技术检验，合格者给予船舶的各项安全设施并授给相应证书；根据检验业务的需要，制定相应的技术规范和标准；受本国或他国政府委托，代表其参与海事活动。有的船级社也接受陆上工程设施的检验义务。

三、黑名单证明

中东战争之后，阿拉伯国家与以色列积怨加深，并迁怒于西方一些支持以色列的国家，将一些与以色列有业务往来的船公司列上黑名单，并不与他们发生业务关系。这就是“黑名单（Black List）”的由来。我国改革开放后，许多阿拉伯国家的商人纷至沓来，在他们开立的信用证中或与我方签订的合同中，往往要求承运人出具证明，证明载货的船舶不是以色列国籍、不停靠以色列港口、不是黑名单的船公司等，这就是黑名单证明（Black List Certificate）。因此出口商必须要求承运人出具，以满足信用证或合同条款的要求。

四、船籍证明

船籍证明（Certificate of Ship's Nationality）是说明装载货物船舶之国籍的证明文件，一般由承运人出具。和“黑名单证明”一样，进口商要求出口商提供船籍证明也是因为一些政治原因，如巴基斯坦银行开来的信用证会要求出口商提供载货船舶的船籍不属于印度的证明，阿拉伯国家银行开来的信用证会要求出口商提供载货船舶的船籍不属于以色列的证明。

五、船长收据

船长收据（Captain's Receipt）是指船长收到随船带交给收货人单据时的收单证明。在20世纪50～60年代，航空快递还没有像今天这样发达，经常会出现货物到达目的港而单据还没有到达的情况。进口商为了能及时提货，常要求出口商将某些单据正本和/或副本在装船时交给载货船舶的船长，让其在货物到达目的港后随货一起交给收货人。船长收据的内容一般是：收到单据的种类、份数，并声明在船舶到达目的港后交给指定人。如今随着航空快递业的发展，现在船长收据已基本不用。

实训练习

一、请根据以下信用证有关资料缮制商业发票

（一）信用证资料

ORDER	STYLE	QTY/PCS	USD/PCS
152-038	28367-J	1200	3.95
152-068	27247-W	1500	1.72

WOMENS 100PCT POLYESTER KNIT SPRING JACKET FOB SHANGHAI，CHINA

COMMERCIAL INVOICE CERTIFY THAT COMMODITES ARE OF CHINA ORIGIN

（二）缮制商业发票（局部）

MARKS& NUMBERS	DESCRIPTION OF GOODS	QUANTITY	UNIT PRICE	AMOUNT

二、请根据以下信用证资料及附加资料缮制商业发票

（一）信用证资料

ISSUE OF A DOCUMENTARY CREDIT

BASIC HEADER	F 01 BKCHCNBJA 300 5761 308890	
APPLICATION HEADER	0 700 13166 20020630 NRSBUK24AXXX	
	* ASAHI BANK LTD	
	* TOKYO	
SEQUENCE OF TOTAL	* 27：	1/1
FORM OF DOC CREDIT	* 40：	IRREVOCABLE
DOC CREDIT NUMBER	* 20：	ABLE-AN1075
DATE OF ISSUE	* 31C：	130305
EXPIRY	* 31D：	DATE 130615 PLACE CHINA
APPLICANT	* 50：	ITOCHU CORPORATION，OSAKA，JAPAN
BENEFICIARY	* 59：	SHANGHAI TEXTILES IMP AND EXP CORP. 127 ZHONGSHAN ROAD（E），SHANGHAI CHINA
AMOUNT	* 32B：	CURRENCY USD AMOUNT USD 9665，00
POS. /NEG TOL（%）	* 39：	10/10
AVAILABLE WITH/BY	* 41D：	BANK COMMUNICATION SHANGHAI CHINA BY NEGOTIATION
DRAFTS AT	* 42C：	60 DAYS AFTER SIGHT FOR FULL INVOICE VALUE
DRAWEE	* 42A：	ASAHI BANK LTD. TOKYO
PARTIAL SHIPMENT	* 43P：	PROHIBITED

TRANSHIPMENT *43T: PROHIBITED
LOADING IN CHARGE *44A: SHIPMENT FROM SHANGHAI
FOR TANSPORT TO *44B: TO OSAKA JAPAN
LATEST DATE OF SHIP *44C: 130531
DESCRIPT OF GOODS *45A: 100% COTTON APRON

ART NO	QUANTITY	UNIT PRICE
4031 (01425)	3250PIECES	USD 1, 20
5052 (01426)	2700PIECES	USD 1, 30
5210 (01427)	2050PIECES	USD 1, 10

PRICE TERM: CIF OSAKA

DOCUMENTS REQUIRED *46A:

+SINED COMMERCIAL INVOICE IN TRIPLICATE INDICATING "WE HEREBY CERTIFY THAT THE GOODS HEREIN INVOICE CONFIRM WITH S/C NO. AHM-1356 DATED MAR. 1, 2013".

+FULL SET OF CLEAN ON BOARD BILLS OF LOADING MADE OUT TO ORDER OF SHIPPER AND BLANK ENDORSED, MARKED "FREIGHT PREPAID TO OSAKA" NOTIFYING APPLICANT (WITH FULL NAME AND ADDRESS) AND INDICATING FREIGHT CHARGES.

+INSURANCE POLICY OR CERTIFICATE IN DUPLICATE ENDORSED IN BLANK, FOR 120% OF THE INVOICE VALUE INCLUDING: INSTITUTE CARGO CLAUSES (A), INSTITUTE WAR CLAUSES, INSURANCE CLAIMS TO BE PAYABLE IN JAPAN IN THE CURRENCY OF THE DRAFTS INDICATING INSURANCE CHARGES.

+CERTIFICATE OF ORIGIN ISSUED BY AUTHORITIES.

+PACKING LIST IN 3 FOLD.

INSTRUCTIONS *78:

UPON RECEIPT OF DOCUMENTS IN ORDER WE WILL REMIT IN ACCORDANCE WITH NEGOTIATING BANK'S INSTRUCTIONS AT MATURITY.

ADDITIONAL COND> 47:

1. T/T REIMBURSEMENT PROHIBITED.
2. THE GOODS TO BE PACKED IN EXPORT CARTONS.
3. SHIPPING MARK: SUNARA/WSC-4320A/OSAKA/NO. 1-UP

DETAILS OF CHARGES *71B:

ALL CHARGES OUTSIDE JAPAN INCLUDING REIMBURSEMENT COMMISSIONS ARE FOR ACCOUNT FOR BENEFICIARY.

PRESENTATION PERIOD *48:

DOCUMENTS TO BE PRESENTED WITHIN 15 DAYS AFTER THE DATE OF ISSUANCE OF THE SHIPPING DOCUMENTS BUT WITH IN THE VALIDITY OF THE CREDIT.

CONFIRMATION *49: WITHOUT

INSTRUCTION *78:

THE NEGOTIATION BANK MUST FORWARD THE DRAFTS AND ALL DOCUMENTS BY REGISTERED AIRMAIL DIRECT TO US (INT'L OPERATIONS CENTER MAIL ANDDRESS: C. P. O. BOX NO 800 TOKYO 100-91 JAPAN) IN TWO CONSECU-

TIVE LOTS , UPON RECEIPT OF THE DRAFTS AND DOCUMENTS IN ORDER WE WILL REMIT THE PROCEEDS AS INSTRUCTED BY THE NEGOTIATION BANK.

（二）附加资料

（1）发票号码：FWS07216　发票日期：ARP. 06，2013

（2）提单号码：KJU 6878-42 提单日期：MAY. 25，2013

（3）船名航次：HAN JIANG V. 5977

（4）商品编码：6117100001

（5）保险费：USD 70. 40

（6）海运费：USD 960. 60

（7）包装：EACH PIECE IN A PLASTIC BAG，50 PIECES IN AN EXPORT CARTON

（8）毛重：35KGS/CTN　净重：32KGS/CTN　尺码：(120 * 40 * 55) CM/CTN

（9）原产地标准："P"，产地证书编号：C90876565

原产地证书由上海贸易促进委员会（SHCCPIT）签发

（10）保险代理人：

ACW (JAPAN) CO. , LTD

18 GREAT WALL PLAZA，JAPAN 1234

TEL（532）456780

（三）缮制商业发票

COMMERCIAL INVOICE

<table>
<tr><td colspan="2" rowspan="3">ISSUER</td><td colspan="2">INVOICE NO</td><td>INVOICE DATE</td></tr>
<tr><td colspan="2">L/C NO</td><td>L/C DATE</td></tr>
<tr><td colspan="3">L/C ISSUED BY</td></tr>
<tr><td colspan="2" rowspan="3">CONSIGNEE</td><td colspan="2">CONTRACT NO.</td><td>CONTRACT DATE</td></tr>
<tr><td colspan="2">FROM</td><td>TO</td></tr>
<tr><td colspan="2">SHIPPED BY</td><td>PRICE TERM</td></tr>
<tr><td>MARKS</td><td>DESCRIPTION OF GOODS</td><td>QUANTITY</td><td>UNIT PRICE</td><td>AMOUNT</td></tr>
<tr><td></td><td></td><td></td><td></td><td></td></tr>
<tr><td colspan="5">TOTAL AMOUNT IN WORDS:
TOTAL GROSS WEIGHT:
TOTAL MUBMER OF PACKAGES:
ISSUED BY</td></tr>
</table>

三、请根据以下信用证资料及附加资料缮制装箱单

（一）信用证资料

DOC. CREDIT NUMBER　*20：6704/05/12345B

DATE OF ISSUE　31C：120216

EXPIRY　*31D：DATE 120216 PLACE CHINA

APPLICANT　*50：THOMAS INTERNATIONL COMPANY LIMITED
1/F WINFUL CENTRE，SHING YIN STREET KOWLOON，HONG KONG

BENIFICIARY　*59：FENGYUAN LIGHT INDUSTRIAL

PRODUCTS IMP. AND EXP. CORP. P. O. BOX 789, SHANGHAI, CHINA

AMOUNT	*32B:	CURRENCY USD AMOUNT 10560, 00
PARTIAL SHIPMENTS	43P:	NOT ALLOWED
TRANSHIPMENT	43T:	ALLOWED
LOADING IN CHARGE	44A:	CHINA PORT
FOR TRANSPORTATION TO	44B:	ANTWERP
LATEST DATE OF SHIPMENT	44C:	120515
DESCRIPIT OF GOODS	45A:	APPLICANT'S ITEM NO. HW-045

WOODEN HANGER, 66000PCS, THE PACKING IS 100PCS PER STRONG EXPORT CARTON OF 3.00 CUFT @ USD16.00 PER CARTON CIF ANTWERP INCLUDING 3 PCT COMMISSION AS PER SALES CONFIRMATION NO. 484LFVS15783

SHIPPING MARKS: GH -1904-001 (IN A DIAMOND)

C/NO: 1-UP

DOCUMENTS REQUIRED 46A:

PACKING/WEIGHT LIST IN QUADRUPLICATE

（二）附加资料

（1）发票号码：2012C8K4897 发票日期：MAR. 11, 2012

（2）提单日期：MAY. 2, 2012 转运港：Hong Kong

（3）毛重：52.6KGS/CTN 净重：50.4KGS/CTN 尺码：(40 * 30 * 20) CM

（三）缮制装箱单

FENGYUAN LIGHT INDUSTRIAL PRODUCTS IMP. AND EXP. CORP.

P. O. BOX 789, SHANGHAI, CHINA

PACKING LIST

TO:

INVOICE NO.

DATE:

S/C NO.:

L/C NO.:

SHIPPING MARKS:

C/NOS.	NOS & KINDS OF PKGS	QUANTITY	G. W. (KGS)	N. W. (KGS)	MEAS. (M^3)
TOTAL					

TOTAL PACKAGES (IN WORDS):

ISSUED BY

四、请根据实训练习第二题的资料缮制装箱单

PACKING LIST

<table>
<tr><td rowspan="3">ISSUER</td><td>INVOICE NO　　　INVOICE DATE</td></tr>
<tr><td>FROM　　　　　　TO</td></tr>
<tr><td>TOTAL PACKAGES (IN WORDS)</td></tr>
<tr><td>CONSIGNEE</td><td>MARKS & NOS</td></tr>
<tr><td colspan="2">C/NOS　　NOS& KINDS OF PKGS　　ITEM　　QUANTITY　　G. W　　N. W　　MEAS.

TOTAL PACKAGES(IN WORDS)：

ISSUED BY</td></tr>
</table>

五、请根据实训练习第二题的资料缮制一般原产地证书

ORIGINAL

<table>
<tr><td colspan="2">1. Exporter (full name and address)</td><td colspan="3" rowspan="2">Certificate No.
CERTIFICATE OF ORIGIN
OF
THE PEOPLE'S REPUBLIC OF CHINA</td></tr>
<tr><td colspan="2">2. Consignee (full name, address, country)</td></tr>
<tr><td colspan="2">3. Means of transport and route</td><td colspan="3" rowspan="2">5. For certifying authority use only</td></tr>
<tr><td colspan="2">4. Country/region of destination</td></tr>
<tr><td>6. Marks and Numbers of packages</td><td>7. Description of goods: number and kind of packages</td><td>8. H. S. Code</td><td>9. Quantity or weight</td><td>10. Number and date of invoice</td></tr>
<tr><td colspan="2">11. Certification
It is hereby certified that the declaration by the exporter is correct that all the goods were produced in China and that they comply with the Rules of Origin of the People's Republic of China.

Place and date. signature and stamp of certifying authority</td><td colspan="3">12. Certification
It is hereby certified that the declaration by the exporter is correct.

Place and date signature and stamp of certifying authority</td></tr>
</table>

六、请根据背景材料和出口货物明细单内容缮制出口投保单

（一）背景材料

2012 年 11 月 12 日，上海建林进出口有限公司所订舱位已经确认，该批货物将于 11 月 25 日装上由上海港开往英国伦敦的“HAMBURG WXPRESS”轮 V. 678 船次。请根据明细单相关内容于 11 月 23 日填写“投保单”，并随附商业发票向中国人民保险公司上海分公司（THE PEOPLE' S INSURANCE COMPANY OF CHINA SHANGHAI BRANCH）办理保险手续。

（二）出口货物明细单

<table>
<tr><td colspan="3" rowspan="2">出口货物明细单
2009年11月11日</td><td>银行编号</td><td></td><td>外运编号</td><td></td></tr>
<tr><td>合同号</td><td>24NT45689</td><td>许可证号</td><td></td></tr>
<tr><td rowspan="3">经营单位（装船人）</td><td colspan="2" rowspan="3">SHANGHAI JIANLIN IMP& EXP CORP.</td><td>发票号码</td><td colspan="3">24NT456-75</td></tr>
<tr><td>信用证号</td><td colspan="3">0377823799-668</td></tr>
<tr><td>开证日期</td><td>28-AUG-2012</td><td>收到日期</td><td></td></tr>
<tr><td rowspan="6">提单或承运收据</td><td rowspan="2">抬头人</td><td rowspan="2">TO ORDER OF NATIONAL WESTMINSTER BANK LTD. LONDON</td><td>金额</td><td></td><td>收汇方式</td><td>SIGHT L/C</td></tr>
<tr><td>货物性质</td><td></td><td>贸易国别</td><td>U. K.</td></tr>
<tr><td rowspan="2">通知人</td><td rowspan="2">ENGLISH COUNTRY PORRERY LTD.
STATION RD, WICKWAR
WOTTON-UNDER-EDGE,
LONDONLO675YE,
GREAT BRITAIN</td><td>出口口岸</td><td>SHANGHAI</td><td>目的港</td><td>LONDON</td></tr>
<tr><td>可否转运</td><td>Yes</td><td>可否分批</td><td>No</td></tr>
<tr><td>运费</td><td>FREIGHT PREPAID</td><td>装运期限</td><td>2012-11-30</td><td>有效期限</td><td>2012-12-15</td></tr>
</table>

<table>
<tr><td rowspan="2">标记唛头</td><td rowspan="2">货名规格及货号</td><td rowspan="2">件数</td><td rowspan="2">数量</td><td>毛重</td><td>净重</td><td colspan="2">价格（成交条件）</td></tr>
<tr><td colspan="2">kg</td><td>单价</td><td>总价</td></tr>
<tr><td>E. C. P
LONDON
24NT45689</td><td>AIR BLOWN PUC SLIPPER& SAN-DALPT-001</td><td>220CTNS</td><td>6600PAIRS</td><td>5060</td><td>3960</td><td>£5. 46</td><td>£36036. 00</td></tr>
<tr><td>信用证保险条款</td><td colspan="4">COVERING FOR TOTAL INVOICE VALUE PLUS 10% AGAINST INSTITUTE CARGO CLAUSES (A) AND INSTITUTE WAR CLAUSES(CARGO) INCLUDING W/W CLAUSES</td><td>总尺码</td><td colspan="2">19. 125 立方米</td></tr>
<tr><td rowspan="5">注意事项</td><td colspan="4" rowspan="5"></td><td>船名：</td><td colspan="2">HAMBURG WXPRESS</td></tr>
<tr><td>航次：</td><td colspan="2">V. 678</td></tr>
<tr><td>提单号：</td><td colspan="2">HL7867670</td></tr>
<tr><td>开航约期：</td><td colspan="2">25-NOV-12</td></tr>
<tr><td>联系人/联系电话</td><td colspan="2">张建/65479689</td></tr>
</table>

（三）缮制海运出口货物投保单

<table>
<tr><td colspan="4">海运出口货物投保单</td></tr>
<tr><td colspan="2">(1)保险人</td><td colspan="2">(2)被保险人</td></tr>
<tr><td>(3)标记</td><td>(4)包装及数量</td><td>(5)保险货物项目</td><td>(6)保险货物金额</td></tr>
<tr><td></td><td></td><td></td><td></td></tr>
<tr><td colspan="4">(7)总保险金额(大写)</td></tr>
<tr><td colspan="4"></td></tr>
<tr><td colspan="4">(8)运输工具　　(船名)　　　(航次)
BY VESSEL
(9)装运港　　　　　　(10)目的港
(11)投保险别　　　　　　(12)货物起运日期
COVERING:

(13)投保日期　　　　　　(14)投保人签字</td></tr>
</table>

七、请根据以下信用证资料及附加资料缮制海运提单

（一）信用证

ISSUE OF DOCUMENTARY CREDIT

SEQUENCE OF TOTAL	* 27：	1/3
FORM OF DOC. CREDIT	* 40A：	IRREVOCABLE
DOC CREDIT NUMBER	* 20：	090-3001573
DATE OF ISSUE	* 31C：	130804
EXPIRY	* 31D：	DATE 030915 PLACE IN THE COUNTRY OF BENEFICIARY
APPLICANT	* 50：	TIANJIN-DAIAI CO.，LTD SHIBADAIMON MF BLDG，2-1-16，SHIBA-DAIMON， MINATO-KU，TOKYO，105 JAPAN
BENEFICIARY	* 59：	SHANGHAI GARMENT CORP，NO.567 MAOTAI RD.，SHANGHAI，CHINA
AMOUNT	* 32B：	CURRENCY USD AMOUNT 74157
ADD. AMOUNT COVERED	* 39C：	FULL CIF INVOICE VALUE
AVAILABLE WITH/BY	* 41D：	BANK OF CHINA BY NEGOTIATION
DRAFTS AT	* 42C：	DRAFT (S) AT SIGHT
DRAWEE	* 42A：	CHEMUS33 * CHEMICAL BANK * NEW YORK，NY
PARTIAL SHIPMENT	* 43P：	PARTIAL SHIPMENT IS ALLOWED
TRANSHIPMENT	* 43T：	TRANSHIPMENT IS NOT ALLOWED
LOADING IN CHARGE	* 44A：	SHANGHAI
FOR TRANSPORT TO	* 44B	KOBE/OSAKA，JAPAN
LATEST DATE OF SHIP	* 44C：	130831
DESCRIPTION OF GOODS	* 45A：	

GIRL'S T/R VEST SUITS

ST/NO 353713	6000SETS	USD 6，27/SET	USD37620，00
353714	5700SETS	USD 6，41/SET	USD36537，00
TOTAL：	11700SETS		USD74157，00

PRESENTATION PERIOD	* 48：	DOCUMENTS MUST BE PRESENTED WITH 15 DAYS AFTER THE DATE OF SHIPMENT.
CONFIRMATION	* 49：	WITHOUT
REIMBURSEMENT BANK	* 53A：	CHEMUS33 * CHEMICAL BANK * NEW YORK，NY
INSTRUCTIONS	* 78：	

IN REIMBURSEMETN，NEGOTIATION BANK SHOULD SEND THE BENEFICIARY'S DRAFT TO THE DRAWEE BANK FOR OBTAINING THE PROCEED，NEGOTIATION BANK SHOULD FORWARD THE DOCUMENTS DIRECT TO THE SAKU-

RA BANK LTD.，TOKYO INT' L OPERATIONS CENTER P. O BOX 766，TOKYO JAPAN BY TWO CONSECUTIVE REGISTERED AIRMAILS.

DOCUMENTS REQUIRED　　* 46B：

+SINGED COMMERCIAL INVOICE IN 5 COPIES INDICATION IMPORT ORDER NO. 131283 AND CONTRACT NO. 03-09-403 DATED 130712 AND L/C NO.

+ FULL SET OF 3/3 CLEAN ON BOARD OCEAN BILLS OF LOADING MAKE OUT TO ORDER OF SHIPPER AND BLANK ENDORSED AND MARKED "FREIGHT PREPAID" NOTIFY TIANJIN-DAIEI CO.，LTD，6F SHIBADAIMON MF BLDG.，2-1-16.

+PACKING LIST IN 5 COPIES.

+CERTIFICATE OF ORIGIN IN 5 COPIES.

+ INSURANCE POLICY OR CERTIFICATE IN 2/2 AND ENDORSED IN BLANK FOR 110 PCT OF FULL TOTAL INVOICE VALUE COVERING ALL RISKS，WAR RISKS AS PER THE RELEVANT OCEAN MARINE CARGO CLAUSE OF P. I. C. C DATED 810101 WITH CLAIMS，IF ANY，PAYABLE AT DESTINATION.

+ TELEX OR FAX COPY OF SHIPPING ADVICE DESPATCHED TO TIANJIN-DAIEI CO.，LTD (DIV：1，DEPT：3 FAX NO. 03-5400-1796) IMMEDIATELY AFTER SHIPMENT.

+ BENEFICIARY' S CERTIFICATE STATING THAT THREE SETS COPIES OF NON-NEGOTIABLE SHIPPING DOCUMENTS HAVE BEEN AIRMAILED DIRECTLY TO THE APPLICANT IMMEDIATELY AFTER SHIPMENT.

ADDITIONAL COND. 47B：

1) 5 PCT MORE OR LESS IN BOTH AMOUNT AND QUANTITY PER EACH ITEM WILL BE ACCEPTABLE.

2) BUYER'S IMPORT ORDER NO. 131283 MUST BE MENTIONED ON ANY SHIPPING DOCUMENTS.

3) ABOVE CARGO SHALL BE CONTAINERIZED.

4) SHIPPING MARK OF EACH CARGON SHOULD INCLUDE BUYER' S IMPORT *ORDER NO. 131286*.

5) T. T REIMBURSEMENT IS NOT ACCEPTABLE.

6) ALL BANKING CHARGES OUTSIDE JAPAN ARE FOR ACCOUNT OF BENEFICIARY.

(二) 附加资料

(1) 船名航次：RICKMERS V. 1369-SM

(2) 唛头：

TIANJIN-DATEI CO.
KOBE，JAPAN
CTN 1-800
IMPORT ORDER NO. 131283
MADE IN CHINA
CFS-CFS

(3) 毛重：@25kgs

(4) 体积：@ (40 * 30 * 20) cm

(5) 提单出单日期为 2013 年 8 月 31 日

提单号：HIFLAF0658941

提单由中国外运公司（SINOTRANS）的代理人 ABC CO.，LTD 签发

（三）缮制海运提单

<table>
<tr><td colspan="2">托运人</td><td colspan="2" rowspan="5">B/L NO：
中国对外贸易运输总公司
北京
BEIJING
COMBINED TRANSPORT BILL OF LOADING
RECEIVE the goods in apparent good order and condition as specified below unless otherwise stated herein. The Carrier, in accordance with the provisions contained in this documents and the conditions and terms are not write here.</td></tr>
<tr><td colspan="2">收货人</td></tr>
<tr><td colspan="2">通知地址</td></tr>
<tr><td>前段运输
Pre-carriage by</td><td>收货地点
place of receipt</td></tr>
<tr><td>海运船只</td><td>装货港</td></tr>
<tr><td>卸货港</td><td>交货地点</td><td>运费会付地</td><td>正本提单份数</td></tr>
<tr><td colspan="4">标志和号码 Marks and nos　件数和包装种类 Number and kind of pkg　货名 Desc. of goods　毛重(千克) GW(kgs)　尺码(立方米) Measurement</td></tr>
<tr><td colspan="4">TOTAL NUMBER OF CONTAINER OR PACKAGES(IN WOROS)：</td></tr>
<tr><td rowspan="3">运费和费用
Freight and charges</td><td colspan="3">IN WINESS where of the number of original B/L ated above have been signed, one of which being accomplished, the other to be void</td></tr>
<tr><td colspan="3">签单地点和日期
Place and date of issue</td></tr>
<tr><td colspan="3">代表承运人签字
Signed for or on behalf of the carrier
代理
AS AGENTS</td></tr>
</table>

八、请根据以下信用证资料及附加资料缮制海运提单

（一）信用证

ISSUE OF DOCUMENTARY CREDIT

SEQUENCE OF TOTAL	*27：	1/1
FORM OF DOC CREDIT	*40A：	IRREVOCABLE
DOC CREDIT NUMBER	*20：	7440-0093471
DATE OF ISSUE	*31C：	130629
EXPIRY	*31D：	DATE 130815　PLACE SHANGHAI
APPLICANT	*50：	SIS& BRO TRADING CO.，LTD 8230 AARHUS DENMARK
BENEFICIARY	*59：	SHANGHAI TOYSON IMPORT AND EXPORT CO. ADDRESS SEE FIELD：47A
AMOUNT	*32B：	CURRENCY USD AMOUNT USD95902，50
AVAILABLE WITH/BY	*41D：	ANY BANK IN CHINA BY NEGOTIATION
DRAFTS AT	*42C：	30 DAYS SIGHT
DRAWEE	*42A	OURSELVES
PARTIAL SHIPMENTS	*43P：	PROHIBITED

TRANSHIPMENT　　　　　　　*43T：　ALLOWED

LOADING IN CHARGE　　　　*44A：　SHANGHAI

LATEST DATE OF SHIP　　　*44C：　130730

FOR TRANSPORT TO　　　　*44B：　CIF AARHUS

DESCRIPT OF GOODS　　　　*45A：　TOWELS AS PER S/C NO. CA3068
DATE 130610
ORDER NO. 2021 14500DOZ AT USD 2，77
ORDER NO. 2151 12250DOZ AT USD 4，55

DOCUMENTS REQUIRED　　　*46A：

+SIGNED COMMERCIAL INVOICE IN 5 ORIGINALS SHOWING THE VALUE OF THE MENTIONED GOODS AND STATING "WE THEREBY CERTIFY THAT THE GOODS HEREIN INVOICED CONFIRM WITH S/C NO. 4CA3068".

+COMPLETE SET OF NOT LESS THAN 3 ORIGINALS AND 1 NON-NEGOTIABLE COPY OF "ON BOARD" BILL OF LOADING ISSUED TO ORDER AND BLANK ENDORSED，MARKED "FREIGHT PREPAID" AND EVIDENCING "SHIPMENT FROM SHANGHAI VIA HONGKONG TO AARHUS" NOTIFYING APPLICANT.

+INSURANCE POLICY OR CERTIFICATE IN DUIPLICATE BLANK ENDORSED FOR 110% OF INVOICE VALUE INCLUDING INSTITUTE CARGO CLAUSES A，AND INSTITUTE WAR CLAUSES，CLAIMS TO BE PAYABLE IN DENMARK IN THE CURRENCY OF THE DRAFTS.

+PACKING LIST

+GSP CERTIFICATE OF ORIGIN FORM A

PRESENTATION PERIOD　　　*48：　NOT LATER THAN 15 DAYS AFTER THE
DATE OF
ISSUANCE OF THE SHIPPING
DOCUMENTS BUT
WITHIN THE VALIDITY OF THE CREDIT.

ADDITIONAL COND：　　　　*48：

+THE NUMBER AND THE DATE OF THIS CREDIT AND THE NAME OF OUR BANK MUST BE QUOTED ON ALL DRAFTS REQUIRED.

+AN ADDITIONAL FEE OF USD 50.00 OR EQUIVALENT WILL BE DEDUCTED FROM THE PROCEEDS PAID UNDER ANY DRAWING WHERE DOCUMENTS PRESENTED ARE FOUND NOT TO BE IN STRICT CONFORMITY WITH THE TERMS OF THIS CREDIT.

BENEFICIARY'S ADDRESS　　*47A：　127，ZHONGSHAN ROAD，E.1 CN-200002
SHANGHAI CHINA

DETIALS OF CHARGES　　　*71B：　ALL CHARGES ARE FOR BENEFICIARY'S
ACCOUNT INCL. DISCREPANCY FEE.

CONFIRMATION　　　　　　*49：　WITHOUT

ADVISE THROUGH　　　　　*57A：　HSBCCNSH
HONGKONG AND SHANGHAI BANKING
CORPORATION LIMITED，SHANGHAI

INSTRUCTIONS　　　　　　*78：　UPON OUR RECEIPT OF THE

DOCUMENTS IN
ORDER WE WILL REMIT IN
ACCOURDANCE
WITH NEGOTIATION BANK' S
INSTRUCTIONS
MATURITY.

（二）附加资料

（1）发票号码：HT980418　　发票日期：2013 年 7 月 10 日

（2）提单号码：MOL8003816　　提单日期：2013 年 7 月 20 日

（3）船名航次：NAM KING V. 987/FLY BIRD V. 878

（4）唛头：

REV	JSL
ORDER NO. 2021	ORDER NO. 2151
AARHUS DENMARK	AARHUS DENMARK
NO. 1-290	NO. 291-535

（5）包装：ONE DOZEN IN A PLASTIC BAG，50 DOZ. IN AN EXPORT CARTON

（6）毛重：@27KGS　净重：@25KG　体积：@（60 * 40 * 30）CM

（三）缮制海运提单

<table>
<tr><td colspan="2">1. Shipper</td><td colspan="4" rowspan="6">B/L NO.
中国远洋运输(集团)总公司
CHINA OCEAN SHIPPING (GROUP)CO.
Combined Transport Bill Of Loading
Received in external apparent goods order and condition except as otherwise noted. The total number of packages or unites stuffed in the container, the description of goods, the weights shown in this B/L are finished by merchants ,and which the carrier has no reasonable means of checking and is not a part of this B/L contract
ORIGINAL</td></tr>
<tr><td colspan="2">2. Consignee</td></tr>
<tr><td colspan="2">3. Notify party</td></tr>
<tr><td>4. Pre-carriage by</td><td>5. Place of Receipt</td></tr>
<tr><td>6. OceanVessel/Voy no</td><td>7. Port of Loading</td></tr>
<tr><td>8. Port of Discharge</td><td>9. Place of Delivery</td></tr>
<tr><td colspan="6">标志和号码 Marks and nos　件数和包装种类 Number and kind of pkg　货名 Desc. of goods　毛重(千克) GW(kgs)　尺码(立方米) Measurement</td></tr>
<tr><td colspan="6">TOTAL NUMBER OF CONTAINER OR PACKAGES(IN WORDS)</td></tr>
<tr><td>FREIGHT&CHARGES:</td><td>Revenus Tons</td><td>Rate</td><td>Per</td><td>Prepaid</td><td>Collect</td></tr>
<tr><td>Ex Rate</td><td>Prepaid at</td><td>Payable at</td><td colspan="3">Place and date of Issue</td></tr>
<tr><td>LADEN ON BOARD THE VESSEL
DATE________
CHINA OCEAN SHIPPING (GROUP) CO</td><td>Total Prepaid</td><td>No of Original B/(S)L</td><td colspan="3">Signed for the Carrier
China ocean shipping Group Co</td></tr>
</table>

九、请根据以下信用证资料缮制汇票（发票号码：FM876676）

（一）信用证资料

TO：BANK OF CHINA，GUANGDONG

FM：ARAB NATIONAL BANK，P. O. BOX 18745 JEDDAH SAUDI ARABIA

DEAR SIRS，

KINDLY ADVISE BENEFICIARY'S M/S GUANGDONG METALS AND MINERALS I/E CORP. 5 TIANHE ROAD，GUANGZHOU，CHINA OF OUR OPENING WITH YOU AN IRREVOCABLE DOCUMENTARY CREDIT DATED 10 MARCH，2012 IN THEIR FAVOUR ON BEHALF OF M/S MIGHWLLI STEEL PRODUCTS CO. P. O. BOX 18741 JEDDAH SAUDI ARABIA FOR AMOUNT ABOUT USD75 683.00 VALID IN CHINA UNTIL 20 MAY 2012，AVAILABLE WITH YOU BY PAYMENT AGAINST PRESENTATION OF BENEFICIARY'S DRAFT（S）AT 30 DAYS AFTER B/L DATE DRAWN ON OURSELVES AND MARKED "DRAWN UNDER ARAB NATIONAL BANK CREDIT NO. 254LK254". 5% COMMISSION MUST BE DEDUCTED FROM DRAWINGS UNDER THIS CREDIT.

（二）缮制汇票

BILL OF EXCHANGE

凭

Drawn under ______________________

信用证　　　第　　号

L/C NO. ______________

日期　　年　　月　　日

Dated ______________

按____息____付款

Payable with interest @____%

号码　　　　　　汇票金额　　　　　　中国上海　　年　　月　　日

No. __________ Exchange for __________ Shanghai，China ____

见票　　　　日后　　　　（本汇票之正本未交付）

At __________ sight of this FIRST of exchange（SECOND of exchange being unpaid）

pay to the order of ________________ 或其指定人

金额

The sum of

此致

To ______________

______________　　　　　　Signature

十、请根据以下信用证资料及附加资料缮制汇票

（一）信用证资料

ISSUING BANK：BANK OF CHINA，QINGDAO BRANCH

L/C NO.：810080000797　　DATED 2013-11-07

EXPIRY DATE：2014-01-08 PLACE KOREA

APPLICANT：QINGHE LIGHT IND. PROD. IMP. & EXP. CORP

NO. 55 SHANDONG RD.，

QINGDAO, CHINA
BENEFICIARY: SUNKUONG LIMITED
(HSRO) C. P. O. BOX 1780,
SEOUL, KOREA.
AMOUNT: USD AMOUNT 738000.00
PLS. /NEG. TOL, (%): 05/05
AVAILABLE WITH/BY: BKCHKRSE
BANK OF CHINA SEOUL BRANCH
SEOUL BY NEGOTIATION
DAFTS AT: 120 DAYS AFTER THE DATE OF SHIPMENT FOR 100PCT OF THE INVOICE VALUE
DRAWEE: BKCHCNBJ810
BANK OF CHINA
QINGDAO BRANCH

（二）附加资料

（1）提单号码：BL6765670　　提单日期：2013-12-23

（2）发票号码：81609D3030　　发票日期：2013-11-30

（三）缮制汇票

BILL OF EXCHANGE

凭
Drawn under ______________________
信用证　　第　　号
L/C No. ______________
日期　年　月　日
Dated ______________
按____息____付款
Payable with interest @____%
号码　　　　汇票金额　　　　中国上海　年　月　日
No. __________ Exchange for ______ Shanghai, China ____
见票　　　　日后　　　　（本汇票之正本未交付）
at __________ sight of this FIRST of exchange (SECOND of exchange being unpaid)
pay to the order of __________________ 或其指定人
金额
The sum of
此致
To ____________________

____________________ Signature

十一、请以以下信用证资料及附加资料缮制数量检验证书

（一）信用证资料

NATIONAL PARIS BANK

24 MARSHALL AVE DONCASTER MONTREAL, CANADA.

WE ISSUE OUR IRREVOCABLE DOCUMENTARY CREDIT NUBBER: TH2013

IN FAVOUR OF : SUZHOU KNITWEAR AND MANUFACTURED GOODS IMPORT &EXPORT TRADE CORPORATION , 321 ZHONGSHAN ROAD SUZHOU, CHINA

BY ORDER OF: YI YANG TRADING CORPORATION 88 MARSHALL AVE DONCASTER VIC 3108 CANADA

FOR AN AMOUT OF USD 89 705.50

DATE OF EXPIRY: 15NOV13

PLACE: IN BENEFICIARY' S DRAFT DRAWN ON US AT SIGHT IN MONTREAL

THIS CREDIT IS TRANSFERABLE

AGAINST DELIVERY OF THE FOLLOWING DOCUMENTS

… …

+SPECIFICATION LIST OF WEIGHTS AND MEASURES IN 4 COPIES COVERING SHIPMENT OF COTTON TEATOWELS AS PER S/C ST303, FOR ART NO. 1—300 SIZE 10 INCHES * 10 INCHES 16000 DOZ. AT USD 1.31/DOZ, ART NO. 301—600 SIZE 20 INCHES * 20 INCHES 6000 DOZ. AT USD 2.51/DOZ. AND ART NO. 601—900 SIZE 30 INCHES * 30 INCHES 11350 DOZ. AT USD 4.73/DOZ CIF MONTREAL

（二）附加资料

（1）检验证书编号：YS7856

（2）唛头：

Y. Y. T. C
MONTREAL
C/No. 1-UP

（3）包装及尺寸：200DOZ/BALE FOR ART NO. 1—300；100DOZ/BALE FOR ART NO. 301—600；50DOZ/BALE FOR ART NO. 601—900

SIZE	G. W	N. W	MEAS.
10″×10″	58kgs/BALE	57kgs/BALE	0.162cbms/BALE
20″×20″	54kgs/BALE	53kgs/BALE	0.176cbms/BALE
30″×30″	53kgs/BALE	51kgs/BALE	0.136cbms/BALE

（4）运输工具：PUDONG VOY. 503

（5）报检数量和信用证要求一致，检验结果符合要求

（6）检验证书签发人员及日期：丁名 2013 年 10 月 15 日

（三）缮制数量检验证书

中华人民共和国出入境检验检疫

ENTRY-EXIT INSPECTION AND QUARANTINE OF THE PEOPLE'S REPUBLIC OF CHINA

数量检验证书

QUANTITY CERTIFICATE

编号
No.：

发货人：
Consignor
收货人：
Consignee

品 名：
Description of Goods

标记及号码
Mark & No.

报检数量/重量：
Quantity/Weight Declared
包装种类及数量：
Number and Type of Packages
运输工具：
Means of Conveyance
检验结果：
Results of Inspection

我们已尽所知和最大能力实施上述检验，不能因我们签发本证书面免除卖方或其他方面根据合同和法律所承担的产品数量责任和其他责任。

All inspection are carried out conscientiously to the best of our knowledge and ability. This certificate does not in any respect absolve the seller and other related parties from his contractual and legal obligations especially when product quantity is concerned.

Authorized Signature

十二、请根据以下合同资料及附加资料缮制一份装船通知

（一）合同资料

（1）出口商公司名称：NANTONG JINJIANG IMP&EXP CORP.

（2）进口商公司名称：BEE DEVELOPMENT CO.，LTD.

（3）支付方式：40% T/T BEFORE SHIPMENT AND 60% L/C AT 30 DAYS AFTER SIGHT.

（4）装运条款：FROM NANTONG TO SINGAPORE NOT LATER THAN SEP. 30，2012.

（5）价格条款：CFR SINGAPORE.

（6）货物描述：MEN'S COTTON WOVEN SHIRTS.

（7）

货号/规格	装运数量及单位	总金额	毛重/净重（件）	尺码
1094L	700 DOZ	USD19180.00	@33KGS/31KGS	@68 * 46 * 45CM
1286G	800 DOZ	USD31680.00	@45KGS/43KGS	@72 * 47 * 49CM
1666C	160 DOZ	USD5440.00	@33KGS/31KGS	@68 * 46 * 45CM

（8）包装情况：一件一塑料袋装，6件一牛皮纸包，8打或10打一纸箱。

（9）尺码搭配：

	M	L	XL	
1094L：	3	3	4	=10打/箱
1286G：	1.5	3	3.5	=8打/箱
1666C：	1.5	3.5	3	=8打/箱

（10）唛头由卖方决定（要求使用标准化唛头）。

（二）附加资料

（1）信用证信息：L/C NO. F653456 DATED AUG. 18，2012 ISSUED BY BANK OF

CHINA SINGAPORE BRANCH，ADVISING BANK：BANK OF CHINA. NANTONG BRANCH

（2）发票号码：NB7056I

（3）提单号：BL76123　提单日期：2012 年 9 月 20 日　船名航次：HONGHE V. 188

（4）合同信息：S/C NO. 00SHGM3178B DATE AUG. 2，2012

（三）缮制装船通知

SHIPPING ADVICE

To：

Invoice no. ：
L/C no. ：
S/C no. ：

Dear sirs：

We hereby inform you that the goods under the above mentioned credit have been shipped. the details of the shipment are stated below.

Commodity：
Number of pkgs：
Total G. W：
Ocean vessel：
Date of departure：
B/L no. ：
Port of loading：
Port of discharge：
Shipping marks：

Authorized signature

十三、根据下述信用证资料及附加资料缮制受益人证明

（一）信用证资料

APPLICANT：CARTERS TRADING COMPANY，
P. O. BOX 8935，NEW TERMINAL，LATA. VISTA，OTTAWA，JAPAN
BENEFICIARY：ABC GARMENTS IMP&EXP COMPANY
NO. 128 ZHOUGSHAN XILU，NANJING，CHINA
MERCHANDISE：100PCT COTTON MAN'S SLACKS，100CARTONS
COUNTRY OF ORIGIN：P. R. CHINA
CIF VALUE：USD 10000. 00
PACKED IN SEAWORTHY CARTONS.
DOCUMENTS REQUIRED：
+BENEFICIARY'S CERTIFICATE VERTIFYING THAT ONE FULL SET OF NON-NEGOTIABLE DOCUMENTS REQUIRED BY L/C SHOULD BE SENT TO THE APPLICANT VIA DHL WITHIN 2 DAYS AFTER SHIPMENT.

（二）附加资料

（1）发票号码：CBD2456

（2）受益人证明出证日期：2012 年 1 月 3 号

（3）受益人证明签发人：王涛

(三) 受益人证明书缮制如下：

ABC GARMENTS IMP&EXP COMPANY

NO. 128 ZHOUGSHAN XILU，NANJING，CHINA

BENEFICIARY'S CERTIFICATE

DATE：

INVOICE NO：

TO：

Authorized signature

项目九

出口退税单证

【任务要求】

1. 了解出口退税流程及单证流转操作；
2. 了解出口货物单证备案；
3. 掌握出口退税各种报送申报表格的内容及缮制要求；
4. 能依据背景材料熟练缮制出口退税各种报送申报表格。

出口货物退（免）税（Export Rebates），简称出口退税，是指在国际贸易中货物输出国对输出境外的货物免征其在本国境内消费时应缴纳的税金或退还其按本国税法规定已缴纳的税金。

出口货物退税制度，是我国税收制度的重要组成部分，通过退还出口货物的国内已纳增值税和消费税税款来平衡国内产品的税收负担，使本国产品以不含税成本进入国际市场，与国外产品在同等条件下进行竞争，从而增强竞争能力，扩大出口创汇。

一、出口退税流程及单证流转操作

（一）出口退税资格的认定

外贸企业应在商务厅办理从事进出口业务备案登记之日起30日内填写《出口货物退（免）税认定表》（一式三份），并携带以下资料到国税局进出口税收管理处办理认定登记手续。

（1）企业法人营业执照（副本）；
（2）国税机关核发的税务登记证（副本）；
（3）增值税一般纳税人资格认定申请审批表；
（4）对外贸易经营者备案登记表或者代理出口协议；
（5）自理报关单位报关注册登记证书；
（6）银行开户证明（一般为企业开立的基本账户）；
（7）企业法定代表人身份证。

（二）安装出口退税申报系统软件

登录中国出口退税咨询网（http//：www.taxrefund.com.cn），下载外贸企业出口退税申报系统，安装后通过系统维护进行企业信息设置。

（三）出口退税预申报及单证备案

（1）取得增值税发票后在发票开票日期30天内，在“发票认证系统”或国税局进行发票信息认证；

（2）通过退税系统完成出口明细申报数据的录入、审核；

（3）通过退税系统完成进货明细申报数据的录入、审核；

（4）通过系统中“数据处理”的“进货出口数量关联检查”和“换汇成本检查”后生成预申报数据；

（5）网上预申报和察看预审反馈；

（6）在申报系统中录入单证备案数据。

（四）出口退税正式申报

税务机关对预申报数据预审通过后，外贸企业应在货物报关出口之日起90天内正式申报出口退税。

1. 出口退税应报送的申报表

（1）《外贸企业出口货物进货申报明细表》；

（2）《外贸企业出口货物申报明细表》；

（3）《外贸企业出口货物退税汇总申报表》。

上述退税申报表，均须通过“外贸企业出口货物退（免）税申报系统”生成电子数据向退税机关申报。

2. 退税申报应报送的退税凭证

（1）出口凭证

① 出口货物报关单（出口退税专用联）；

② 出口收汇核销单（出口退税专用联）或远期收汇证明（注：2008年4月1日以后报关出口的申报退税时不再提供核销单）；

③ 出口货物外销发票；

④ 代理出口货物证明、代理出口协议（合同）；

⑤ 税务机关要求报送的其他出口退税申报资料。

注：所有原始凭证必须按相应的申报表顺序装订成册。

（2）进货凭证

① 增值税专用发票（抵扣联）；

②《出口退税进货分批申报单》；

③ 进口货物海关代征增值税完税凭证；

④ 税务机关要求报送的其他出口退税申报资料。

（五）办结出口退税

主管退税机关受理出口企业的退税申报资料及电子数据，在办理内部申报资料交接后5～7个工作日内审核完毕，如果符合要求，确认出口退税。出口企业凭《出口货物税收退还申请书》到当地退税机关办理退税。

二、出口货物单证备案

（一）备案单证

自2006年1月1日起，出口企业自营或委托出口属于退（免）增值税或消费税的货物，最迟应在申报出口货物退（免）税后15天内，将以下出口货物单证在企业财务部门备案，以备税务机关核查。

(1) 外贸企业购货合同、生产企业收购非自产货物出口的购货合同等；

(2) 出口货物明细单；

(3) 出口货物装货单；

(4) 出口货物运输单据（包括海运提单、航空运单、铁路运单、货物承运收据、邮政收据等承运人出具的货物收据）。

(二) 备案方式

出口货物单证可采取两种方式备案。

一种是由出口企业按出口货物退（免）税申报顺序，将备案单证对应装订成册，统一编号，并填写《出口货物备案单证目录》。

另一种是由出口企业按出口货物退（免）税申报顺序填写《出口货物备案单证目录》，不必将备案单证对应装订成册，但必须在《出口货物备案单证目录》“备案单证存放处”栏内注明备案单证存放地点，如企业内部单证管理部门、财务部门等。不得将备案单证交给企业业务员（或其他人员）个人保存，必须存放在企业。

三、出口退税部分单证样单

(一) 出口货物退（免）税认定表

出口货物退（免）税认定表

编号：

<table>
<tr><td colspan="3">经营者中文名称</td><td colspan="7"></td></tr>
<tr><td colspan="3">经营者英文名称</td><td colspan="7"></td></tr>
<tr><td colspan="3">海关代码</td><td colspan="3"></td><td colspan="2">拼音助记符</td><td colspan="2"></td></tr>
<tr><td colspan="3">电话</td><td></td><td>传真</td><td></td><td>邮编</td><td></td><td>电子信箱：</td><td></td></tr>
<tr><td colspan="3">住所</td><td colspan="7"></td></tr>
<tr><td colspan="3">经营场所(中文)</td><td colspan="7"></td></tr>
<tr><td colspan="3">经营场所(英文)</td><td colspan="7"></td></tr>
<tr><td colspan="3" rowspan="2">纳税人识别号</td><td colspan="3" rowspan="2"></td><td colspan="2" rowspan="2">纳税人类型</td><td colspan="2">一般纳税人(　)</td></tr>
<tr><td colspan="2">小规模纳税人(　)</td></tr>
<tr><td colspan="3">纳税信用等级</td><td colspan="7"></td></tr>
<tr><td colspan="3">主管征税机关名称</td><td colspan="7"></td></tr>
<tr><td rowspan="2">注册类型</td><td>代码</td><td></td><td rowspan="2">预算级次</td><td rowspan="2"></td><td rowspan="2">行业归属</td><td>代码</td><td></td><td rowspan="2">隶属关系</td><td rowspan="2"></td></tr>
<tr><td>文字</td><td></td><td>文字</td><td></td></tr>
<tr><td colspan="4">对外贸易经营者备案登记表编号</td><td colspan="2"></td><td colspan="2">经营者类型</td><td colspan="2"></td></tr>
<tr><td rowspan="3">工商登记</td><td>注册号</td><td></td><td colspan="4">企业法人代表(个体工商负责人)姓名</td><td colspan="3"></td></tr>
<tr><td>注册日期</td><td></td><td colspan="4" rowspan="2">注册资金(企业资产/个人财产)
(人民币或美元)</td><td colspan="3" rowspan="2"></td></tr>
<tr><td>有效期</td><td></td></tr>
<tr><td colspan="3">开户银行</td><td colspan="4"></td><td>账号</td><td colspan="2"></td></tr>
<tr><td colspan="3" rowspan="2">经营者授权办税人员</td><td colspan="4">姓名</td><td>电话</td><td colspan="2"></td></tr>
<tr><td colspan="4">姓名</td><td>电话</td><td colspan="2"></td></tr>
<tr><td colspan="3">主管外汇管理局</td><td colspan="7"></td></tr>
<tr><td colspan="3">附送件</td><td colspan="7"></td></tr>
<tr><td colspan="7">出口退税办法的认定</td><td colspan="3">退税机关认定</td></tr>
</table>

续表

<table>
<tr><td rowspan="4">经营者类型及退税计算方法</td><td colspan="5">1. 生产企业免、抵、退税</td><td></td></tr>
<tr><td colspan="2" rowspan="2">2. 流通企业购进法</td><td colspan="3">1. 加权平均法</td><td rowspan="2"></td></tr>
<tr><td colspan="3">2. 单票对应法</td></tr>
<tr><td colspan="5">3. 其他</td><td></td></tr>
<tr><td>纸质凭证申报方式</td><td colspan="2">上门申报（ ）
邮寄申报（ ）</td><td colspan="3">电子数据申报方式</td><td>上门申报（ ）
远程申报（ ）</td></tr>
<tr><td>是否分部核算</td><td colspan="3">是（ ） 否（ ）</td><td colspan="2">分部核算部门代码</td><td></td></tr>
<tr><td rowspan="4">分支机构情况</td><td>名称</td><td colspan="2">纳税人登记号</td><td>负责人</td><td>电话</td><td>部门代码</td></tr>
<tr><td></td><td colspan="2"></td><td></td><td></td><td></td></tr>
<tr><td></td><td colspan="2"></td><td></td><td></td><td></td></tr>
<tr><td></td><td colspan="2"></td><td></td><td></td><td></td></tr>
<tr><td rowspan="4">变更登记事项</td><td colspan="2">日期</td><td colspan="3">变更项目</td><td>经办人</td></tr>
<tr><td colspan="2"></td><td colspan="3"></td><td></td></tr>
<tr><td colspan="2"></td><td colspan="3"></td><td></td></tr>
<tr><td colspan="2"></td><td colspan="3"></td><td></td></tr>
</table>

认定机关

签　章

年　月　日

申请认定者请认真阅读以下条款，并由企业法定代表人或个体工商负责人签字、盖章以示确认。

一、遵守各项税收法律、法规及规章。

二、不伪造、变造、涂改、出租、出借、转让、出卖《出口货物退（免）税认定表》。

三、在认定表中所填写的信息及提交的材料是完整的、准确的、真实的。

四、《出口货物退（免）税认定表》上填写的任何事项发生变化之日起，30 日内到原认定机关办理《出口货物退（免）税认定表》的变更手续。

以上如有违反，将承担一切法律责任。

此表一式两份。

签字（签章）

年　　月　　日

（二）出口货物备案单证目录

出口货物备案单证目录

编号：

序号	出口退税申报日期	出口发票号	企业办税员	备案日期	备案单证存放处	页数

续表

序号	出口退税申报日期	出口发票号	企业办税员	备案日期	备案单证存放处	页数

企业制表人(签字)：　　　　企业财务负责人(签字)：

制表日期：　年　月　日

(企业公章)

拓展学习　出口退（免）税的条件

出口退（免）税必须满足以下四个方面条件方可办理退税事宜。

一、必须是增值税、消费税征收范围内的货物

增值税、消费税的征收范围，包括除直接向农业生产者收购的免税农产品以外的所有增值税应税货物，以及烟、酒、化妆品等11类列举征收消费税的消费品。之所以必须具备这一条件，是因为出口货物退（免）税只能对已经征收过增值税、消费税的货物退还或免征其已纳税额和应纳税额。未征收增值税、消费税的货物（包括国家规定免税的货物）不能退税，以充分体现“未征不退”的原则。

二、必须是报关离境出口的货物

所谓出口，即输出关口，它包括自营出口和委托代理出口两种形式。区别货物是否报关离境出口，是确定货物是否属于退（免）税范围的主要标准之一。凡在国内销售、不报关离境的货物，除另有规定者外，不论出口企业是以外汇还是以人民币结算，也不论出口企业在财务上如何处理，均不得视为出口货物予以退税。对在境内销售收取外汇的货物，如宾馆、饭店等收取外汇的货物等，因其不符合离境出口条件，均不能给予退（免）税。

三、必须是在财务上作出口销售处理的货物

出口货物只有在财务上作出口销售处理后，才能办理退（免）税。也就是说，出口退（免）税的规定只适用于贸易性的出口货物，而对非贸易性的出口货物，如捐赠的礼品、在国内个人购买并自带出境的货物（另有规定者除外）、样品、展品、邮寄品等，因其一般在财务上不作销售处理，故按照现行规定不能退（免）税。

四、必须是已收汇并经核销的货物

按照现行规定，出口企业申请办理退（免）税的出口货物，必须是已收外汇并经外汇管理部门核销的货物。

国家规定外贸企业出口的货物必须要同时具备以上四个条件。生产企业（包括有进出口经营权的生产企业、委托外贸企业代理出口的生产企业、外商投资企业，下同）申请办理出口货物退（免）税时必须增加一个条件，即申请退（免）税的货物必须是生产企业的自产货物或视同自产货物才能办理退（免）税。

实训练习

一、单项选择题

1. 我国税务机关通常对外贸企业或生产企业出口货物的（　　）实行退（免）税制度。

A. 营业税和所得税　　B. 营业税和消费税

C. 增值税和所得税　　D. 增值税和消费税

2. 下面（　　）不是我国实行出口退（免）税制度的原因。

A. 减轻出口企业税负负担　　B. 增强出口竞争力

C. 增加国家财政收入　　D. 扩大出口创汇能力

3. 外贸企业应在备案登记（　　）日内到当地国税局办理出口退税资格认定手续。

A. 7　　B. 15　　C. 30　　D. 60

4. 下面（　　）不是办理退税资格认定手续的必须文件。

A. 企业法人营业执照　　B. 税务登记证

C. 企业法人身份证件　　D. 对外贸易合同

5. 税务机关对预申报数据预审通过后，外贸企业应在货物报关出口之日起（　　）天内正式申报出口退税。

A. 15　　B. 30　　C. 60　　D. 90

6. 下面（　　）不是目前退税申报应报送的退税凭证。

A. 外贸企业购货合同　　B. 出口商业发票

C. 增值税专用发票（抵扣联）　　D. 出口货物报关单（出口退税专用联）

7. 自 2006 年 1 月 1 日起，出口企业最迟应在申报出口货物退（免）税后（　　）天内，将有关出口货物单证在企业财务部门备案，以备税务机关核查。

A. 7　　B. 15　　C. 30　　D. 60

8. 下面（　　）不属于出口货物单证备案的范围。

A. 外贸企业购货合同　　B. 出口货物运输单据

C. 出口货物明细单　　D. 出口商业发票

二、判断题

（　　）1. 出口企业取得增值税发票后即可用作退税凭证。

（　　）2.《外贸企业出口货物进货申报明细表》、《外贸企业出口货物申报明细表》和《外贸企业出口货物退税汇总申报表》等退税申报表应采用纸质单据向退税机关申报。

（　　）3. 外贸企业在进行出口货物单证备案时都必须将备案单证装订成册，统一编号，并填写《出口货物备案单证目录》。

（　　）4. 我国自 2008 年 4 月 1 日以后报关出口的货物在申报退税时不再提供核销单。

（　　）5. 出口退税预申报应通过出口退税申报系统进行数据录入。

项目十

进口付汇核销单

【任务要求】

1. 了解进口付汇核销流程及单证流转操作；
2. 了解进口付汇核销单的含义及作用；
3. 掌握进口付汇核销单的内容及缮制要求；
4. 能依据背景材料熟练缮制进口付汇核销单。

进口付汇核销是以付汇的金额为标准核对是否有相应的货物进口到国内或有其他证明抵冲付汇的一种事后管理措施。实施进口付汇制度，主要是为了配合国家的外汇管制政策，通过“电子底账＋联网核查”的方式，防止不法企业伪造报关单或者利用报关单进行重复付汇，通常用于外汇、银行、企业；主要数据有进口报关单、银行核注结案信息。

一、进口付汇核销流程及单证流转操作

（一）取得进出口经营权

从事货物进出口或者技术进出口的对外贸易经营者，应当向国务院对外贸易主管部门或者其委托的机构办理备案登记，办理完进出口权后方可正常开展对外贸易活动。

（二）办理电子口岸 IC 卡

中国电子口岸由中国海关会同其他各部委共同开发的公众数据中心和数据交换平台，向企业提供利用互联网办理报关、结付汇核销、出口退税、进口增值税联网核查、网上支付等实时在线业务，IC 卡、读卡器、OracleLite 软件是企业登录中国电子口岸网进行相关进出口业务操作必需的工具，企业在从事进出口活动之前需要办理好。

（三）申办“名录”

进口单位应持以下单据正本及复印件到所在地外汇局申请进入“对外付汇进口单位名录”。

（1）对外经济贸易部门赋予企业进口经营权的批件；

（2）工商行政管理部门制发的营业执照；

（3）技术监督部门颁发的企业法人代码证书。

外汇局审核无误后，为进口单位办理“对外付汇进口单位名录”手续。

（四）进口付汇核销备案

进口付汇备案是外汇管理局依据有关法规要求企业在办理规定监督范围内付汇或开立信用证前向外汇局核销部门登记，外汇局凭以跟踪核销的事前备案业务。

企业申请付汇核销备案时应提供盖有法人章的备案申请函（业务说明书）、进口合同（正本）及相应的特定商品登记证明，并根据不同的备案类别提供对应商业单据及有关证明和单证，按照有关要求填写备案表，经所在地外汇管理局审核无误并加盖“进口付汇核销专用章”后备案生效。

（五）办理开证或购付汇手续

在核销备案手续完成后，进口商应及时办理信用证开证或购付汇手续，提交进口付汇核销单、进口付汇备案表（如需）、进口合同、发票、正本进口货物报关单（货到付款方式）等单据。

（六）核销报审

进口单位应当在有关货物进口报关后一个月内向外汇管理局办理核销报审手续。在办理核销报审时，对已到货的，进口单位应当将正本《进口货物报关单》等核销单证附在相应核销单后，并如实填写《贸易进口付汇到货核销表》；对未到货的，填写《贸易进口付汇未到货核销表》。进口单位在办理到货报审手续时，须提供以下单据。

（1）进口付汇核销单（如核销单上的结算方式为“货到付款”，则报关单号栏不得为空）；

（2）进口付汇备案表（如核销单付汇原因为“正常付汇”，企业可不提供该单据）；

（3）进口货物报关单正本（如核销单上的结算方式为“货到付汇”，企业可不提供该单据）；

（4）进口付汇到货核销表（一式两份，均为打印件并加盖公司章）；

（5）结汇水单及收账通知单（如核销单付汇原因不为“境外工程使用物资”及“转口贸易”，企业可不提供该单据）；

（6）外汇局要求提供的其他凭证、文件。

二、进口付汇核销单的含义及作用

进口付汇核销单（代申报单）系指由国家外汇管理局监制、保管和发放，进口单位和银行填写，银行凭以为进口单位办理贸易进口项下的进口售付汇和核销的凭证。根据《国际收支统计申报办法实施细则》，进口核销单既用于贸易项下进口售付汇核销，又用于国际收支申报统计。

三、进口付汇核销单的内容及缮制要求

在填写进口付汇核销单时，需注意各项内容与售付汇情况是否一致，具体要求如下。

（一）印单局代码

本栏已印制核销单的六位外汇局代码。

（二）核销单编号

本栏由各印制核销单的外汇局自行编制。

（三）单位代码

本栏应根据国家技术监督局颁发的组织机构代码填写。

（四）单位名称

本栏填写进口付汇单位全称。

（五）所在地外汇局名称

本栏填写付汇单位所在地外汇局名称。

（六）付汇银行名称

本栏填写办理进口付汇银行的名称，通常为进口地银行。

（七）收汇人国别

本栏填写该笔对外付款的实际收款人常驻国家，即出口国家，用简化文字填写。

（八）交易编码

本栏应根据本笔对外付汇交易的性质对应国家外汇管理局国际收支交易编码表填写，编码表主要包括以下内容。

0101　一般贸易
0102　国家间、国际组织无偿援助和赠送的物资
0103　华侨、港澳台同胞、外籍华人捐赠物资
0104　补偿贸易
0105　来料加工装配贸易
0106　进料加工装配贸易
0107　寄售代销贸易
0108　边境小额贸易
0109　来料加工装配进口的设备
0111　租赁贸易
0112　免税外汇商品
0113　出料加工贸易
0114　易货贸易
0115　外商投资企业进口供加工内销的料、件
0116　其他
0201　预付货款

（九）交易附言

本栏是付款人对该笔对外付款用途的描述，可不填。

（十）对外付汇币种

本栏应按币种的英文缩写填写，如：USD。

（十一）对外付汇总额

填写付款人申请的实际付款总额，应用阿拉伯数字填写。

（十二）购汇金额

填写付款人申请的实际付款金额中向银行购买外汇直接对外支付的金额，应用阿拉伯数字填写。

（十三）现汇金额

填写付款人申请的实际付款金额中，直接从外汇账户中支付的金额，应用阿拉伯数字填写。

（十四）其他方式金额

填写付款人除购汇和现汇以外对外支付的金额，包括跨境人民币交易以及记账交易项下交易的金额，应用阿拉伯数字填写。

（十五）人民币账号

如所付款项是从银行购得的外汇，则在此栏填写进口单位用于购汇的人民币账户的账号。

（十六）外汇账号

如所付款项是从现汇账户中支出，则在此栏填写该现汇账户的账号。

（十七）付汇性质

本栏应选择适当的付汇性质打"√"。其中，"正常付汇"系指除不在名录、90天以上信用证、90天以上托收、异地付汇、90天以上到货、转口贸易、境外工程使用物资、真实性审查以外无须办理进口付汇备案业务的付款业务；"90天以上信用证"及"90天以上托收"均系指付汇日期距承兑日期在90天以上的对外付汇业务；除"正常付汇"之外的各付汇性质在标注"√"时，均须对应填写备案表编号。

（十八）结算方式

本栏应选择适当的结算方式打"√"。其中：90天以内信用证、90天以内托收的付汇日期距该笔付汇的承兑日期均小于90天且含90天；90天以上信用证、90天以上托收的付汇日期距该笔付汇的承兑日期均大于90天；结算方式为"货到付汇"时，应同时填写对应"报关单号"、"报关日期"、"报关单币种"、"金额"。

（十九）申报号码

申报号码共22位，第1至第6位为地区标识码、第7至第10位为银行标识码、第11和第12位为金融机构顺序号、第13至第18位为该笔贸易进口付汇的付汇日期或该笔对外付汇的申报日期，最后4位为银行营业部门的当日业务流水码。

（二十）其他各栏

均应按栏目提示对应填写。

四、进口付汇核销单证样单

贸易进口付汇核销单（代申报单）

印单局代码：　　　　　　　　　　　　　　　　　　　　　　　　　核销单编号：

<table>
<tr><td colspan="2">单位代码</td><td colspan="2">单位名称</td><td>所在地外汇局名称</td></tr>
<tr><td colspan="2">付汇银行名称</td><td colspan="2">收汇人国别</td><td>交易编码□□□□</td></tr>
<tr><td colspan="2">收款人是否在保税区：□是　□否</td><td colspan="2">交易附言</td><td></td></tr>
<tr><td colspan="5">对外付汇币种　　　　　　对外付汇总额
其中：购汇金额　　　　　　现汇金额　　　　　　其他方式金额
人民币账号　　　　　　外汇账号</td></tr>
<tr><td colspan="5">付　汇　性　质
□正常付汇
□不在名录　　　　□90天以上信用证　　　　□90天以上托收　　　　□异地付汇
□90天以上到货　　　　□转口贸易
备案表编号</td></tr>
<tr><td colspan="2">预计到货日期　　/　/　/</td><td colspan="2">进口批件号</td><td>合同/发票号</td></tr>
<tr><td colspan="5">结算方式</td></tr>
<tr><td colspan="5">信用证　90天以内□　90天以上□　承兑日期　/　/　付汇日期　/　/　期限　天</td></tr>
<tr><td colspan="5">托收　90天以内□　90天以上□　承兑日期　/　/　付汇日期　/　/　期限　天</td></tr>
<tr><td rowspan="2">汇
款</td><td colspan="4">预付货款□　　　　货到付汇（凭报关单付汇）□　　付汇日期　/　/</td></tr>
<tr><td colspan="4">报关单号　　　　报关日期　/　/　报关单币种　　金额
报关单号　　　　报关日期　/　/　报关单币种　　金额
报关单号　　　　报关日期　/　/　报关单币种　　金额
报关单号　　　　报关日期　/　/　报关单币种　　金额
报关单号　　　　报关日期　/　/　报关单币种　　金额
（若报关单填写不完，可另附纸。）</td></tr>
<tr><td colspan="5">其他□　　　　　　付汇日期　　/　/</td></tr>
<tr><td colspan="5">以下由付汇银行填写
申报号码：□□□□□□ □□□□ □□ □□□□□□ □□□□
业务编号：　　　　　　审核日期：　/　/　　（付汇银行签章）</td></tr>
</table>

拓展学习　出口收汇核销手续彻底废除

所谓出口收汇核销，是指国家外汇管理部门在每笔出口业务结束后，对出口是否安全、及时收取外汇以及其他有关业务情况进行监督管理的业务。

2012年，国家外汇管理局、海关总署和国家税务总局联合颁布《关于货物贸易外汇管理制度改革的公告》（国家外汇管理局公告2012年第1号），决定自2012年8月1日起在全国范围内改革货物贸易外汇管理制度，优化升级出口收汇与出口退税信息共享机制，取消出口收汇核销手续，并自2011年12月1日起，在江苏、山东、湖北、浙江（不含宁波）、福建（不含厦门）、大连、青岛等省（市）进行试点。主要内容包括以下几项。

首先，全面改革货物贸易外汇管理方式，简化贸易进出口收付汇业务办理手续和程序。外汇局取消货物贸易外汇收支的逐笔核销，改为对企业货物流、资金流实施非现场总量核查，并对企业实行动态监测和分类管理。

其次，调整出口报关流程，取消出口收汇核销单，企业办理出口报关时不再提供核销单。

再者，自2012年8月1日起报关出口的货物，企业申报出口退税时不再提供出口收汇核销单；税务部门参考外汇局提供的企业出口收汇信息和分类情况，依据相关规定，审核企业出口退税。

实训练习

请根据下述背景材料和补充资料缮制进口付汇核销单。

（一）背景材料

2013年12月16日，南京德尚贸易公司（单位代码：13438589-8）从日本进口空调后，填制编号为00492425的进口付汇核销单，向省外汇局申请付汇核销，付款银行为中行江苏省分行。此次付汇金额为1，728，600.00日元，全部以购汇方式支付，属正常付汇。

（二）附加资料

（1）印单局代码：320000

（2）合同号：DS1032E

（3）进口批件号：20313768

（4）预计到货日期：13/12/30

（5）结算方式：即期信用证

（6）付汇日期：13/12/12

（7）报关单号：00492425

（8）报关日期：2013年12月15日

（三）缮制进口付汇核销单

贸易进口付汇核销单（代申报单）

印单局代码：　　　　　　　　　　　　　　　　核销单编号：

<table>
<tr><td colspan="2">单位代码</td><td colspan="2">单位名称</td><td>所在地外汇局名称</td></tr>
<tr><td colspan="2">付汇银行名称</td><td colspan="2">收汇人国别</td><td>交易编码□□□□</td></tr>
<tr><td colspan="2">收款人是否在保税区:□ 是　□ 否</td><td colspan="2">交易附言</td><td></td></tr>
<tr><td colspan="5">对外付汇币种　　　　　　对外付汇金额
其中:购汇金额　　　　　　现汇金额　　　　　　其他方式金额
人民币账号　　　　　　外汇账号</td></tr>
<tr><td colspan="5">付　汇　性　质
□ 正常付汇
□ 不在名录　　□ 90天以上信用证　　□ 90天以上托收　　□ 异地付汇
□ 90天以上到货　　□ 转口贸易
备案表编号</td></tr>
<tr><td>预计到货日期　/　/　/</td><td colspan="3">进口批件号</td><td>合同/发票号</td></tr>
<tr><td colspan="5">结算方式</td></tr>
<tr><td colspan="5">信用证　90天以内□　　90天以上□　　承兑日期　/　/　　付汇日期　/　/　　期限　　天</td></tr>
</table>

续表

<table>
<tr><td>托收</td><td colspan="4">90 天以内□　　90 天以上□　　承兑日期　　/　/　　付汇日期　　/　/　　期限　　天</td></tr>
<tr><td rowspan="7">汇
款</td><td colspan="4">预付货款□　　　　货到付汇(凭报关单付汇)□　　付汇日期　　/　/</td></tr>
<tr><td>报关单号</td><td>报关日期　　/　　/</td><td>报关单币种</td><td>金额</td></tr>
<tr><td>报关单号</td><td>报关日期　　/　　/</td><td>报关单币种</td><td>金额</td></tr>
<tr><td>报关单号</td><td>报关日期　　/　　/</td><td>报关单币种</td><td>金额</td></tr>
<tr><td>报关单号</td><td>报关日期　　/　　/</td><td>报关单币种</td><td>金额</td></tr>
<tr><td>报关单号</td><td>报关日期　　/　　/</td><td>报关单币种</td><td>金额</td></tr>
<tr><td colspan="4">(若报关单填写不完,可另附纸。)</td></tr>
<tr><td>其他□</td><td colspan="4">付汇日期　　/　　/</td></tr>
<tr><td colspan="5">以下由付汇银行填写
申报号码：　□□□□□□ □□□□ □□ □□□□□□ □□□□
业务编号：　　　　审核日期：　/　/　　(付汇银行签章)</td></tr>
</table>

项目十一

加工贸易单证

【任务要求】

- 1. 了解加工贸易流程及单证流转操作；
- 2. 熟悉加工贸易合同的内容及签署注意事项；
- 3. 能依据背景材料熟练缮制加工贸易合同。

加工贸易，是指加工贸易企业进口全部或者部分原辅材料、零部件、元器件、包装物料（以下简称料件），经加工或装配后，将制成品再出口的经营活动，加工贸易主要包括进料加工和来料加工两种方式。

加工贸易企业包括经海关注册登记的经营企业和加工企业。经营企业是指负责对外签订加工贸易进出口合同的各类进出口企业和外商投资企业，以及经批准获得来料加工经营许可的对外加工装配服务公司；加工企业是指接受经营企业委托，负责对进口料件进行加工或者装配，且具有法人资格的生产企业，以及由经营企业设立的虽不具有法人资格，但实行相对独立核算并已经办理工商营业证（执照）的工厂。

一、加工贸易流程及单证流转操作

（一）企业备案

首次开展加工贸易业务的企业，应向海关办理企业备案手续。办理企业备案手续应提交的单证及流程如下。

1. 应提交单证

加工企业需提交：（1）工商营业执照复印件；（2）税务登记证复印件；（3）加工企业的《对外加工企业登记表》复印件；（4）海关签发的《对外加工生产企业海关登记通知书》复印件；（5）外经贸主管部门签发的《加工贸易加工企业生产能力证明》正本；（6）《企业印章印鉴备案表》。

经营单位需提交：（1）国家主管部门准予经营进出口业务的批准文件复印件；（2）工商营业执照复印件；（3）海关签发的《报关注册证明书》复印件；（4）《企业印章印鉴备案表》。

外商投资企业需提交：（1）国家主管部门核发的《外商投资企业批准证书》复印件；（2）工商行政主管部门签发的营业执照复印件；（3）海关签发的《自理报关企业报关注册证明书》复印件；（4）《企业印章印鉴备案表》；（5）企业合同、章程复印件各一份；（6）外商投资企业的《外商投资企业登记表》复印件；（7）税务登记证复印件；（8）外经贸主管部门签发的《加工贸易加工企业生产能力证明》正本。

2. 作业流程

企业提交备案资料——海关验核——建立企业档案。

（二）加工贸易合同登记备案

企业备案后，在符合海关监管要求情况下，可向加工生产企业所在地主管海关申请办理加工贸易合同登记备案手续。企业办理合同备案海关手续应提交的单证及流程如下。

1. 应提交单证

包括：（1）经营企业对外签订的进出口合同一式两份；（2）商务部门签发的《加工贸易业务批准证》一式两份；（3）本年度《加工贸易加工企业生产能力证明》复印件一份；（4）《合同执行情况表》；（5）《登记手册》；（6）《合同预录入呈报表》一份；（7）新产品生产工艺流程图及成品所需料件单耗情况；（8）外贸、工贸公司进料加工还需提供主管出口退税的税务机关签章；（9）按规定需提交的其他单证。

2. 作业流程

合同预录入——向海关申报——海关审核——海关签发《银行保证金台账开设联系单》——企业到指定银行办理台账登记手续——海关登记《银行保证金台账登记通知单》——核发《登记手册》。

（三）异地加工

企业办理异地加工贸易海关手续应提交的单证及流程如下。

1. 应提交单证

向经营单位主管海关办理异地加工贸易申请，应提交如下单证：（1）经营单位所在地外经贸主管部门核发的《加工贸易业务批准证》一式两份；（2）加工企业注册地县级以上外经贸主管部门出具的本年度《加工贸易生产能力证明》复印件一式两份；（3）《中华人民共和国海关异地加工贸易申请表》（以下简称《异地加工贸易申请表》）；（4）经营企业对外签订的进出口合同一式两份；（5）双方企业签订的符合《中华人民共和国合同法》规定的委托加工合同一份；（6）按规定需提交的其他单证。

向加工企业主管海关办理异地加工合同备案手续，应提交如下单证：（1）经营单位主管海关加封的内有《异地加工贸易申请表》、《加工贸易业务批准证》、《加工贸易生产能力证明》、《进出口合同》的关封；（2）双方签订的符合《中华人民共和国合同法》规定的“委托加工合同”一式两份；（3）合同预录入呈批表一份；（4）按规定需提交的其他单证。

2. 作业流程

向经营单位主管海关申办异地加工——经营单位主管海关审核并制作关封交经营单位——向加工企业主管海关申请异地加工合同备案——海关审核并按规定备案合同、核发《登记手册》。

（四）合同变更

企业办理合同变更海关手续应提交的单证及流程如下。

1. 应提交单证

包括：（1）变更合同一式两份；（2）商务部门签发的《加工贸易业务批准证》一式两份；

(3) 海关核发的《登记手册》;(4)《变更预录入呈报表》;(5) 按规定需提交的其他单证。

2. 作业流程

企业报原加工贸易审批机关批准——企业向海关申请——海关审核——海关签发《银行保证金台账变更联系单》——企业到指定银行办理台账变更手续——登记《银行保证金台账变更通知单》——核发已变更《登记手册》。

(五) 加工贸易分册

企业申办加工贸易分册及分册变更手续应提交的单证及流程如下。

1. 应提交单证

包括:(1)《加工贸易分册申请表》;(2) 海关核发的加工贸易《登记手册》(总册);(3)《登记手册》(分册);(4) 按规定需提交的其他单证。

2. 分册变更

分册进口及出口商品的序号、品名、规格型号、计量单位不得变更;总册发生变更,涉及以下情况的,分册内容应做相应变更:(1) 删除总册某一异地口岸;(2) 删除总册进口或出口商品项;(3) 减少总册某一进口料件或出口成品数量。

3. 作业流程

企业向海关申请——海关审核——核发分册。

(六) 发外加工

企业办理发外加工手续应提交的单证及有关规定如下。

1. 申请条件

企业申请外发加工,应同时符合以下四个条件:(1) 对在生产加工过程中的某个加工工序,企业无生产条件,确需委托其他企业加工,且产权不转移的;(2) 委托企业须事先向主管海关提出外发加工的书面申请,说明申请理由、受委托的加工企业情况、损耗情况及加工后返还日期等;(3) 委托企业与加工企业须签订符合《中华人民共和国合同法》规定的"委托加工合同";(4) 外发加工料件必须从委托企业发出,加工完毕后,产品、余料、边角料等必须全部返回委托企业。

2. 应提交单证

包括:(1)《中华人民共和国海关保税货物委托加工申请表》(以下简称《委托加工申请表》)一式三份;(2) 委托加工合同两份;(3) 委托企业及承接加工企业《营业执照》、法定代表人身份证明复印件;(4)《登记手册》;(5) 按规定需提交的其他单证。

3. 其他要求

外发加工成品必须在海关规定的期限内运回委托企业。合同核销时,委托企业须向海关提交《委托加工申请表》和有关送货单。

(七) 深加工结转

1. 应提交单证

向转出地海关备案开展深加工结转,应提交单证:(1) 出口方的《登记手册》(复印件),复印内容应包括手册封面、加工合同备案情况表;(2)《申请表》(一式四联)。

向转入地海关申请开展深加工结转,应提交单证:(1)《深加工结转申请表》;(2) 结转双方企业的《登记手册》（复印件），复印内容应包括手册封面、加工合同备案情况表。

2. 作业流程

企业向转出地海关备案——企业向转入地海关申报——经转入地海关批准后，转入、转出企业在结转计划有效期内送货完毕——转入、转出企业各自向其主管海关如实办理报关手续。

（八）合同余料结转

办理合同余料结转手续时应提交的单证包括：（1）转入、转出企业的《登记手册》；（2）进口和出口货物报关单（手写单）；（3）申请企业的书面报告；（4）余料结转申请表。

（九）保税货物内销

1. 应提交单证

包括：（1）《登记手册》；（2）进口货物报关单（手写单）；（3）申请企业的书面报告；（4）外经贸主管部门的批件；（5）按规定需交验的各种许可证件。

2. 作业流程

企业向海关加工贸易监管部门申请——海关审核并制作关封交企业——企业到通关现场办理征税手续。

（十）加工贸易料件退运或退换的处理

1. 受理范围

（1）加工贸易进口料件在进境结关后因发错货、料件质量及规格型号不符，需退运或退换的；（2）合同中止或变更，有关原材料需退运出境的；（3）合同执行完毕，办理核销手续时，剩余料件需退运出境的；（4）退运的类别：来料料件复出 0265、来料料件退换 0300、来料边角料复出 0865、进料料件复出 0664、进料料件退换 0700、进料边角料复出 0864。对直接退运货物，按直接退运货物的管理办法办理。

2. 应提交单证

包括：（1）书面申请报告；（2）《登记手册》；（3）原进口货物报关单复印件以及手写出口报关单（原材料退运才提供）；（4）《加工贸易料件退运申请表》一式两份；（5）按规定需提交的其他单证（如外商要求退运的有关文件、质量检验证明等）。

3. 作业流程

企业向海关加工贸易监管部门申请——海关审核并制作关封交企业——企业到通关现场办理手续。

（十一）合同核销结案

1. 办理时间

企业应在《登记手册》到期或最后一批加工成品出口后的一个月内向海关办理合同核销结案手续。

2. 应提交单证

包括：（1）《登记手册》；（2）《对外加工装配合同核销申请表》或《进料加工合同核销申请表》；（3）进出口货物报关单；（4）《合同核销预录入呈报表》；（5）海关认为必要的其他单证。

3. 作业流程

企业提出核销申请——海关审核——海关开具《银行保证金台账核销联系单》——企业到中行核销台账——海关登记《银行保证金台账核销登记单》——海关签发《核销申请（结案）表》

二、加工贸易合同的内容及签署注意事项

（一）加工贸易合同的内容

加工贸易合同是外贸公司（加工贸易合同中加工方）在与国外客户（加工贸易合同中委托方）签署的一种涉外经济合同。加工贸易合同的内容因项目和加工方式而有区别，一般包括以下内容。

约首部分：即合同的首部，包括合同的名称、合同编号、签约日期、签字地点、签约公司名称、公司地址、电话、传真、电子信箱及银行账号等方面。

正文部分：合同的标的，主要包括货物的名称、质量、规格、数量和包装等，还有供货方式、支付方式、双方的义务、争议的预防和处理等。

约尾部分：即合同的结尾部分，包括合同的文字效力、份数、附件、签字等方面。

（二）加工贸易合同签署注意事项

我国加工贸易主要采用来料加工方式，我方在与外商签署来料加工贸易合同时，应重点注意以下方面事项。

1. 来料或来件条款

确定来料或来件时间、地点、数量、质量、规格、供货方式、支付方式等。来料加工一般应规定外商提供有关图纸资料，确定发生来料或来件短缺现象时的补足办法，确定使用中方企业当地原辅材料及零部件的做价方法；确定外商未能按时来料或来件所承担的责任。

2. 提供设备、 技术条款

对外商提供的先进技术设备或生产线，应具体说明其型号、规格、技术标准、价格及交货条件、时间、验收办法。外商不能按规定交货，必须负责由此造成的损失。合同还可以规定由外商负责培训有关操作人员。

3. 成品率和原辅材料消耗定额条款

成品率是来料加工贸易业务的关键问题。应做三方面的规定：一是规定加工贸易的成品率；二是规定原辅材料、零部件的消耗额；三是不能达到规定时受托方（中方企业）的责任。

4. 交货条款

一般说来，除规定加工贸易供料、交货的总时间外，每一批加工贸易业务，还应分别订立合同，具体规定原材料、零部件供应时间和成品交货时间，以及规定违约时的责任。

5. 产品商标使用条款

来料加工贸易产品商标的使用，应按照我国《商标法》及其实施细则的有关规定进行管理。在外商与中方企业签订来料加工贸易合同时，必须要求外商提供经过公证的商标所有权或被许可使用的证明文件。其商标不得与我国已注册的商标相同或近似，商品的造型、包装亦不得仿冒。

6. 运输和保险条款

来料、来件加工贸易设备和成品的运输费用，应规定由外商负担。来料、来件及所提供

设备的进口由外商在国外保险。加工后的成品出口可由中方企业代为保险，但费用由外商负责。在工厂内加工贸易期间的保险费通过双方协调做出规定。

7. 工缴费条款

工缴费在参考国际市场、尤其是外商所在国家或地区加工费水平的基础上，全面考虑来料加工的各种费用开支，一般要高于国内同类产品的加工费水平。

其他附加的费用，如代办保险、运输等的费用，应另行计算。

8. 支付条款

确定工缴费支付所使用的货币是加工贸易中保证收益的重要方面。由于国际汇率变化频繁，收取工缴费一般避免使用软货币（即汇价下跌的货币）。支付引进设备技术费用则争取使用软货币，如果不得不使用硬货币（即汇价上升的货币），则应在计算价格成本时，把货币升值的因素考虑进去，以避免货币折算上的损失。一个合同应使用同一种货币。如果来料或出口成品实行分别作价，可以采取对开信用证的办法，即中方企业对来料或来件开远期信用证，外商对交付成品开即期信用证。如果来料、来件与成品均不计价，工缴费可以用即期信用证支付。

9. 约束性条款和仲裁条款

一般合同的约束性条款规定，在协议期内，中方受托人不承接除合同客商外第三者加工贸易同类产品。

一般合同的仲裁条款规定，如双方在执行合同中发生争执，首先采用友好协商解决，如果协商不能解决，应提交双方约定的仲裁机构仲裁，仲裁的裁决是终局的，对合同双方有法律约束力。

10. 期限条款

合同应确定期限，如半年、一年或几年，尤其是外商提供设备、用工缴费补偿其价款的业务，更应规定期限。有的合同规定，可以延长合同的有效期，并规定了续约的具体办法。

三、加工贸易部分单证样单

（一）加工贸易业务批准证申请表

加工贸易业务批准证申请表

<table>
<tr><td colspan="2">1. 经营企业名称：</td><td colspan="2">4. 加工企业名称：</td></tr>
<tr><td colspan="2">2. 经营企业地址、联系人、电话：</td><td colspan="2">5. 加工企业地址、联系人、电话：</td></tr>
<tr><td colspan="2">3. 经营企业类型：
经营企业编码：</td><td colspan="2">6. 加工企业类型：
加工企业编码：</td></tr>
<tr><td colspan="2">7. 加工贸易类型：</td><td colspan="2">8. 来料加工项目协议号：</td></tr>
<tr><td rowspan="3">进料加工</td><td>9. 进口合同号：</td><td rowspan="3">来料加工</td><td>12. 合同外商：</td></tr>
<tr><td>10. 出口合同号：</td><td>13. 合同号：</td></tr>
<tr><td>11. 客供辅料合同号：</td><td>14. 加工费(美元)：</td></tr>
<tr><td colspan="2">15. 进口主要料件(详细目录见清单)：</td><td colspan="2">18. 出口主要制成品(详细目录见清单)：</td></tr>
<tr><td colspan="2">16. 进口料件总值(美元)：</td><td colspan="2">19. 出口制成品总值(美元)：</td></tr>
<tr><td colspan="2">17. 进口口岸：</td><td colspan="2">20. 出口口岸：</td></tr>
<tr><td colspan="2">21. 出口制成品返销截止日期：</td><td colspan="2">22. 加工地主管海关：</td></tr>
</table>

续表

23. 加工企业生产能力审查单位：	24. 经营企业银行基本账户账号：		
25. 国产料件总值(美元)：	26. 深加工结转金额	转入(美元)	
		转出(美元)	
27. 选项说明： ( )(1)本合同项下产品不涉及地图内容，不属于音像制品、印刷品。 ( )(2)本合同项下产品涉及地图内容，已取得国家测绘局批准文件。 ( )(3)本合同项下产品属音像制品、印刷品，已取得省级出版行政机关批准文件。	29. 备注：	30. 经办人： 审核： 签发： 日期： (本栏由审批机关使用)	
28. 申请人申明：本企业的生产经营和所加工产品符合国家法律、法规的规定。			

(二) 加工贸易企业经营情况及生产能力证明

加工贸易企业经营情况及生产能力证明

企业名称：			
企业代码：	海关代码：	法人代表或企业负责人：	
税务登记号：	外汇登记号：	注册时间： 年 月 日	
基本账号及开户银行：		联系电话/传真：	
通信地址及邮编：			
企业类型(选中划“√”)：□1. 国有企业 □2. 外商投资企业 □3. 民营、私营 □4. 其他企业			
海关分类评定级别(选中划“√”)：□A类 □B类 □C类 □D类 (以填表时为准)			
注册资本：	资产总额(万元)：	净资产额(万元)：	本年度拟投资额(万元)： 下年度拟投资额(万元)：
研发机构数量：□改进型 自主型：□核心 □外围		是□ 否□ 世界500强公司投资(选择“√”) (根据美国《财富》杂志年评结果，主要考察投资主体)	
研发机构投资总额(万美元)：			
技术水平：A世界先进水平 B国内先进水平 C行业先进水平			
累计获得专利情况： 1. 国外(个) 2. 国内(个)			
员工总数：	文化程度：1. 本科以上( ) 2. 高中、大专( ) 3. 初中及以下( ) (在括号内填入人数)		
经营范围：(按营业执照)			

上年度	总产值(万元)：(进料加工企业填写)	来料加工出口额(万美元)：(来料加工企业填写)
	营业额(万元)：(进料加工企业填写)	来料加工工缴费(万美元)：(来料加工企业填写)
	利润总额(万元)：	
	纳税总额(万元)：	企业所得税(万元)：
	工资总额(万元)：	个人所得税总计(万元)：
	加工贸易进口料件总值(万美元)：	加工贸易出口成品总值(万美元)：
	进料加工合同数量：	来料加工合同数量：
	进料加工进口料件总值(万美元)：	进料加工出口成品总值(万美元)：
	加工贸易转内销额(万美元)：	内销补税额：(万元，含利息)

<table>
<tr><td rowspan="4">上
年
度</td><td colspan="2">内销主要原因:1. 国外市场方面　2. 国外企业方面　3. 国外法规调整　4. 客户(可多项选择)　5. 国内市场方面
6. 国内企业方面 7. 国内法规调整　8. 产品质量</td></tr>
<tr><td>深加工结转转入料件总值(万美元):</td><td>深加工结转转出料件总值(万美元):</td></tr>
<tr><td>国内上游配套企业家数:</td><td>国内下游用户企业家数:</td></tr>
<tr><td colspan="2">本企业采购国产料件额(万美元):</td></tr>
<tr><td colspan="3">上年度加工贸易主要投入商品(按以下分类序号选择"√",每类可多项选择)
大类:□1. 初级产品 □2. 工业制成品
中类:□A 机电　□B 高新技术　□C 纺织品　□D 工业品　□E 农产品　□F 化工产品
小类:□a 电子信息 □b 机械设备　□c 纺织服装　□d 鞋类　□e 旅行品、箱包　□f 玩具
□g 家具　□h 塑料制品　□i 金属制品　□j 其他　□k 化工产品</td></tr>
<tr><td colspan="3">上年度加工贸易主要产出商品(按以下分类序号选择"√",每类可多项选择)
大类:□1. 初级产品 □2. 工业制成品
中类:□A 机电　□B 高新技术　□C 纺织品　□D 工业品　□E 农产品　□F 化工产品
小类:□a 电子信息 □b 机械设备　□c 纺织服装　□d 鞋类　□e 旅行品、箱包　□f 玩具
□g 家具　□h 塑料制品　□i 金属制品　□j 其他　□k 化工产品</td></tr>
<tr><td rowspan="4">生
产
能
力</td><td>厂房面积:(平方米)</td><td>仓库面积:(平方米)</td></tr>
<tr><td colspan="2">生产规模:(主要产出成品数量及单位)</td></tr>
<tr><td colspan="2">累计生产设备投资额(万美元):(截至填表时)</td></tr>
<tr><td colspan="2">累计加工贸易进口不作价设备额(万美元):(截至填表时)</td></tr>
</table>

<table>
<tr><td>企业承诺:以上情况真实无讹并愿承担法律责任</td><td>企业负责人签字:</td><td>企业盖章
年　月　日</td></tr>
<tr><td>外经贸审核部门意见:</td><td>审核人:</td><td>审核部门签章
年　月　日</td></tr>
<tr><td colspan="3">备注:</td></tr>
</table>

(三) 企业合同核销预录入呈报表

企业合同核销预录入呈报表

单位盖章:

<table>
<tr><td colspan="2">1. 手册编号:</td></tr>
<tr><td>2. 申请人:</td><td>3. 申请日期: 年　月　日</td></tr>
<tr><td colspan="2">4. 经营单位:</td></tr>
<tr><td>5. 贸易性质:</td><td>6. 报核日期:年　月　日</td></tr>
<tr><td colspan="2">7. 加工单位:</td></tr>
<tr><td>8. 征税比例:</td><td>16. 转入料件次数:</td></tr>
<tr><td>9. 合同期限:</td><td>17. 料件转入价值:</td></tr>
<tr><td>10. 进口报单数:</td><td>18. 转入成品次数:</td></tr>
<tr><td>11. 料件进口总值:</td><td>19. 成品转入价值:</td></tr>
<tr><td>12. 剩余料件值:</td><td>20. 料件转出次数:</td></tr>
<tr><td>13. 出品报单数:</td><td>21. 料件转出价值:</td></tr>
<tr><td>14. 成品出口总值:</td><td>22. 成品中转出次数:</td></tr>
<tr><td>15. 剩余成品值:</td><td>23. 成品转出价值:</td></tr>
<tr><td colspan="2">24. 备注:</td></tr>
</table>

拓展学习 我国加工贸易的发展特征

我国的加工贸易发展具有以下三个方面的基本特征。

一、两头在外的特征

即其用以加工成品的全部或部分材料购自境外，而其加工成品又销往境外。

二、料件保税的特征

根据加工贸易“两头在外”的基本特征，我国现行的法规规定海关对进口料件实施保税监管，即对其进口料件实施海关监管下的暂缓缴纳各种进口税费的制度。料件的保税可以大大降低企业的运行成本，增加出口成品的竞争力，同时又对加工贸易保税料件监管提出较高的监管要求。料件保税是加工贸易的灵魂与核心，是区别于一般贸易的重要标志。

三、加工增值的特征

企业对外签订加工贸易合同的目的在于通过加工使进口料件增值，从而从中赚取差价或工缴费。加工增值是加工贸易得以发生的企业方面的根本动因。

实训练习

请根据以下材料缮制加工贸易料件进口合同。

(一) 制单材料

1. 买方：上海飞马进出口有限公司

The Buyer：SHANGHAI FLYING HORSE IMP. & EXP. CO.，LTD

2. 卖方：

The Seller：KNIT CREATIO CO.，LTD

Address：406-1，KAMITAKAOKA MIKI-CHO，KITAGUN，OSAKA JAPAN

3. 合同编号

CONTRACT NO：08JH038996

4. 签约日期

SIGNED DATE：Feb.，28. 2013

5. 传真

FAX：0086-021-63447188

6. 商品名称及规格、生产国别、制造工厂及包装

Name of Commodity and Specification，Country of Origin，Manufacturers & Packing

(1) 100%POLYESTFR FABRIC 染色其他纯聚酯非变形长丝布

(2) 80%POLYESTFR FABRIC 染色其他纯聚酯非变形长丝布

7. 数量/单价

Quantity/ Unit Price：CFR SHANGHAI (1) 26000 米 USD1. 3000 (2) 20000 USD1. 5000

8. 装运期限

Time of Shipment：LATEST DATE OF SHIPMENT Mar.，18. 2013

9. 装运港

Port of Loading：OSAKA PORT

10. 目的港

Port of Destination：SHANGHAI PORT

11. 分批装运

Partial Shipment：NOT ALLOWED

12. 转船

Transshipment：NOT ALLOWED

13. 付款条件

Terms of Payment：T/T

14. 运输标志

Shipping Marks：

15. 保险

Insurance：TO BE EFFECTED BY THE BUYERS

（二）缮制加工贸易料件进口合同

合同号码：

CONTRACT NO.：

上海　　日期

SHANGHAI，DATE：

传真：

FAX：

合　同

CONTRACT

上海市衡山路255号邮政编码200003

NO. 255 HENGSHAN ROAD. SHANAGHI，CHINA

买　　方：

The Buyer：

卖　　方：

The Seller：

兹经买卖双方同意按照以下条款由买方购进卖方售出以下商品：

This Contract is made by and between the Buyers and the Sellers，where by the Buyers agree to buy，and the Sellers agree to sell the under-mentioned good subject to the terms and conditions as stipulated hereinafter：

(1)商品名称及规格、生产国别、制造工厂及包装 Name of Commodity and Specification, Country of Origin, Manufacturers & Packing	(2)数量 Quantity	(3)单价 Unit Price	(4)总价 Total Amount

(5) 装运期限：

Time of Shipment：

(6) 装运港：

Port of Loading：

(7) 目的港：

Port of Destination：

（8）分批装运：

Partial Shipment：

（9）转船：

Transshipment：

（10）付款条件：

Terms of Payment：

（11）运输标志：

Shipping Marks：

（12）保险：TO BE EFFECTED BY THE BUYERS

Insurance：The Seller should cover insurance for ______ of the total invoice value against All Risks as per Ocean Marine Cargo Clauses of PICC dated 1/1/1981.

（13）仲裁：

Arbitration：All disputes arising from the execution of，or in connection with this Sales Confirmation，shall be settled amicably through friendly negotiation. In case no settlement can be reached through negotiation，the case shall then be submitted to China International Economic and Trade Arbitration Commission，Shanghai Commission for arbitration in accordance with Rules of Arbitration of China International Economic and Trade Arbitration Commission. The award made by the Commission should be accepted as final and binding upon both parties.

REMARKS：

买方须于____年__月__日前开出本批交易的信用证（或通知销售方进口许可证号码）。否则，销售方有权不经过通知取消本确认书，或向买方提出索赔。

The Buyer shall establish the covering Letter of Credit（or notify the Import License Number）before ________，falling which the Seller reserves the right to rescind without further notice，or to accept whole or any part of this Sales Confirmation non-fulfilled by the Buyer，or，to lodge claim for direct losses sustained，if any.

凡以 CIF 条件成交的业务，保额为发票价的____，投保险别以售货确认书中所开列的为限，买方如果要求增加保额或保险范围，应于装船前经卖方同意，因此而增加的保险费由买方负责。

For transactions conclude on CIF basis，it is understood that the insurance amount will be for ______ of the invoice value against the risks specified in Sales Confirmation. If additional insurance amount or coverage is required，the buyer must have consent of the Seller before Shipment，and the additional premium is to be borne by the Buyer.

品质/数量异议：如买方提出索赔，凡属品质异议，须于货到目的口岸之 60 日内提出。凡属数量异议，须于货到目的口岸之 30 日内提出，对所装货物所提任何异议属于保险公司、轮船公司等其他有关运输或邮递机构的责任范畴，卖方不负任何责任。

QUALITY/QUANTITY DISCREPANCY：In case of quality discrepancy，claim should be filed by the Buyer within 60 days after the arrival of the goods at port of destination；while for quantity discrepancy，claim should be filed by the Buyer within30 days after the arrival of the goods at port of destination. It is understood that the seller shall not he liable for any discrepancy of the goods shipped due to causes for which the Insurance Company，Shipped Company other transportation organization/or Post Office are liable.

本确认书内所述全部或部分商品，如因人力不可抗拒的原因，以致不能履约或延迟交货，卖方概不负责。

The Seller shall not be held liable for failure of delay in delivery of the entire lot or a portion of the goods under this Sales Confirmation in consequence of any Force Majeure incidents.

买方在开给卖方的信用证上请填注本确认书号码。

The Buyer is requested always to quote THE NUMBER OF THIS SALES CONFIRMATION in the Letter of Credit to be opened in favour of the Seller.

买方收到本售货确认书后请立即签回一份，如买方对本确认书有异议，应于收到后五天内提出，否则认为买方已同意接受本确认书所规定的各项条款。

The buyer is requested to sign and return one copy of the Sales Confirmation immediately after the receipt of same，Objection，if any，should be raised by the Buyer within five days after the receipt of this Sales Confirmation，in the absence of which it is understood that the Buyer has accepted the terms and condition of the Sales Confirmation.

买　方：上海飞马进出口有限公司

THE BUYER：SHANGHAI FLYING HORSE IMP. & EXP. CO.，LTD

卖　方：

THE SELLER：KNIT CREATIO CO.，LTD

附　录

附录一　联合国国际货物销售合同公约

（1980 年 4 月 11 日订于维也纳）

本公约于 1988 年 1 月 1 日生效。1981 年 9 月 30 日中华人民共和国政府代表签署本公约，1986 年 12 月 11 日交存核准书。核准书中载明，中国不受公约第 1 条第 1 款（b）、第 11 条及与第 11 条内容有关的规定的约束。

本公约各缔约国，铭记联合国大会第六届特别会议通过的关于建立新的国际经济秩序的各项决议的广泛目标，考虑到在平等互利基础上发展国际贸易是促进各国间友好关系的一个重要因素，认为采用照顾到不同的社会、经济和法律制度的国际货物销售合同统一规则，将有助于减少国际贸易的法律障碍，促进国际贸易的发展，兹协议如下：

第一部分　适用范围和总则

第一章　适用范围

第一条

（1）本公约适用于营业地在不同国家的当事人之间所订立的货物销售合同：

（a）如果这些国家是缔约国；或

（b）如果国际私法规则导致适用某一缔约国的法律。

（2）当事人营业地在不同国家的事实，如果从合同或从订立合同前任何时候或订立合同时，当事人之间的任何交易或当事人透露的情报均看不出，应不予考虑。

（3）在确定本公约的适用时，当事人的国籍和当事人或合同的民事或商业性质，应不予考虑。

第二条

本公约不适用于以下的销售：

（a）购供私人、家人或家庭使用的货物的销售，除非卖方在订立合同前任何时候或订立合同时不知道而且没有理由知道这些货物是购供任何这种使用；

（b）经由拍卖的销售；

（c）根据法律执行令状或其他令状的销售；

（d）公债、股票、投资证券、流通票据或货币的销售；

（e）船舶、船只、气垫船或飞机的销售；

（f）电力的销售。

第三条

（1）供应尚待制造或生产的货物的合同应视为销售合同，除非订购货物的当事人保证供应这种制造或生产所需的大部分重要材料。

（2）本公约不适用于供应货物一方的绝大部分义务在于供应劳力或其他服务的合同。

第四条

本公约只适用于销售合同的订立和卖方和买方因此种合同而产生的权利和义务。特别是，本公约除非另有明文规定，与以下事项无关：

（a）合同的效力，或其任何条款的效力，或任何惯例的效力；

(b) 合同对所售货物所有权可能产生的影响。

第五条

本公约不适用于卖方对于货物对任何人所造成的死亡或伤害的责任。

第六条

双方当事人可以不适用本公约，或在第十二条的条件下，减损本公约的任何规定或改变其效力。

第二章 总 则

第七条

(1) 在解释本公约时，应考虑到本公约的国际性质和促进其适用的统一以及在国际贸易上遵守诚信的需要。

(2) 凡本公约未明确解决的属于本公约范围的问题，应按照本公约所依据的一般原则来解决，在没有一般原则的情况下，则应按照国际私法规定适用的法律来解决。

第八条

(1) 为本公约的目的，一方当事人所作的声明和其他行为，应依照他的意旨解释，如果另一方当事人已知道或者不可能不知道此一意旨。

(2) 如果上一款的规定不适用，当事人所作的声明和其他行为，应按照一个与另一方当事人同等资格、通情达理的人处于相同情况中，应有的理解来解释。

(3) 在确定一方当事人的意旨或一个通情达理的人应有的理解时，应适当地考虑到与事实有关的一切情况，包括谈判情形、当事人之间确立的任何习惯作法、惯例和当事人其后的任何行为。

第九条

(1) 双方当事人业已同意的任何惯例和他们之间确立的任何习惯做法，对双方当事人均有约束力。

(2) 除非另有协议，双方当事人应视为已默示地同意对他们的合同或合同的订立适用双方当事人已知道或理应知道的惯例，而这种惯例，在国际贸易上，已为有关特定贸易所涉同类合同的当事人所广泛知道并为他们所经常遵守。

第十条

为本公约的目的：

(a) 如果当事人有一个以上的营业地，则以与合同及合同的履行关系最密切的营业地为其营业地，但要考虑到双方当事人在订立合同前任何时候或订立合同时所知道或所设想的情况；

(b) 如果当事人没有营业地，则以其惯常居住地为准。

第十一条

销售合同无须以书面订立或书面证明，在形式方面也不受任何其他条件的限制。销售合同可以用包括人证在内的任何方法证明。

第十二条

本公约第十一条、第二十九条或第二部分准许销售合同或其更改或根据协议终止，或者任何发价、接受或其他意旨表示得以书面以外任何形式做出的任何规定不适用，如果任何一方当事人的营业地是在已按照本公约第九十六条做出了声明的一个缔约国内。各当事人不得减损本条或改变其效力。

第十三条

为本公约的目的，“书面”包括电报和电传。

第二部分 合同的订立

第十四条

(1) 向一个或一个以上特定的人提出的订立合同的建议，如果十分确定并且表明发价人在得到接受时承受约束的意旨，即构成发价。一个建议如果写明货物并且明示或暗示地规定数量和价格或规定如何确定数量和价格，即为十分确定。

(2) 非向一个或一个以上特定的人提出的建议，仅应视为邀请做出发价，除非提出建议的人明确地表示相反的意向。

第十五条

(1) 发价于送达被发价人时生效。

(2) 一项发价，即使是不可撤销的，得予撤回，如果撤回通知于发价送达被发价人之前或同时，送达被发价人。

第十六条

(1) 在未订立合同之前，发价得予撤销，如果撤销通知于被发价人发出接受通知之前送达被发价人。

(2) 但在以下情况下，发价不得撤销：

(a) 发价写明接受发价的期限或以其他方式表示发价是不可撤销的；或

(b) 被发价人有理由信赖该项发价是不可撤销的，而且被发价人已本着对该项发价的信赖行事。

第十七条

一项发价，即使是不可撤销的，于拒绝通知送达发价人时终止。

第十八条

(1) 被发价人声明或做出其他行为表示同意一项发价，即是接受，缄默或不行动本身不等于接受。

(2) 接受发价于表示同意的通知送达发价人时生效。如果表示同意的通知在发价人所规定的时间内，如未规定时间，在一段合理的时间内，未曾送达发价人，接受就成为无效，但须适当地考虑到交易的情况，包括发价人所使用的通讯方法的迅速程度。对口头发价必须立即接受，但情况有别者不在此限。

(3) 但是，如果根据该项发价或依照当事人之间确立的习惯作法或惯例，被发价人可以做出某种行为，例如与发运货物或支付价款有关的行为，来表示同意，而无须向发价人发出通知，则接受于该项行为做出时生效，但该项行为必须在上一款所规定的期间内做出。

第十九条

(1) 对发价表示接受但载有添加、限制或其他更改的答复，即为拒绝该项发价，并构成还价。

(2) 但是，对发价表示接受但载有添加或不同条件的答复，如所载的添加或不同条件在实质上并不变更该项发价的条件，除发价人在不过分迟延的期间内以口头或书面通知反对其间的差异外，仍构成接受。如果发价人不做出这种反对，合同的条件就以该项发价的条件以及接受通知内所载的更改为准。

(3) 有关货物价格、付款、货物质量和数量、交货地点和时间、一方当事人对另一方当事人的赔偿责任范围或解决争端等等的添加或不同条件，均视为在实质上变更发价的条件。

第二十条

(1) 发价人在电报或信件内规定的接受期间，从电报交发时刻或信上载明的发信日期起算，如信上未载明发信日期，则从信封上所载日期起算。发价人以电话、电传或其他快速通讯方法规定的接受期间，从发价送达被发价人时起算。

(2) 在计算接受期间时，接受期间内的正式假日或非营业日应计算在内。但是，如果接受通知在接受期间的最后一天未能送到发价人地址，因为那天在发价人营业地是正式假日或非营业日，则接受期间应顺延至下一个营业日。

第二十一条

(1) 逾期接受仍有接受的效力，如果发价人毫不迟延地用口头或书面将此种意见通知被发价人。

(2) 如果载有逾期接受的信件或其他书面文件表明，它是在传递正常、能及时送达发价人的情况下寄发的，则该项逾期接受具有接受的效力，除非发价人毫不迟延地用口头或书面通知被发价人：他认为他的发价已经失效。

第二十二条

接受得予撤回，如果撤回通知于接受原应生效之前或同时，送达发价人。

第二十三条

合同于按照本公约规定对发价的接受生效时订立。

第二十四条

为公约本部分的目的，发价、接受声明或任何其他意旨表示“送达”对方，系指用口头通知对方或通过任何其他方法送交对方本人，或其营业地或通讯地址，如无营业地或通讯地址，则送交对方惯常居住地。

第三部分 货物销售

第一章 总 则

第二十五条

一方当事人违反合同的结果，如使另一方当事人蒙受损害，以至于实际上剥夺了他根据合同规定有权期待得到的东西，即为根本违反合同，除非违反合同一方并不预知而且一个同等资格、通情达理的人处于相同情况中也没有理由预知会发生这种结果。

第二十六条

宣告合同无效的声明，必须向另一方当事人发出通知，方始有效。

第二十七条

除非公约本部分另有明文规定，当事人按照本部分的规定，以适合情况的方法发出任何通知、要求或其他通知后，这种通知如在传递上发生耽搁或错误，或者未能到达，并不使该当事人丧失依靠该项通知的权利。

第二十八条

如果按照本公约的规定，一方当事人有权要求另一方当事人履行某一义务，法院没有义务做出判决，要求具体履行此一义务，除非法院依照其本身的法律对不属本公约范围的类似销售合同愿意这样做。

第二十九条

(1) 合同只需双方当事人协议，就可更改或终止。

(2) 规定任何更改或根据协议终止必须以书面做出的书面合同，不得以任何其他方式更改或根据协议终止。但是，一方当事人的行为，如经另一方当事人寄以信赖，就不得坚持此项规定。

第二章　卖方的义务

第三十条

卖方必须按照合同和本公约的规定，交付货物，移交一切与货物有关的单据并转移货物所有权。

第一节　交付货物和移交单据

第三十一条

如果卖方没有义务要在任何其他特定地点交付货物，他的交货义务如下：

(a) 如果销售合同涉及货物的运输，卖方应把货物移交给第一承运人，以运交给买方；

(b) 在不属于上一款规定的情况下，如果合同指的是特定货物或从特定存货中提取的或尚待制造或生产的未经特定化的货物，而双方当事人在订立合同时已知道这些货物是在某一特定地点，或将在某一特定地点制造或生产，卖方应在该地点把货物交给买方处置；

(c) 在其他情况下，卖方应在他于订立合同时的营业地把货物交给买方处置。

第三十二条

(1) 如果卖方按照合同或本公约的规定将货物交付给承运人，但货物没有以货物上加标记、或以装运单据或其他方式清楚地注明有关合同，卖方必须向买方发出列明货物的发货通知。

(2) 如果卖方有义务安排货物的运输，他必须订立必要的合同，以按照通常运输条件，用适合情况的运输工具，把货物运到指定地点。

(3) 如果卖方没有义务对货物的运输办理保险，他必须在买方提出要求时，向买方提供一切现有的必要资料，使他能够办理这种保险。

第三十三条

卖方必须按以下规定的日期交付货物：

(a) 如果合同规定有日期，或从合同可以确定日期，应在该日期交货；

(b) 如果合同规定有一段时间，或从合同可以确定一段时间，除非情况表明应由买方选定一个日期外，应在该段时间内任何时候交货；或者

(c) 在其他情况下，应在订立合同后一段合理时间内交货。

第三十四条

如果卖方有义务移交与货物有关的单据，他必须按照合同所规定的时间、地点和方式移交这些单据。如果卖方在那个时间以前已移交这些单据，他可以在那个时间到达前纠正单据中任何不符合同规定的情形，但是，此一权利的行使不得使买方遭受不合理的不便或承担不合理的开支。但是，买方保留本公约所规定的要求损害赔偿的任何权利。

第二节　货物相符与第三方要求

第三十五条

(1) 卖方交付的货物必须与合同所规定的数量、质量和规格相符，并须按照合同所规定的方式装箱或

包装。

(2) 除双方当事人业已另有协议外，货物除非符合以下规定，否则即为与合同不符：

(a) 货物适用于同一规格货物通常使用的目的；

(b) 货物适用于订立合同时曾明示或默示地通知卖方的任何特定目的，除非情况表明买方并不依赖卖方的技能和判断力，或者这种依赖对他是不合理的；

(c) 货物的质量与卖方向买方提供的货物样品或样式相同；

(d) 货物按照同类货物通用的方式装箱或包装，如果没有此种通用方式，则按照足以保全和保护货物的方式装箱或包装。

(3) 如果买方在订立合同时知道或者不可能不知道货物不符合同，卖方就无须按上一款（a）项至（d）项负有此种不符合同的责任。

第三十六条

(1) 卖方应按照合同和本公约的规定，对风险移转到买方时所存在的任何不符合同情形，负有责任，即使这种不符合同情形在该时间后方始明显。

(2) 卖方对在上一款所述时间后发生的任何不符合同情形，也应负有责任，如果这种不符合同情形是由于卖方违反他的某项义务所致，包括违反关于在一段时间内货物将继续适用于其通常使用的目的或某种特定目的，或将保持某种特定质量或性质的任何保证。

第三十七条

如果卖方在交货日期前交付货物，他可以在那个日期到达前，交付任何缺漏部分或补足所交付货物的不足数量，或交付用以替换所交付不符合同规定的货物，或对所交付货物中任何不符合同规定的情形做出补救，但是，此项权利的行使不得使买方遭受不合理的不便或承担不合理的开支。但是，买方保留本公约所规定的要求损害赔偿的任何权利。

第三十八条

(1) 买方必须在按情况实际可行的最短时间内检验货物或由他人检验货物。

(2) 如果合同涉及货物的运输，检验可推迟到货物到达目的地后进行。

(3) 如果货物在运输途中改运或买方须再发运货物，没有合理机会加以检验，而卖方在订立合同时已知道或理应知道这种改运或再发运的可能性，检验可推迟到货物到达新目的地后进行。

第三十九条

(1) 买方对货物不符合同，必须在发现或理应发现不符情形后一段合理时间内通知卖方，说明不符合同情形的性质，否则就丧失声称货物不符合同的权利。

(2) 无论如何，如果买方不在实际收到货物之日起两年内将货物不符合同情形通知卖方，他就丧失声称货物不符合同的权利，除非这一时限与合同规定的保证期限不符。

第四十条

如果货物不符合同规定指的是卖方已知道或不可能不知道而又没有告知买方的一些事实，则卖方无权援引第三十八条和第三十九条的规定。

第四十一条

卖方所交付的货物，必须是第三方不能提出任何权利或要求的货物，除非买方同意在这种权利或要求的条件下，收取货物。但是，如果这种权利或要求是以工业产权或其他知识产权为基础的，卖方的义务应依照第四十二条的规定。

第四十二条

(1) 卖方所交付的货物，必须是第三方不能根据工业产权或其他知识产权主张任何权利或要求的货物，但以卖方在订立合同时已知道或不可能不知道的权利或要求为限，而且这种权利或要求根据以下国家的法律规定是以工业产权或其他知识产权为基础的：

(a) 如果双方当事人在订立合同时预期货物将在某一国境内转售或做其他使用，则根据货物将在其境内转售或做其他使用的国家的法律；或者

(b) 在任何其他情况下，根据买方营业地所在国家的法律。

(2) 卖方在上一款中的义务不适用于以下情况：

(a) 买方在订立合同时已知道或不可能不知道此项权利或要求；或者

(b) 此项权利或要求的发生，是由于卖方要遵照买方所提供的技术图样、图案、程式或其他规格。

第四十三条

(1) 买方如果不在已知道或理应知道第三方的权利或要求后一段合理时间内，将此一权利或要求的性质通知卖方，就丧失援引第四十一条或第四十二条规定的权利。

(2) 卖方如果知道第三方的权利或要求以及此一权利或要求的性质，就无权援引上一款的规定。

第四十四条

尽管有第三十九条第 (1) 款和第四十三条第 (1) 款的规定，买方如果对他未发出所需的通知具备合理的理由，仍可按照第五十条规定减低价格，或要求利润损失以外的损害赔偿。

第三节　卖方违反合同的补救办法

第四十五条

(1) 如果卖方不履行他在合同和本公约中的任何义务，买方可以：

(a) 行使第四十六条至第五十二条所规定的权利；

(b) 按照第七十四条至第七十七条的规定，要求损害赔偿。

(2) 买方可能享有的要求损害赔偿的任何权利，不因他行使采取其他补救办法的权利而丧失。

(3) 如果买方对违反合同采取某种补救办法，法院或仲裁庭不得给予卖方宽限期。

第四十六条

(1) 买方可以要求卖方履行义务，除非买方已采取与此一要求相抵触的某种补救办法。

(2) 如果货物不符合同，买方只有在此种不符合同情形构成根本违反合同时，才可以要求交付替代货物，而且关于替代货物的要求，必须与依照第三十九条发出的通知同时提出，或者在该项通知发出后一段合理时间内提出。

(3) 如果货物不符合同，买方可以要求卖方通过修理对不符合同之处做出补救，除非他考虑了所有情况之后，认为这样做是不合理的。修理的要求必须与依照第三十九条发出的通知同时提出，或者在该项通知发出后一段合理时间内提出。

第四十七条

(1) 买方可以规定一段合理时限的额外时间，让卖方履行其义务。

(2) 除非买方收到卖方的通知，声称他将不在所规定的时间内履行义务，买方在这段时间内不得对违反合同采取任何补救办法。但是，买方并不因此丧失他对迟延履行义务可能享有的要求损害赔偿的任何权利。

第四十八条

(1) 在第四十九条的条件下，卖方即使在交货日期之后，仍可自付费用，对任何不履行义务做出补救，但这种补救不得造成不合理的迟延，也不得使买方遭受不合理的不便，或无法确定卖方是否将偿付买方预付的费用。但是，买方保留本公约所规定的要求损害赔偿的任何权利。

(2) 如果卖方要求买方表明他是否接受卖方履行义务，而买方不在一段合理时间内对此一要求做出答复，则卖方可以按其要求中所指明的时间履行义务。买方不得在该段时间内采取与卖方履行义务相抵触的任何补救办法。

(3) 卖方表明他将在某一特定时间内履行义务的通知，应视为包括根据上一款规定要买方表明决定的要求在内。

(4) 卖方按照本条第 (2) 和第 (3) 款做出的要求或通知，必须在买方收到后，始生效力。

第四十九条

(1) 买方在以下情况下可以宣告合同无效：

(a) 卖方不履行其在合同或本公约中的任何义务，等于根本违反合同；或

(b) 如果发生不交货的情况，卖方不在买方按照第四十七条第 (1) 款规定的额外时间内交付货物，或卖方声明他将不在所规定的时间内交付货物。

(2) 但是，如果卖方已交付货物，买方就丧失宣告合同无效的权利，除非：

(a) 对于迟延交货，他在知道交货后一段合理时间内这样做；

(b) 对于迟延交货以外的任何违反合同事情：

• 他在已知道或理应知道这种违反合同后一段合理时间内这样做；或

• 他在买方按照第四十七条第 (1) 款规定的任何额外时间满期后，或在卖方声明他将不在这一额外时间履行义务后一段合理时间内这样做；或

• 他在卖方按照第四十八条第（2）款指明的任何额外时间满期后，或在买方声明他将不接受卖方履行义务后一段合理时间内这样做。

第五十条

如果货物不符合同，不论价款是否已付，买方都可以减低价格，减价按实际交付的货物在交货时的价值与符合合同的货物在当时的价值两者之间的比例计算。但是，如果卖方按照第三十七条或第四十八条的规定对任何不履行义务做出补救，或者买方拒绝接受卖方按照该两条规定履行义务，则买方不得减低价格。

第五十一条

（1）如果卖方只交付一部分货物，或者交付的货物中只有一部分符合合同规定，第四十六条至第五十条的规定适用于缺漏部分及不符合同规定部分的货物。

（2）买方只有在完全不交付货物或不按照合同规定交付货物等于根本违反合同时，才可以宣告整个合同无效。

第五十二条

（1）如果卖方在规定的日期前交付货物，买方可以收取货物，也可以拒绝收取货物。

（2）如果卖方交付的货物数量大于合同规定的数量，买方可以收取也可以拒绝收取多交部分的货物。如果买方收取多交部分货物的全部或一部分，他必须按合同价格付款。

第三章　买方的义务

第五十三条

买方必须按照合同和本公约规定支付货物价款和收取货物。

第一节　支付价款

第五十四条

买方支付价款的义务包括根据合同或任何有关法律和规章规定的步骤和手续，以便支付价款。

第五十五条

如果合同已有效的订立，但没有明示或暗示地规定价格或规定如何确定价格，在没有任何相反表示的情况下，双方当事人应视为已默示地引用订立合同时此种货物在有关贸易的类似情况下销售的通常价格。

第五十六条

如果价格是按货物的重量规定的，如有疑问，应按净重确定。

第五十七条

（1）如果买方没有义务在任何其他特定地点支付价款，他必须在以下地点向卖方支付价款：

（a）卖方的营业地；或者

（b）如凭移交货物或单据支付价款，则为移交货物或单据的地点。

（2）卖方必须承担因其营业地在订立合同后发生变动而增加的支付方面的有关费用。

第五十八条

（1）如果买方没有义务在任何其他特定时间内支付价款，他必须于卖方按照合同和本公约规定将货物或控制货物处置权的单据交给买方处置时支付价款。卖方可以支付价款作为移交货物或单据的条件。

（2）如果合同涉及货物的运输，卖方可以在支付价款后方可把货物或控制货物处置权的单据移交给买方作为发运货物的条件。

（3）买方在未有机会检验货物前，无义务支付价款，除非这种机会与双方当事人议定的交货或支付程序相抵触。

第五十九条

买方必须按合同和本公约规定的日期或从合同和本公约可以确定的日期支付价款，而无需卖方提出任何要求或办理任何手续。

第二节　收取货物

第六十条

买方收取货物的义务如下：

（a）采取一切理应采取的行动，以期卖方能交付货物；和

（b）接收货物。

第三节 买方违反合同的补救办法

第六十一条

(1) 如果买方不履行他在合同和本公约中的任何义务，卖方可以：

(a) 行使第六十二条至第六十五条所规定的权利；

(b) 按照第七十四至第七十七条的规定，要求损害赔偿。

(2) 卖方可能享有的要求损害赔偿的任何权利，不因他行使采取其他补救办法的权利而丧失。

(3) 如果卖方对违反合同采取某种补救办法，法院或仲裁庭不得给予买方宽限期。

第六十二条

卖方可以要求买方支付价款、收取货物或履行他的其他义务，除非卖方已采取与此一要求相抵触的某种补救办法。

第六十三条

(1) 卖方可以规定一段合理时限的额外时间，让买方履行义务。

(2) 除非卖方收到买方的通知，声称他将不在所规定的时间内履行义务，卖方不得在这段时间内对违反合同采取任何补救办法。但是，卖方并不因此丧失他对迟延履行义务可能享有的要求损害赔偿的任何权利。

第六十四条

(1) 卖方在以下情况下可以宣告合同无效：

(a) 买方不履行其在合同或本公约中的任何义务，等于根本违反合同；或

(b) 买方不在卖方按照第六十三条第（1）款规定的额外时间内履行支付价款的义务或收取货物，或买方声明他将不在所规定的时间内这样做。

(2) 但是，如果买方已支付价款，卖方就丧失宣告合同无效的权利，除非：

(a) 对于买方迟延履行义务，他在知道买方履行义务前这要做；或者

(b) 对于买方迟延履行义务以外的任何违反合同事情：

• 他在已知道或理应知道这种违反合同后一段合理时间内这样做；或

• 他在卖方按照第六十三条第（1）款规定的任何额外时间满期后或在买方声明他将不在这一额外时间内履行义务后一段合理时间内这样做。

第六十五条

(1) 如果买方应根据合同规定订明货物的形状、大小或其他特征，而他在议定的日期或在收到卖方的要求后一段合理时间内没有订明这些规格，则卖方在不损害其可能享有的任何其他权利的情况下，可以依照他所知的买方的要求，自己订明规格。

(2) 如果卖方自己订明规格，他必须把订明规格的细节通知买方，而且必须规定一段合理时间，让买方可以在该段时间内订出不同的规格。如果买方在收到这种通知后没有在该段时间内这样做，卖方所订的规格就具有约束力。

第四章 风 险 移 转

第六十六条

货物在风险移转到买方承担后遗失或损坏，买方支付价款的义务并不因此解除，除非这种遗失或损坏是由于卖方的行为或不行为所造成。

第六十七条

(1) 如果销售合同涉及货物的运输，但卖方没有义务在某一特定地点交付货物，自货物按照销售合同交付给第一承运人以转交给买方时起，风险就移转到买方承担。如果卖方有义务在某一特定地点把货物交付给承运人，在货物于该地点交付给承运人以前，风险不转移到买方承担。卖方授权保留控制货物处置权的单据，并不影响风险的转移。

(2) 但是，在货物以货物上加标记、或以装运单据、或向买方发出通知或其他方式清楚地注明有关合同以前，风险不转移到买方承担。

第六十八条

对于在运输途中销售的货物，从订立合同时起，风险就移转到买方承担。但是，如果情况表明有此需要，从交货付给签发载有运输合同单据的承运人时起，风险就由买方承担。尽管如此，如果卖方在订立合

同时已知道或理应知道货物已经遗失或损坏，而他又不将这一事实告之买方，则这种遗失或损坏应由卖方负责。

第六十九条

(1) 在不属于第六十七条和第六十八条规定的情况下，从买方接收货物时起，或如果买方不在适当时间内这样做，则从货物交给他处置但他不收取货物从而违反合同时起，风险移转到买方承担。

(2) 但是，如果买方有义务在卖方营业地以外的某一地点接收货物，当交货时间已到而买方知道货物已在该地点交给他处置时，风险方始移转。

(3) 如果合同指的是当时未加识别的货物，则这些货物在未清楚注明有关合同以前，不得视为已交给买方处置。

第七十条

如果卖方已根本违反合同，按照第六十七条、第六十八条和第六十九条的规定，不损害买方因此种违反合同而可以采取的各种补救办法。

第五章　卖方和买方义务的一般规定

第一节　预期违反合同和分批交货合同

第七十一条

(1) 如果订立合同后，另一方当事人由于以下原因显然将不履行其大部分重要义务，一方当事人可以中止履行义务：

(a) 他履行义务的能力或他的信用有严重缺陷；或

(b) 他在准备履行合同或履行合同中的行为。

(2) 如果卖方在上一款所述的理由明显化以前已将货物发运，他可以阻止就货物交给买方，即使买方持有其有权获得货物的单据。本款规定只与买方和卖方间对货物的权利有关。

(3) 中止履行义务的一方当事人不论是在货物发运前还是发运后，都必须立即通知另一方当事人，如经另一方当事人对履行义务提供充分保证，则他必须继续履行义务。

第七十二条

(1) 如果在履行合同日期之前，明显看出一方当事人将根本违反合同，另一方当事人可以宣告合同无效。

(2) 如果时间许可，打算宣告合同无效的一方当事人必须向另一方当事人发出合理的通知，使他可以对履行义务提供充分保证。

(3) 如果另一方当事人已声明他将不履行其义务，则上一款的规定不适用。

第七十三条

(1) 对于分批交付货物的合同，如果一方当事人不履行对任何一批货物的义务，便对该批货物构成根本违反合同，则另一方当事人可以宣告合同对该批货物无效。

(2) 如果一方当事人不履行对任何一批货物的义务，使另一方当事人有充分理由断定对今后各批货物将会发生根本违反合同，该另一方当事人可以在一段合理时间内宣告合同今后无效。

(3) 买方宣告合同对任何一批货物的交付为无效时，可以同时宣告合同对已交付的或今后交付的各批货物均为无效，如果各批货物是互相依存的，不能单独用于双方当事人在订立合同时所设想的目的。

第二节　损害赔偿

第七十四条

一方当事人违反合同应负的损害赔偿额，应与另一方当事人因他违反合同而遭受的包括利润在内的损失额相等。这种损害赔偿不得超过违反合同一方在订立合同时，依照他当时已知道或理应知道的事实和情况，对违反合同预料到或理应预料到的可能损失。

第七十五条

如果合同被宣告无效，而在宣告无效后一段合理时间内，买方已以合理方式购买替代货物，或者卖方已以合理方式把货物转卖，则要求损害赔偿的一方可以取得合同价格和替代货物交易价格之间的差额以及按照第七十四条规定可以取得的任何其他损害赔偿。

第七十六条

(1) 如果合同被宣告无效，而货物又有时价，要求损害赔偿的一方，如果没有根据第七十五条规定进行购买或转卖，则可以取得合同规定的价格和宣告合同无效时的时价之间的差额以及按照第七十四条规定可以取得的任何其他损害赔偿。但是，如果要求损害赔偿的一方在接收货物之后宣告合同无效，则应适用接收货物时的时价，而不适用宣告合同无效时的时价。

(2) 为上一款的目的，时价指原应交付货物地点的现行价格，如果该地点没有时价，则指另一合理替代地点的价格，但应适当地考虑货物运费的差额。

第七十七条

声称另一方违反合同的一方，必须按情况采取合理措施，减轻由于该另一方违反合同而引起的损失，包括利润方面的损失。如果他不采取这种措施，违反合同一方可以要求从损失赔偿中扣除原可以减轻的损失数额。

第三节 利 息

第七十八条

如果一方当事人没有支付价款或任何其他拖欠金额，另一方当事人有权对这些款额收取利息，但不妨碍要求按照第七十四条规定可以取得的损害赔偿。

第四节 免 责

第七十九条

(1) 当事人对不履行义务，不负责任，如果他能证明此种不履行义务，是由于某种非他所能控制的障碍，而且对于这种障碍，没有理由预期他在订立合同时能考虑到或能避免或克服它或它的后果。

(2) 如果当事人不履行义务是由于他所雇用履行合同的全部或一部分规定的第三方不履行义务所致，该当事人只有在以下情况下才能免除责任：

(a) 他按照上一款的规定应免除责任，和

(b) 假如该款的规定也适用于他所雇用的人，这个人也同样会免除责任。

(3) 本条所规定的免责对障碍存在的期间有效。

(4) 不履行义务的一方必须将障碍及其对他履行义务能力的影响通知另一方。如果该项通知在不履行义务的一方已知道或理应知道此一障碍后一段合理时间内仍未被另一方收到，则他对由于另一方未收到通知而造成的损害应负赔偿责任。

(5) 本条规定不妨碍任一方行使本公约规定的要求损害赔偿以外的任何权利。

第八十条

一方当事人因其行为或不行为而使得另一方当事人不履行义务时，不得声称该另一方当事人不履行义务。

第五节 宣告合同无效的效果

第八十一条

(1) 宣告合同无效解除了双方在合同中的义务，但应负责的任何损害赔偿仍应负责。宣告合同无效不影响合同中关于解决争端的任何规定，也不影响合同中关于双方在宣告合同无效后权利和义务的任何其他规定。

(2) 已全部或局部履行合同的一方，可以要求另一方归还他按照合同供应的货物或支付的价款，如果双方都须归还，他们必须同时这样做。

第八十二条

(1) 买方如果不可能按实际收到货物的原状归还货物，他就丧失宣告合同无效或要求卖方交付替代货物的权利。

(2) 上一款的规定不适用于以下情况：

(a) 如果不可能归还货物或不可能按实际收到货物的原状归还货物，并非由于买方的行为或不行为所造成；或者

(b) 如果货物或其中一部分的毁灭或变坏，是由于按照第三十八条规定进行检验所致；或者

(c) 如果货物或其中一部分，在买方发现或理应发现与合同不符以前，已为买方在正常营业过程中售出，或在正常使用过程中消费或改变。

第八十三条

买方虽然依第八十二条规定丧失宣告合同无效或要求卖方交付替代货物的权利，但是根据合同和本公

约规定，他仍保有采取一切其他补救办法的权利。

第八十四条

(1) 如果卖方有义务归还价款，他必须同时从支付价款之日起支付价款利息。

(2) 在以下情况下，买方必须向卖方说明他从货物或其中一部分得到的一切利益：

(a) 如果他必须归还货物或其中一部分；或者

(b) 如果他不可能归还全部或一部分货物，或不可能按实际收到货物的原状归还全部或一部分货物，但他已宣告合同无效或已要求卖方交付替代货物。

第六节 保全货物

第八十五条

如果买方推迟收取货物，或在支付价款和交付货物应同时履行时，买方没有支付价款，而卖方仍拥有这些货物或仍能控制这些货物的处置权，卖方必须按情况采取合理措施，以保全货物。他有权保有这些货物，直至买方把他所付的合理费用偿还他为止。

第八十六条

(1) 如果买方已收到货物，但打算行使合同或本公约规定的任何权利，把货物退回，他必须按情况采取合理措施，以保全货物。他有权保有这些货物，直至卖方把他所付的合理费用偿还给他为止。

(2) 如果发运给买方的货物已到达目的地，并交给买方处置，而买方行使退货权利，则买方必须代表卖方收取货物，除非他这样做需要支付价款而且会使他遭受不合理的不便或需承担不合理的费用。如果卖方或授权代表他掌管货物的人也在目的地，则此一规定不适用。如果买方根据本款规定收取货物，他的权利和义务与上一款所规定的相同。

第八十七条

有义务采取措施以保全货物的一方当事人，可以把货物寄放在第三方的仓库，由另一方当事人担负费用，但该项费用必须合理。

第八十八条

(1) 如果另一方当事人在收取货物或收回货物或支付价款或保全货物费用方面有不合理的迟延，按照第八十五条或第八十六条规定有义务保全货物的一方当事人，可以采取任何适当办法，把货物出售，但必须事前向另一方当事人发出合理的意向通知。

(2) 如果货物易于迅速变坏，或者货物的保全牵涉到不合理的费用，则按照第八十五条或第八十六条规定有义务保全货物的一方当事人，必须采取合理措施，把货物出售，在可能的范围内，他必须把出售货物的打算通知另一方当事人。

(3) 出售货物的一方当事人，有权从销售所得收入中扣回为保全货物和销售货物而付的合理费用。他必须向另一方当事人说明所余款项。

第四部分 最后条款

第八十九条

兹指定联合国秘书长为本公约保管人。

第九十条

本公约不优于业已缔结或可能缔结并载有与属于本公约范围内事项有关的条款的任何国际协定，但以双方当事人的营业地均在这种协定的缔约国内为限。

第九十一条

(1) 本公约在联合国国际货物销售合同会议闭幕会议上开放签字，并在纽约联合国总部继续开放签字，直至1981年9月30日为止。

(2) 本公约须经签字国批准、接受或核准。

(3) 本公约从开放签字之日起开放给所有非签字国加入。

(4) 批准书、接受书、核准书和加入书应送交联合国秘书长存放。

第九十二条

(1) 缔约国可在签字、批准、接受、核准或加入时声明它不受本公约第二部分的约束或不受本公约第三部分的约束。

（2）按照上一款规定就本公约第二部分或第三部分做出声明的缔约国，在该声明适用的部分所规定事项上，不得视为本公约第一条第（1）款范围内的缔约国。

第九十三条

（1）如果缔约国具有两个或两个以上的领土单位，而依照该国宪法规定、各领土单位对本公约所规定的事项适用不同的法律制度，则该国得在签字、批准、接受、核准或加入时声明本公约适用于该国全部领土单位或仅适用于其中的一个或数个领土单位，并且可以随时提出另一声明来修改其所做的声明。

（2）此种声明应通知保管人，并且明确地说明适用本公约的领土单位。

（3）如果根据按本条做出的声明，本公约适用于缔约国的一个或数个但不是全部领土单位，而且一方当事人的营业地位于该缔约国内，则为本公约的目的，该营业地除非位于本公约适用的领土单位内，否则视为不在缔约国内。

（4）如果缔约国没有按照本条第（1）款做出声明，则本公约适用于该国所有领土单位。

第九十四条

（1）对属于本公约范围的事项具有相同或非常近似的法律规则的两个或两个以上的缔约国，可随时声明本公约不适用于营业地在这些缔约国内的当事人之间的销售合同，也不适用于这些合同的订立。此种声明可联合做出，也可以相互单方面声明的方式做出。

（2）对属于本公约范围的事项具有与一个或一个以上非缔约国相同或非常近似的法律规则的缔约国，可随时声明本公约不适用于营业地在这些非缔约国内的当事人之间的销售合同，也不适用于这些合同的订立。

（3）作为根据上一款所做声明对象的国家如果后来成为缔约国，这项声明从本公约对该新缔约国生效之日起，具有根据第（1）款所做声明的效力，但以该新缔约国加入这项声明，或做出相互单方面声明为限。

第九十五条

任何国家在交存其批准书、接受书、核准书或加入书时，可声明它不受本公约第一条第（1）款（b）项的约束。

第九十六条

本国法律规定销售合同必须以书面订立或书面证明的缔约国，可以随时按照第十二条的规定，声明本公约第十一条、第二十九条或第二部分准许销售合同或其更改或根据协议终止，或者任何发价、接受或其他意旨表示得以书面以外任何形式做出的任何规定不适用，如果任何一方当事人的营业地是在该缔约国内。

第九十七条

（1）根据本公约规定在签字时做出的声明，须在批准、接受或核准时加以确认。

（2）声明和声明的确认，应以书面提出，并应正式通知保管人。

（3）声明在本公约对有关国家开始生效时同时生效。但是，保管人于此种生效后收到正式通知的声明，应于保管人收到声明之日起六个月后的第一个月第一天生效。根据第九十四条规定做出的相互单方面声明，应于保管人收到最后一份声明之日起六个月后的第一个月第一天生效。

（4）根据本公约规定做出声明的任何国家可以随时用书面正式通知保管人撤回该项声明。此种撤回于保管人收到通知之日起六个月后的第一个月第一天生效。

（5）撤回根据第九十四条做出的声明，自撤回生效之日起，就会使另一个国家根据该条所做的任何相互声明失效。

第九十八条

除本公约明文许可的保留外，不得作任何保留。

第九十九条

（1）在本条第（6）款规定的条件下，本公约在第十件批准书、接受书、核准书或加入书、包括载有根据第九十二条规定做出的声明的文书交存之日起十二个月后的第一个月第一天生效。

（2）在本条第（6）款规定的条件下，对于在第十件批准书接受书、核准书或加入书交存后才批准、接受、核准或加入本公约的国家，本公约在该国交存其批准书、接受书、核准书或加入书之日起十二个月后的第一个月第一天对该国生效，但不适用的部分除外。

（3）批准、接受、核准或加入本公约的国家，如果是 1964 年 7 月 1 日在海牙签订的《关于国际货物销售合同的订立统一法公约》（《1964 年海牙订立合同公约》）和 1964 年 7 月 1 日在海牙签订的《关于国际货物销售统一法的公约》(《1964 年海牙货物销售公约》) 中一项或两项公约的缔约国。应按情况同时通知荷兰政府声明退出《1964 年海牙货物销售公约》或《1964 年海牙订立合同公约》或退出该两公约。

(4) 凡为《1964 年海牙货物销售公约》缔约国并批准、接受、核准或加入本公约和根据第九十二条规定声明或业已声明不受本公约第二部分约束的国家，应于批准、接受、核准或加入时通知荷兰政府声明退出《1964 年海牙货物销售公约》。

(5) 凡为《1964 年海牙订立合同公约》缔约国并批准、接受、核准或加入本公约和根据第九十二条规定声明或业已声明不受本公约第三部分约束的国家，应于批准、接受、核准或加入时通知荷兰政府声明退出《1964 年海牙订立合同公约》。

(6) 为本条的目的，《1964 年海牙订立合同公约》或《1964 年海牙货物销售公约》的缔约国的批准、接受、核准或加入本公约，应在这些国家按照规定退出该两公约生效后方始生效。本公约保管人应与 1964 年两公约的保管人荷兰政府进行协商，以确保在这方面进行必要的协调。

第一百条

(1) 本公约适用于合同的订立，只要订立该合同的建议是在本公约对第一条第 (1) 款 (a) 项所指缔约国或第一条第 (1) 款 (b) 项所指缔约国生效之日或其后作出的。

(2) 本公约只适用于在它对第一条第 (1) 款 (a) 项所指缔约国或第一条第 (1) 款 (b) 项所指缔约国生效之日或其后订立的合同。

第一百零一条

(1) 缔约国可以用书面正式通知保管人声明退出本公约，或本公约第二部分或第三部分。

(2) 退出于保管人收到通知十二个月后的第一个月第一天起生效。凡通知内订明一段退出生效的更长时间，则退出于保管人收到通知后该段更长时间满时起生效。

1980 年 4 月 11 日订于维也纳，正本一份，其阿拉伯文本、中文本、英文本、法文本、俄文本和西班牙文本都具有同等效力。

附录二　跟单信用证统一惯例（UCP600）

第一条　统一惯例的适用范围

跟单信用证统一惯例，2007 年修订本，国际商会第 600 号出版物，适用于所有在正文中标明按本惯例办理的跟单信用证（包括本惯例适用范围内的备用信用证）。除非信用证中另有规定，本惯例对一切有关当事人均具有约束力。

第二条　定义

就本惯例而言：

通知行意指应开证行要求通知信用证的银行。

申请人意指发出开立信用证申请的一方。

银行日意指银行在其营业地正常营业，按照本惯例行事的行为得以在银行履行的日子。

受益人意指信用证中受益的一方。

相符提示意指与信用证中的条款及条件、本惯例中所适用的规定及国际标准银行实务相一致的提示。

保兑意指保兑行在开证行之外对于相符提示做出兑付或议付的确定承诺。

保兑行意指应开证行的授权或请求对信用证加具保兑的银行。

信用证意指一项约定，无论其如何命名或描述，该约定不可撤销并因此构成开证行对于相符提示予以兑付的确定承诺。

兑付意指：

a. 对于即期付款信用证即期付款。

b. 对于延期付款信用证发出延期付款承诺并到期付款。

c. 对于承兑信用证承兑由受益人出具的汇票并到期付款。

开证行意指应申请人要求或代表其自身开立信用证的银行。

议付意指被指定银行在其应获得偿付的银行日或在此之前，通过向受益人预付或者同意向受益人预付款项的方式购买相符提示项下的汇票（汇票付款人为被指定银行以外的银行）及/或单据。

被指定银行意指有权使用信用证的银行，对于可供任何银行使用的信用证而言，任何银行均为被指定银行。

提示意指信用证项下单据被提交至开证行或被指定银行，抑或按此方式提交的单据。

提示人意指做出提示的受益人、银行或其他一方。

第三条　释义

就本惯例而言：

在适用的条款中，词汇的单复数同义。

信用证是不可撤销的，即使信用证中对此未作指示也是如此。

单据可以通过手签、签样印制、穿孔签字、盖章、符号表示的方式签署，也可以通过其他任何机械或电子证实的方法签署。

当信用证含有要求使单据合法、签证、证实或对单据有类似要求的条件时，这些条件可由在单据上签字、标注、盖章或标签来满足，只要单据表面已满足上述条件即可。

一家银行在不同国家设立的分支机构均视为另一家银行。

诸如“第一流”、“著名”、“合格”、“独立”、“正式”、“有资格”、“当地”等用语用于描述单据出单人的身份时，单据的出单人可以是除受益人以外的任何人 。

除非确需在单据中使用，银行对诸如“迅速"、“立即”、“尽快”之类词语将不予置理。

“于或约于”或类似措辞将被理解为一项约定，按此约定，某项事件将在所述日期前后各五天内发生，起讫日均包括在内。

词语“×月×日止”(to)、“至×月×日”(until)、“直至×月×日”(till)、“从×月×日”(from)及“在×月×日至×月×日之间”(between)用于确定装运期限时，包括所述日期。词语“×月×日之前”(before)及“×月×日之后”(after)不包括所述日期。

词语“从×月×日”(from)以及“×月×日之后”(after)用于确定到期日时不包括所述日期。

术语“上半月”和“下半月”应分别理解为自每月“1日至15日”和“16日至月末最后一天”，包括起讫日期。

术语“月初”、“月中”和“月末”应分别理解为每月1日至10日、11日至20日和21日至月末最后一天，包括起讫日期。

第四条　信用证与合同

a. 就性质而言，信用证与可能作为其依据的销售合同或其他合同，是相互独立的交易。即使信用证中提及该合同，银行亦与该合同完全无关，且不受其约束。因此，一家银行作出兑付、议付或履行信用证项下其他义务的承诺，并不受申请人与开证行之间或与受益人之间在已有关系下产生的索偿或抗辩的制约。

受益人在任何情况下，不得利用银行之间或申请人与开证行之间的契约关系。

b. 开证行应劝阻申请人将基础合同、形式发票或其他类似文件的副本作为信用证整体组成部分的作法。

第五条　单据与货物/服务/行为

银行处理的是单据，而不是单据所涉及的货物、服务或其他行为。

第六条　有效性、有效期限及提示地点

a. 信用证必须规定可以有效使用信用证的银行，或者信用证是否对任何银行均为有效。对于被指定银行有效的信用证同样也对开证行有效。

b. 信用证必须规定它是否适用于即期付款、延期付款、承兑或议付。

c. 不得开立包含有以申请人为汇票付款人条款的信用证。

d. ⅰ. 信用证必须规定提示单据的有效期限。规定的用于兑付或者议付的有效期限将被认为是提示单据的有效期限。

ⅱ. 可以有效使用信用证的银行所在的地点是提示单据的地点。对任何银行均为有效的信用证项下单据提示的地点是任何银行所在的地点。不同于开证行地点的提示单据的地点是开证行地点之外提交单据的地点。

e. 除非如29(a)中规定，由受益人或代表受益人提示的单据必须在到期日当日或在此之前提交。

第七条　开证行的承诺

a. 倘若规定的单据被提交至被指定银行或开证行并构成相符提示，开证行必须按下述信用证所适用的情形予以兑付：

ⅰ. 由开证行即期付款、延期付款或者承兑；

ⅱ. 由被指定银行即期付款而该被指定银行未予付款；

ⅲ. 由被指定银行延期付款而该被指定银行未承担其延期付款承诺，或者虽已承担延期付款承诺但到期未予付款；

ⅳ. 由被指定银行承兑而该被指定银行未予承兑以其为付款人的汇票，或者虽已承兑以其为付款人的汇票但到期未予付款；

ⅴ. 由被指定银行议付而该被指定银行未予议付。

b. 自信用证开立之时起，开证行即不可撤销地受到兑付责任的约束。

c. 开证行保证向对于相符提示已经予以兑付或者议付并将单据寄往开证行的被指定银行进行偿付。无论被指定银行是否于到期日前已经对相符提示予以预付或者购买，对于承兑或延期付款信用证项下相符提示的金额的偿付于到期日进行。开证行偿付被指定银行的承诺独立于开证行对于受益人的承诺。

第八条　保兑行的承诺

a. 倘若规定的单据被提交至保兑行或者任何其他被指定银行并构成相符提示，保兑行必须：

ⅰ. 兑付，如果信用证适用于：

a）由保兑行即期付款、延期付款或者承兑；

b）由另一家被指定银行即期付款而该被指定银行未予付款；

c）由另一家被指定银行延期付款而该被指定银行未承担其延期付款承诺，或者虽已承担延期付款承诺但到期未予付款；

d）由另一家被指定银行承兑而该被指定银行未予承兑以其为付款人的汇票，或者虽已承兑以其为付款人的汇票但到期未予付款；

e）由另一家被指定银行议付而该被指定银行未予议付。

ⅱ. 若信用证由保兑行议付，无追索权地议付。

b. 自为信用证加具保兑之时起，保兑行即不可撤销地受到兑付或者议付责任的约束。

c. 保兑行保证向对于相符提示已经予以兑付或者议付并将单据寄往开证行的另一家被指定银行进行偿付。无论另一家被指定银行是否于到期日前已经对相符提示予以预付或者购买，对于承兑或延期付款信用证项下相符提示的金额的偿付于到期日进行。保兑行偿付另一家被指定银行的承诺独立于保兑行对于受益人的承诺。

d. 如开证行授权或要求另一家银行对信用证加具保兑，而该银行不准备照办时，它必须不延误地告知开证行并仍可通知此份未经加具保兑的信用证。

第九条　信用证及修改的通知

a. 信用证及其修改可以通过通知行通知受益人。除非已对信用证加具保兑，通知行通知信用证不构成兑付或议付的承诺。

b. 通过通知信用证或修改，通知行即表明其认为信用证或修改的表面真实性得到满足，且通知准确地反映了所收到的信用证或修改的条款及条件。

c. 通知行可以利用另一家银行的服务（“第二通知行”）向受益人通知信用证及其修改。通过通知信用证或修改，第二通知行即表明其认为所收到的通知的表面真实性得到满足，且通知准确地反映了所收到的信用证或修改的条款及条件。

d. 如一家银行利用另一家通知行或第二通知行的服务将信用证通知给受益人，它也必须利用同一家银行的服务通知修改书。

e. 如果一家银行被要求通知信用证或修改但决定不予通知，它必须不延误通知向其发送信用证、修改或通知的银行。

f. 如果一家被要求通知信用证或修改，但不能确定信用证、修改或通知的表面真实性，就必须不延误地告知向其发出该指示的银行。如果通知行或第二通知行仍决定通知信用证或修改，则必须告知受益人或第二通知行其未能核实信用证、修改或通知的表面真实性。

第十条　修改

a. 除本惯例第 38 条另有规定外，凡未经开证行、保兑行（如有）以及受益人同意，信用证既不能修改也不能撤销。

b. 自发出信用证修改书之时起，开证行就不可撤销地受其发出修改的约束。保兑行可将其保兑承诺扩展至修改内容，且自其通知该修改之时起，即不可撤销地受到该修改的约束。然而，保兑行可选择仅将修改通知受益人而不对其加具保兑，但必须不延误地将此情况通知开证行和受益人。

c. 在受益人向通知修改的银行表示接受该修改内容之前，原信用证（或包含先前已被接受修改的信用证）的条款和条件对受益人仍然有效。受益人应发出接受或拒绝接受修改的通知。如受益人未提供上述通知，当其提交至被指定银行或开证行的单据与信用证以及尚未表示接受的修改的要求一致时，则该事实即视为受益人已作出接受修改的通知，并从此时起，该信用证已被修改。

d. 通知修改的银行应当通知向其发出修改书的银行任何有关接受或拒绝接受修改的通知。

e. 不允许部分接受修改，部分接受修改将被视为拒绝接受修改的通知。

f. 修改书中作出的除非受益人在某一时间内拒绝接受修改，否则修改将开始生效的条款将被不予置理。

第十一条　电讯传递与预先通知的信用证和修改

a. 经证实的信用证或修改的电讯文件将被视为有效的信用证或修改，任何随后的邮寄证实书将被不予置理。

若该电讯文件声明“详情后告”（或类似词语）或声明随后寄出的邮寄证实书将是有效的信用证或修改，则该电讯文件将被视为无效的信用证或修改。开证行必须随即不延误地开出有效的信用证或修改，且条款不能与电讯文件相矛盾。

b. 只有准备开立有效信用证或修改的开证行，才可以发出开立信用证或修改预先通知书。发出预先通知的开证行应不可撤销地承诺将不延误地开出有效的信用证或修改，且条款不能与预先通知书相矛盾。

第十二条　指定

a. 除非一家被指定银行是保兑行，对被指定银行进行兑付或议付的授权并不构成其必须兑付或议付的义务，被指定银行明确同意并照此通知受益人的情形除外。

b. 通过指定一家银行承兑汇票或承担延期付款承诺，开证行即授权该被指定银行预付或购买经其承兑的汇票或由其承担延期付款的承诺。

c. 非保兑行身份的被指定银行接受、审核并寄送单据的行为既不使得该被指定银行具有兑付或议付的义务，也不构成兑付或议付。

第十三条　银行间偿付约定

a. 如果信用证规定被指定银行（“索偿行”）须通过向另一方银行（“偿付行”）索偿获得偿付，则信用证中必须声明是否按照信用证开立日正在生效的国际商会《银行间偿付规则》办理。

b. 如果信用证中未声明是否按照国际商会《银行间偿付规则》办理，则适用于以下条款：

ⅰ. 开证行必须向偿付行提供偿付授权书，该授权书须与信用证中声明的有效性一致。偿付授权书不应规定有效日期。

ⅱ. 不应要求索偿行向偿付行提供证实单据与信用证条款及条件相符的证明。

ⅲ. 如果偿付行未能按照信用证的条款及条件在首次索偿时即行偿付，则开证行应对索偿行的利息损失以及产生的费用负责。

ⅳ. 偿付行的费用应由开证行承担。然而，如果费用系由受益人承担，则开证行有责任在信用证和偿付授权书中予以注明。如偿付行的费用系由受益人承担，则该费用应在偿付时从支付索偿行的金额中扣除。如果未发生偿付，开证行仍有义务承担偿付行的费用。

c. 如果偿付行未能于首次索偿时即行偿付，则开证行不能解除其自身的偿付责任。

第十四条　审核单据的标准

a. 按照指定行事的被指定银行、保兑行（如有）以及开证行必须对提示的单据进行审核，并仅以单据为基础，以决定单据在表面上看来是否构成相符提示。

b. 按照指定行事的被指定银行、保兑行（如有）以及开证行，自其收到提示单据的翌日起算，应各自拥有最多不超过五个银行工作日的时间以决定提示是否相符。该期限不因单据提示日适逢信用证有效期或最迟提示期或在其之后而被缩减或受到其他影响。

c. 提示若包含一份或多份按照本惯例第 19 条、20 条、21 条、22 条、23 条、24 条或 25 条出具的正本运输单据，则必须由受益人或其代表按照相关条款在不迟于装运日后的二十一个公历日内提交，但无论如何不得迟于信用证的到期日。

d. 单据中内容的描述不必与信用证、信用证对该项单据的描述以及国际标准银行实务完全一致，但不得与该项单据中的内容、其他规定的单据或信用证相冲突。

e. 除商业发票外，其他单据中的货物、服务或行为描述若须规定，可使用统称，但不得与信用证规定的描述相矛盾。

f. 如果信用证要求提示运输单据、保险单据和商业发票以外的单据，但未规定该单据由何人出具或单据的内容。如信用证对此未做规定，只要所提交单据的内容看来满足其功能需要且其他方面与十四条（d）款相符，银行将对提示的单据予以接受。

g. 提示信用证中未要求提交的单据，银行将不予置理。如果收到此类单据，可以退还提示人。

h. 如果信用证中包含某项条件而未规定需提交与之相符的单据，银行将认为未列明此条件，并对此不予置理。

i. 单据的出单日期可以早于信用证开立日期，但不得迟于信用证规定的提示日期。

j. 当受益人和申请人的地址显示在任何规定的单据上时，不必与信用证或其他规定单据中显示的地址相同，但必须与信用证中述及的各自地址处于同一国家内。用于联系的资料（电传、电话、电子邮箱及类似方式）如作为受益人和申请人地址的组成部分将被不予置理。然而，当申请人的地址及联系信息作为按照 19 条、20 条、21 条、22 条、23 条、24 条或 25 条出具的运输单据中收货人或通知方详址的组成部分时，则必须按照信用证规定予以显示。

k. 显示在任何单据中的货物的托运人或发货人不必是信用证的受益人。

l. 假如运输单据能够满足本惯例第 19 条、20 条、21 条、22 条、23 条或 24 条的要求，则运输单据可以由承运人、船东、船长或租船人以外的任何一方出具。

第十五条　相符提示

a. 当开证行确定提示相符时，就必须予以兑付。

b. 当保兑行确定提示相符时，就必须予以兑付或议付并将单据寄往开证行。

c. 当被指定银行确定提示相符并予以兑付或议付时，必须将单据寄往保兑行或开证行。

第十六条　不符单据及不符点的放弃与通知

a. 当按照指定行事的被指定银行、保兑行（如有）或开证行确定提示不符时，可以拒绝兑付或议付。

b. 当开证行确定提示不符时，可以依据其独立的判断联系申请人放弃有关不符点。然而，这并不因此延长 14 条（b）款中述及的期限。

c. 当按照指定行事的被指定银行、保兑行（如有）或开证行决定拒绝兑付或议付时，必须一次性通知提示人。

通知必须声明：

ⅰ. 银行拒绝兑付或议付；及

ⅱ. 银行凭以拒绝兑付或议付的各个不符点；及

ⅲ. a）银行持有单据等候提示人进一步指示；或

b）开证行持有单据直至收到申请人通知弃权并同意接受该弃权，或在同意接受弃权前从提示人处收到进一步指示；或

c）银行退回单据；或

d）银行按照先前从提示人处收到的指示行事。

d. 第十六条（c）款中要求的通知必须以电讯方式发出，或者，如果不可能以电讯方式通知时，则以其他快捷方式通知，但不得迟于提示单据日期翌日起第五个银行工作日终了。

e. 按照指定行事的被指定银行、保兑行（如有）或开证行可以在提供第十六条（c）款（iii）、（a）款或（b）款要求提供的通知后，于任何时间将单据退还提示人。

f. 如果开证行或保兑行未能按照本条款的规定行事，将无权宣称单据未能构成相符提示。

g. 当开证行拒绝兑付或保兑行拒绝兑付或议付，并已经按照本条款发出通知时，该银行将有权就已经履行的偿付索取退款及其利息。

第十七条　正本单据和副本单据

a. 信用证中规定的各种单据必须至少提供一份正本。

b. 除非单据本身表明其不是正本，银行将视任何单据表面上具有单据出具人正本签字、标志、图章或标签的单据为正本单据。

c. 除非单据另有显示，银行将接受单据作为正本单据如果该单据：

ⅰ. 表面看来由单据出具人手工书写、打字、穿孔签字或盖章；或

ⅱ. 表面看来使用单据出具人的正本信笺；或

ⅲ. 声明单据为正本，除非该项声明表面看来与所提示的单据不符。

d. 如果信用证要求提交副本单据，则提交正本单据或副本单据均可。

e. 如果信用证使用诸如“一式两份”、“两张”、“两份”等术语要求提交多份单据，则可以提交至少一份正本，其余份数以副本来满足。但单据本身另有相反指示者除外。

第十八条　商业发票

a. 商业发票：

ⅰ. 必须在表面上看来系由受益人出具（第三十八条另有规定者除外）；

ⅱ. 必须做成以申请人的名称为抬头［第三十八条（g）款另有规定者除外］

ⅲ. 必须将发票币别作成与信用证相同币种。

ⅳ. 无须签字。

b. 按照指定行事的被指定银行、保兑行（如有）或开证行可以接受金额超过信用证所允许金额的商业发票，倘若有关银行已兑付或已议付的金额没有超过信用证所允许的金额，则该银行的决定对各有关方均具有约束力。

c. 商业发票中货物、服务或行为的描述必须与信用证中显示的内容相符。

第十九条　至少包括两种不同运输方式的运输单据

a. 至少包括两种不同运输方式的运输单据（即多式运输单据或联合运输单据），不论其称谓如何，必须在表明上看来：

ⅰ. 显示承运人名称并由以下人员签署：

承运人或承运人的具名代理或代表，或

船长或船长的具名代理或代表。

承运人、船长或代理的任何签字必须分别表明承运人、船长或代理的身份。

代理的签字必须显示其是否作为承运人或船长的代理或代表签署提单。

ⅱ. 通过下述方式表明货物已在信用证规定的地点发运、接受监管或装载

预先印就的措词，或

注明货物已发运、接受监管或装载日期的图章或批注。

运输单据的出具日期将被视为发运、接受监管或装载以及装运日期。然而，如果运输单据以盖章或批注方式标明发运、接受监管或装载日期，则此日期将被视为装运日期。

ⅲ. 显示信用证中规定的发运、接受监管或装载地点以及最终目的地的地点，即使：

- 运输单据另外显示了不同的发运、接受监管或装载地点或最终目的地的地点，或
- 运输单据包含“预期”或类似限定有关船只、装货港或卸货港的指示。

ⅳ. 系仅有的一份正本运输单据，或者，如果出具了多份正本运输单据，应是运输单据中显示的全套正本份数。

ⅴ. 包含承运条件须参阅包含承运条件条款及条件的某一出处（简式或背面空白的运输单据）者，银行对此类承运条件的条款及条件内容不予审核。

ⅵ. 未注明运输单据受租船合约约束。

b. 就本条款而言，转运意指货物在信用证中规定的发运、接受监管或装载地点到最终目的地的运输过程中，从一个运输工具卸下并重新装载到另一个运输工具上（无论是否为不同运输方式）的运输。

c. ⅰ. 只要同一运输单据包括运输全程，则运输单据可以注明货物将被转运或可被转运。

ⅱ. 即使信用证禁止转运，银行也将接受注明转运将发生或可能发生的运输单据。

第二十条　提单

a. 无论其称谓如何，提单必须表面上看来：

ⅰ. 显示承运人名称并由以下人员签署：

承运人或承运人的具名代理或代表，或

船长或船长的具名代理或代表。

承运人、船长或代理的任何签字必须分别表明其承运人、船长或代理的身份。

代理的签字必须显示其是否作为承运人或船长的代理或代表签署提单。

ⅱ. 通过下述方式表明货物已在信用证规定的装运港装载上具名船只：

预先印就的措词，或

注明货物已装船日期的装船批注。

提单的出具日期将被视为装运日期，除非提单包含注明装运日期的装船批注，在此情况下，装船批注中显示的日期将被视为装运日期。

如果提单包含“预期船”字样或类似有关限定船只的词语时，装上具名船只必须由注明装运日期以及实际装运船只名称的装船批注来证实。

ⅲ. 注明装运从信用证中规定的装货港至卸货港。

如果提单未注明以信用证中规定的装货港作为装货港，或包含“预期”或类似有关限定装货港的标注者，则需要提供注明信用证中规定的装货港、装运日期以及船名的装船批注。即使提单上已注明印就的“已装船”或“已装具名船只”措词，本规定仍然适用。

ⅳ. 系仅有的一份正本提单，或者，如果出具了多份正本，应是提单中显示的全套正本份数。

ⅴ. 包含承运条件须参阅包含承运条件条款及条件的某一出处（简式或背面空白的提单）者，银行对此类承运条件的条款及条件内容不予审核。

ⅵ. 未注明运输单据受租船合约约束。

b. 就本条款而言，转运意指在信用证规定的装货港到卸货港之间的海运过程中，将货物由一艘船卸下再装上另一艘船的运输。

c. ⅰ. 只要同一提单包括运输全程，则提单可以注明货物将被转运或可被转运。

ⅱ. 银行可以接受注明将要发生或可能发生转运的提单。即使信用证禁止转运，只要提单上证实有关货物已由集装箱、拖车或子母船运输，银行仍可接受注明将要发生或可能发生转运的提单。

d. 对于提单中包含的声明承运人保留转运权利的条款，银行将不予置理。

第二十一条　非转让海运单

a. 无论其称谓如何，非转让海运单必须表面上看来：

ⅰ. 显示承运人名称并由以下人员签署：

承运人或承运人的具名代理或代表，或

船长或船长的具名代理或代表。

承运人、船长或代理的任何签字必须分别表明其承运人、船长或代理的身份。

代理的签字必须显示其是否作为承运人或船长的代理或代表签署提单。

ⅱ. 通过下述方式表明货物已在信用证规定的装运港装载上具名船只：

预先印就的措词，或

注明货物已装船日期的装船批注。

非转让海运单的出具日期将被视为装运日期，除非非转让海运单包含注明装运日期的装船批注，在此情况下，装船批注中显示的日期将被视为装运日期。

如果非转让海运单包含“预期船”字样或类似有关限定船只的词语时，装上具名船只必须由注明装运日期以及实际装运船只名称的装船批注来证实。

ⅲ. 注明装运从信用证中规定的装货港至卸货港。

如果非转让海运单未注明以信用证中规定的装货港作为装货港，或包含“预期”或类似有关限定装货港的标注者，则需要提供注明信用证中规定的装货港、装运日期以及船名的装船批注。即使非转让海运单上已注明印就的“已装船”或“已装具名船只”措词，本规定仍然适用。

ⅳ. 系仅有的一份正本非转让海运单，或者，如果出具了多份正本，应是非转让海运单中显示的全套正本份数。

ⅴ. 包含承运条件须参阅包含承运条件条款及条件的某一出处（简式或背面空白的提单）者，银行对此类承运条件的条款及条件内容不予审核。

ⅵ. 未注明运输单据受租船合约约束。

b. 就本条款而言，转运意指在信用证规定的装货港到卸货港之间的海运过程中，将货物由一艘船卸下再装上另一艘船的运输。

c. ⅰ. 只要同一非转让海运单包括运输全程，则非转让海运单可以注明货物将被转运或可被转运。

ⅱ. 银行可以接受注明将要发生或可能发生转运的非转让海运单。即使信用证禁止转运，只要非转让海运单上证实有关货物已由集装箱、拖车或子母船运输，银行仍可接受注明将要发生或可能发生转运的非转让海运单。

d. 对于非转让海运单中包含的声明承运人保留转运权利的条款，银行将不予置理。

第二十二条　租船合约提单

a. 无论其称谓如何，倘若提单包含有提单受租船合约约束的指示（即租船合约提单），则必须在表面上看来：

ⅰ. 由以下当事方签署：

船长或船长的具名代理或代表，或

船东或船东的具名代理或代表，或

租船主或租船主的具名代理或代表。

船长、船东、租船主或代理的任何签字必须分别表明其船长、船东、租船主或代理的身份。

代理的签字必须显示其是否作为船长、船东或租船主的代理或代表签署提单。

代理人代理或代表船东或租船主签署提单时必须注明船东或租船主的名称。

ⅱ. 通过下述方式表明货物已在信用证规定的装运港装载上具名船只：

预先印就的措词，或

注明货物已装船日期的装船批注。

租船合约提单的出具日期将被视为装运日期，除非租船合约提单包含注明装运日期的装船批注，在此情况下，装船批注中显示的日期将被视为装运日期。

ⅲ. 注明货物由信用证中规定的装货港运输至卸货港。卸货港可以按信用证中的规定显示为一组港口或某个地理区域。

ⅳ. 系仅有的一份正本租船合约提单，或者，如果出具了多份正本，应是租船合约提单中显示的全套正本份数。

b. 即使信用证中的条款要求提交租船合约，银行也将对该租船合约不予审核。

第二十三条　空运单据

a. 无论其称谓如何，空运单据必须在表面上看来：

ⅰ. 注明承运人名称并由以下当事方签署：

承运人，或

承运人的具名代理或代表。

承运人或代理的任何签字必须分别表明其承运人或代理的身份。

代理的签字必须显示其是否作为承运人的代理或代表签署空运单据。

ⅱ. 注明货物已收妥待运。

ⅲ. 注明出具日期。这一日期将被视为装运日期，除非空运单据包含注有实际装运日期的专项批注，在此种情况下，批注中显示的日期将被视为装运日期。

空运单据显示的其他任何与航班号和起飞日期有关的信息不能被视为装运日期。

ⅳ. 表明信用证规定的起飞机场和目的地机场

ⅴ. 为开给发货人或拖运人的正本，即使信用证规定提交全套正本。

ⅵ. 载有承运条款和条件，或提示条款和条件参见别处。银行将不审核承运条款和条件的内容

b. 就本条而言，转运是指在信用证规定的起飞机场到目的地机场的运输过程中，将货物从一飞机卸下再装上另一飞机的行为。

c. ⅰ. 空运单据可以注明货物将要或可能转运，只要全程运输由同一空运单据涵盖。

ⅱ. 即使信用证禁止转运，注明将要或可能发生转运的空运单据仍可接受。

第二十四条　公路、铁路或内陆水运单据

a. 公路、铁路或内陆水运单据，无论名称如何，必须看似：

ⅰ. 表明承运人名称，并且

由承运人或其具名代理人签署，或者

由承运人或其具名代理人以签字、印戳或批注表明货物收讫。

承运人或其具名代理人的售货签字、印戳或批注必须标明其承运人或代理人的身份。

代理人的收获签字、印戳或批注必须标明代理人系代表承运人签字或行事。

如果铁路运输单据没有指明承运人，可以接受铁路运输公司的任何签字或印戳作为承运人签署单据的证据。

ⅱ. 表明货物在信用证规定地点的发运日期，或者收讫代运或代发送的日期。运输单据的出具日期将被视为发运日期，除非运输单据上盖有带日期的收货印戳，或注明了收货日期或发运日期。

ⅲ. 表明信用证规定的发运地及目的地。

b. ⅰ. 公路运输单据必须看似为开给发货人或托运人的正本，或没有认可标记表明单据开给何人。

ⅱ. 注明“第二联”的铁路运输单据将被作为正本接受。

ⅲ. 无论是否注明正本字样，铁路或内陆水运单据都被作为正本接受。

c. 如运输单据上未注明出具的正本数量，提交的分数即视为全套正本。

d. 就本条而言，转运是指在信用证规定的发运、发送或运送的地点到目的地之间的运输过程中，在同一运输方式中从一运输工具卸下再装上另一运输工具的行为。

e. ⅰ. 只要全程运输由同一运输单据涵盖，公路、铁路或内陆水运单据可以注明货物将要或可能被转

运。

ⅱ. 即使信用证禁止转运，注明将要或可能发生转运的公路、铁路或内陆水运单据仍可接受。

第二十五条　快递收据、邮政收据或投邮证明

a. 证明货物收讫待运的快递收据，无论名称如何，必须看似：

ⅰ. 表明快递机构的名称，并在信用证规定的货物发运地点由该具名快递机构盖章或签字；并且

ⅱ. 表明取件或收件的日期或类似词语。该日期将被视为发运日期。

b. 如果要求显示快递费用付讫或预付，快递机构出具的表明快递费由收货人以外的一方支付的运输单据可以满足该项要求。

c. 证明货物收讫待运的邮政收据或投邮证明，无论名称如何，必须看似在信用证规定的货物发运地点盖章或签署并注明日期。该日期将被视为发运日期。

第二十六条　"货装舱面"、"托运人装载和计数"、"内容据托运人报称"及运费之外的费用

a. 运输单据不得表明货物装于或者将装于舱面。声明货物可能被装于舱面的运输单据条款可以接受。

b. 载有诸如"托运人装载和计数"或"内容据托运人报称"条款的运输单据可以接受。

c. 运输单据上可以以印戳或其他方式提及运费之外的费用。

第二十七条　清洁运输单据

银行只接受清洁运输单据。清洁运输单据指未载有明确宣称货物或包装有缺陷的条款或批注的运输单据。"清洁"一词并不需要在运输单据上出现，即使信用证要求运输单据为"清洁已装船"的。

Article 28 Insurance Document and Coverage

第二十八条　保险单据及保险范围

a. 保险单据，例如保险单或预约保险项下的保险证明书或者声明书，必须看似由保险公司或承保人或其代理人或代表出具并签署。

代理人或代表的签字必须标明其系代表保险公司或承保人签字。

b. 如果保险单据表明其以多份正本出具，所有正本均须提交。

c. 暂保单将不被接受。

d. 可以接受保险单代替预约保险项下的保险证明书或声明书。

e. 保险单据日期不得晚于发运日期，除非保险单据表明保险责任不迟于发运日生效。

f. ⅰ. 保险单据必须表明投保金额并以与信用证相同的货币表示。

ⅱ. 信用证对于投保金额为货物价值、发票金额或类似金额的某一比例的要求，将被视为对最低保额的要求。

如果信用证对投保金额未作规定，投保金额须至少为货物的 CIF 或 CIP 价格的 110%。

如果从单据中不能确定 CIF 或者 CIP 价格，投保金额必须基于要求承付或议付的金额，或者基于发票上显示的货物总值来计算，两者之中取金额较高者。

ⅲ. 保险单据须标明承包的风险区间至少涵盖从信用证规定的货物监管地或发运地开始到卸货地或最终目的地为止。

g. 信用证应规定所需投保的险别及附加险（如有的话）。如果信用证使用诸如"通常风险"或"惯常风险"等含义不确切的用语，则无论是否有漏保之风险，保险单据将被照样接受。

h. 当信用证规定投保"一切险"时，如保险单据载有任何"一切险"批注或条款，无论是否有"一切险"标题，均将被接受，即使其声明任何风险除外。

i. 保险单据可以援引任何除外责任条款 。

j. 保险单据可以注明受免赔率或免赔额（减除额）约束。

第二十九条　截止日或最迟交单日的顺延

a. 如果信用证的截止日或最迟交单日适逢接受交单的银行非因第三十六条所述原因而歇业，则截止日或最迟交单日，视何者适用，将顺延至其重新开业的第一个银行工作日。

b. 如果在顺延后的第一个银行工作日交单，指定银行必须在其致开证行或保兑行的面涵中声明交单是在根据第二十九条 a 款顺延的期限内提交的。

c. 最迟发运日不因第二十九条 a 款规定的原因而顺延。

第三十条　信用证金额、数量与单价的增减幅度

a. "约"或"大约"用语信用证金额或信用证规定的数量或单价时，应解释为允许有关金额或数量或单价有不超过 10% 的增减幅度。

b. 在信用证未以包装单位件数或货物自身件数的方式规定货物数量时，货物数量允许有 5% 的增减幅

度，只要总支取金额不超过信用证金额。

c. 如果信用证规定了货物数量，而该数量已全部发运，及如果信用证规定了单价，而该单价又未降低，或当第三十条 b 款不适用时，则即使不允许部分装运，也允许支取的金额有 5% 的减幅。若信用证规定有特定的增减幅度或使用第三十条 a 款提到的用语限定数量，则该减幅不适用。

第三十一条　分批支款或分批装运

a. 允许分批支款或分批装运

b. 表明使用同一运输工具并经由同次航程运输的数套运输单据在同一次提交时，只要显示相同目的地，将不视为部分发运，即使运输单据上标明的发运日期不通或装卸港、接管地或发送地点不同。如果交单由数套运输单据构成，其中最晚的一个发运日将被视为发运日。

含有一套或数套运输单据的交单，如果表明在同一种运输方式下经由数件运输工具运输，即使运输工具在同一天出发运往同一目的地，仍将被视为部分发运。

c. 含有一份以上快递收据、邮政收据或投邮证明的交单，如果单据看似由同一块地或邮政机构在同一地点和日期加盖印戳或签字并且表明同一目的地，将不视为部分发运。

第三十二条　分期支款或分期装运

如信用证规定在指定的时间段内分期支款或分期发运，任何一期未按信用证规定期限支取或发运时，信用证对该期及以后各期均告失效。

第三十三条　交单时间

银行在其营业时间外无接受交单的义务。

第三十四条　关于单据有效性的免责

银行对任何单据的形式、充分性、准确性、内容真实性、虚假性或法律效力，或对单据中规定或添加的一般或特殊条件，概不负责；银行对任何单据所代表的货物、服务或其他履约行为的描述、数量、重量、品质、状况、包装、交付、价值或其存在与否，或对发货人、承运人、货运代理人、收货人、货物的保险人或其他任何人的诚信与否，作为或不作为、清偿能力、履约或资信状况，也概不负责。

第三十五条　关于信息传递和翻译的免责

当报文、信件或单据按照信用证的要求传输或发送时，或当信用证未作指示，银行自行选择传送服务时，银行对报文传输或信件或单据的递送过程中发生的延误、中途遗失、残缺或其他错误产生的后果，概不负责。

如果指定银行确定交单相符并将单据发往开证行或保兑行。无论指定的银行是否已经承付或议付，开证行或保兑行必须承付或议付，或偿付指定银行，即使单据在指定银行送往开证行或保兑行的途中，或保兑行送往开证行的途中丢失。

银行对技术术语的翻译或解释上的错误，不负责任，并可不加翻译地传送信用证条款。

第三十六条　不可抗力

银行对由于天灾、暴动、骚乱、叛乱、战争、恐怖主义行为或任何罢工、停工或其无法控制的任何其他原因导致的营业中断的后果，概不负责。

银行恢复营业时，对于在营业中断期间已逾期的信用证，不再进行承付或议付。

第三十七条　关于被指示方行为的免责

a. 为了执行申请人的指示，银行利用其他银行的服务，其费用和风险由申请人承担。

b. 即使银行自行选择了其他银行，如果发出指示未被执行，开证行或通知行对此亦不负责。

c. 指示另一银行提供服务的银行有责任负担被执释放因执行指示而发生的任何佣金、手续费、成本或开支（“费用”）。

如果信用证规定费用由受益人负担，而该费用未能收取或从信用证款项中扣除，开证行依然承担支付此费用的责任。

信用证或其修改不应规定向受益人的通知以通知行或第二通知行收到其费用为条件。

d. 外国法律和惯例加诸于银行的一切义务和责任，申请人应受其约束，并就此对银行负补偿之责。

第三十八条　可转让信用证

a. 银行无办理转让信用证的义务，除非该银行明确同意其转让范围和转让方式。

b. 就本条款而言：

转让信用证意指明确表明其“可以转让”的信用证。根据受益人（“第一受益人”）的请求，转让信用证可以被全部或部分地转让给其他受益人（“第二受益人”）。

转让银行意指办理信用证转让的被指定银行，或者，在适用于任何银行的信用证中，转让银行是由开证行特别授权并办理转让信用证的银行。开证行也可担任转让银行。

转让信用证意指经转让银行办理转让后可供第二受益人使用的信用证。

c. 除非转让时另有约定，所有因办理转让而产生的费用（诸如佣金、手续费、成本或开支）必须由第一受益人支付。

d. 倘若信用证允许分批支款或分批装运，信用证可以被部分地转让给一个以上的第二受益人。

第二受益人不得要求将信用证转让给任何次序位居其后的其他受益人。第一受益人不属于此类其他受益人之列。

e. 任何有关转让的申请必须指明是否以及在何种条件下可以将修改通知第二受益人。转让信用证必须明确指明这些条件。

f. 如果信用证被转让给一个以上的第二受益人，其中一个或多个第二受益人拒绝接受某个信用证修改并不影响其他第二受益人接受修改。对于接受修改的第二受益人而言，信用证已做相应的修改；对于拒绝接受修改的第二受益人而言，该转让信用证仍未被修改。

g. 转让信用证必须准确转载原证的条款及条件，包括保兑（如有），但以下项目除外：

—信用证金额，

—信用证规定的任何单价，

—到期日，

—单据提示期限，

—最迟装运日期或规定的装运期间。

以上任何一项或全部均可减少或缩短。

必须投保的保险金额的投保比例可以增加，以满足原信用证或本惯例规定的投保金额。

可以用第一受益人的名称替换原信用证中申请人的名称。

如果原信用证特别要求开证申请人名称应在除发票以外的任何单据中出现时，则转让信用证必须反映出该项要求。

h. 第一受益人有权以自己的发票和汇票（如有），替换第二受益人的发票和汇票（如有），其金额不得超过原信用证的金额。在如此办理单据替换时，第一受益人可在原信用证项下支取自己发票与第二受益人发票之间产生的差额（如有）。

i. 如果第一受益人应当提交其自己的发票和汇票（如有），但却未能在收到第一次要求时照办；或第一受益人提交的发票导致了第二受益人提示的单据中本不存在的不符点，而其未能在收到第一次要求时予以修正，则转让银行有权将其从第二受益人处收到的单据向开证行提示，并不再对第一受益人负责。

j. 第一受益人可以在其提出转让申请时，表明可在信用证被转让的地点，在原信用证的到期日之前（包括到期日）向第二受益人予以兑付或议付。本条款并不损害第一受益人在第三十八条（h）款下的权利。

k. 由第二受益人或代表第二受益人提交的单据必须向转让银行提示。

第三十九条　款项让渡

信用证未表明可转让，并不影响受益人根据所适用的法律规定，将其在该信用证项下有权获得的款项让渡与他人的权利。本条款所涉及的仅是款项的让渡，而不是信用证项下执行权力的让渡。

实训练习参考答案

项目一　外贸单证概述

一、单项选择题

1. C　2. D　3. B　4. B　5. D　6. C　7. B　8. C　9. C　10. C

二、多项选择题

1. ABCDE　2. ABCE　3. ABDE　4. ABE　5. BCE

三、判断题

1. ×　2. √　3. ×　4. √　5. ×

四、业务题

合同履行阶段	单据的名称	出单机构
1. 办理运输	海运货物委托书	出口商
	海运出口托运单	货运代理
	海运提单	承运人
2. 办理保险	投保单	出口商
	保险单	保险公司
3. 办理商检	出境货物报检单	出口商
	商检证书/通关单	出入境检验检疫局
4. 办理报关	出口报关单	出口商、报关行或货代
	商业发票	出口商
	装箱单	出口商

项目二 国际贸易合同

缮制销售合同

SALES CONFIRMATION

S/C No. ：XXSY2443

Date：25 DEC，2012

Seller：SHANGHAI XIWANG TRADING CO. ，LTD
1002 PUDONG SOUTH ROAD，SHANGHAI，CHINA

Buyer：XINGXING TRADING CO. ，LTD
250 QUEEN ROAD，HONGKONG

Art. No.	Commodity & Specifications	Quantity	Unit price	Amount
GWAS01 GWAS02	BEAUTY BRAND TABLECLOTH RED BLUE	1000PCS 800PCS	CIFC3 H. K USD18. 00/PC USD12. 50/PC	USD18000 USD10000
	Total	1800PCS		USD28000

Total contract value：SAY US DOLLARS TWENTY EIGHT THOUDSAND ONLY.

Packing：IN CARTONS，20PCS/CTN FOR ART. NO. GWAS01，16PCS/CTN FOR ART. NO. GWASO2.

Shipment：SHIPMENT TO HONGKONG BEFORE THE END OF FEB. 2013，PARTIAL SHIPMENT AND
TRANSSHIPMENT IS ALLOWED.

Terms of payment：BY L/C AT SIGHT，WHICH SHOULD ARRIVE TO THE SELLER BEFORE THE MIDDLE OF JAN. 2013.

Insurance：TO BE COVERED I. C. C (A) FOR FULL INVOICE VALUE PLUS 10%.

Confirmed by：

The seller	The buyer
SHANGHAI XIWANG TRADING CO. ，LTD	XINGXING TRADING CO. ，LTD
王明	张欣

项目三　信用证操作

一、缮制开证申请书

IRREVOCABLE DOCUMENTARY CREDIT APPLICATION

TO：BANK OF CHINA　　　　　　　　　　　　　　　　　Date：2013-07-15

Beneficiary (Full name and address) TAKAMRA IMP. & EXP. CORP. 324,OTOLIMACH TOKYO,JAPAN	L/C No. Ex-Card No. Contract No.　GWM130831
	Date and place of expiry of the credit 2013-9-15　OSAKA
Partial shipments: ☐ allowed ☒ not allowed Transhipment: ☐ allowed ☒ not allowed	☐ Issue by airmail ☐ With brief advice by teletransmission ☐ Issue by express delivery ☒ Issue by teletransmission (which shall be the operative instrument)
Loading on board/dispatch/taking in charge at/from OSAKA not later than　2013-08-31 For transportation to：　TIANJIN	Amount USD100000 SAY US DOLLARS ONE HUNDRED THOUSAND ONLY
Description of goods： COLOUR TELEVISION 48 INCHES	Credit available with ☒ by sight payment ☐ by acceptance ☐ by negotiation ☐ by deferred payment at against the documents detailed herein ☐ and beneficiary's draft(s) for ____% of invoice value at ____ sight drawn on ____
Packing：PACKED IN CARTON OF ONE SET EACH	☐ FOB ☐ CFR ☒ CIF ☐ or other terms

Documents required：(marked with ×)

1. (×) Signed commercial invoice in 5 copies indicating L/C No. and Contract No.

2. (×) Full set of clean on board Bills of Lading made out to order and [X] blank endorsed, marked "freight [ ] to collect / [X] prepaid"

3. ( ) Airway bills showing "freight [ ] to collect/[ ] prepaid [ ] indicating freight amount" and consigned to ____

4. ( ) We normal issued by ______ consigned to ______

5. (×) Insurance Policy/Certificate in 1 copies for 110 % of the invoice value showing claims payable in China in currency of the draft, blank endorsed, covering [X] Ocean Marine Transportation / [ ] Air Transportation /[ ]Over Land Transportation [X] All Risks, War Risks.

6. (×) Packing List/Weight Memo in 4 copies indicating quantity, gross and net weights of each package and packing conditions as called for by the L/C.

7. ( ) Certificate of Quantity / Weight in copies issued by an independent surveyor at the loading port, indicating the actual surveyed quantity / weight of shipped goods as well as the packing condition.

8. (×) Certificate of Quality in 1 copies issued by [ ] manufacturer/ [X] public recognized surveyor/[ ].

9. ( ) Beneficiary's Certified copy of cable / telex dispatched to the accountees within hours after shipment advising [ ] name of vessel / [ ] fight No. / [ ] wagon No. ,date,quantity,weight and value of shipment.

10. ( ) Beneficiary's Certificate Certifying that extra copies of the documents have been dispatched according to the contract terms.

11. ( ) Shipping Co's certificate attesting that the carrying vessel is chartered or booked by accountee or their shipping agents.

12. ( ) Other documents,if any

Additional instructions:

1. (×) All banking charges outside the opening bank are for beneficiary's account.
2. (×) Documents must be presented within 7 days after date of issuance of the transport documents but within the validity of this credit.
3. (×) Third party as shipper is not acceptable,Short Form/Blank and on Deck B/L is not acceptable.
4. ( ) Both quantity and credit amount ______% more or less are allowed.
5. ( ) Prepaid freight drawn in excess of L/C amount is acceptable against presentation of original charges voucher issued by shipping Co / Air Line / or it's agent.
6. (×) All documents to be forwarded in one cover,unless otherwise stated above
7. ( ) Other terms,if any

Account No. 1357924680 with BANK OF CHINA (name of bank)

Transacted by: Great Wall Trading Co. 李红

Telephone No. : 022-87654321 (Applicant: name signature of authorized person)

(with seal)

二、信用证审核

序号	SWIFT 代码	存在问题	修改为
1	50	开证人出错	SUZUKINO SHAJ CO. ,LTD. 677-3 HIGASHITAKAGI,TAGAGISE-CHO, SAGA-CITY,SAGA JAPAN
2	59	受益人出错	SHAANXI HOPE TRADE CO. ,LTD. NO. 86 DALIAN ROAD, XIAN SHAANXI PROVINCE CHINA
3	32B	信用证金额和币别错 EUR22900	USD22592
4	43P	分批装运	ALLOWED
5	43T	转运	ALLOWED
6	44E	SHANGHAI,CHINA	DALIAN,CHINA
7	44F	TOKYO,JAPAN	OSAKA,JAPAN
8	45A	价格条款错 CFR OSAKA	FOB DALIAN
9	47	保险商错 SELLER	BUYER
10	48	交单期为 5 天,过短	15 天

项目四　进出口许可证

缮制出口货物许可证申请表

中华人民共和国出口许可证申请表

1. 出口商：　　　代码：3101082356879 上海金浩进出口有限公司 领证人姓名：童心 电话：021-65788877	3. 出口许可证号：EL87654323
2. 发货人：　　　代码：3101082356879 上海金浩进出口公司	4. 出口许可证有效截止日期： 2013 年 1 月 12 日
5. 贸易方式：一般贸易	8. 进口国(地区)：日本
6. 合同号：10040001	9. 付款方式：信用证
7. 报关口岸：上海吴淞海关	10. 运输方式：江海运输
11. 商品名称：　　　商品编码：4601291111 蔺草制的提花席、双苜席、垫子(单位面积>1 平方米，不论是否包边)	

12. 规格、等级	13. 单位	14. 数量	15. 单价(USD)	16. 总值(USD)	17. 总值折美元
120×195	条	1000	11. 00	11000	11000
135×195	条	2000	13. 50	27000	27000
150×195	条	3000	15. 00	45000	45000
180×200	条	4000	18. 00	72000	72000
18. 总　计	条	10000		155000	155000
19. 备　注 申请单位盖章 申领日期：2012 年 1 月 12 日			20. 签证机构审批(初审)： 经办人： 终审：		

项目五　进出口货物报检单证

一、单项选择题

1. D　2. D　3. C　4. B　5. D

二、业务题

中华人民共和国出入境检验检疫

出境货物报检单

报验单位（盖公章）：南通食品进出口有限公司　　　　编号：X989458754

报验单位登记号 NT564875 联系人：陈晓　电话 051385468754 报检日期：2013 年 02 月 15 日

发货人	(中文)南通食品进出口有限公司
	(外文)NANTONG FOODSTUFFS I/E CO. ,LTD
收货人	(中文)蓝鹰贸易有限公司
	(外文)BLUE EAGLE TRADING CO.

货物名称(中/外文)	H. S编码	产地	数/重量	货物总值	包装种类及数量
西亭脆饼 XITING CRISP BISCUIT	1905900001	中国南通	25MT	60000 美元	500 包
运输工具名称号码	船舶	贸易方式	一般贸易	货物存放地点	大港仓库
合同号	NT674454	信用证号	LC2154785	用途	食用
发货日期	2013. 02. 16	输往国家(地区)	日本	许可证/审批号	XK9876889
启运地	上海	到达口岸	大阪	生产单位注册号	* * *

集装箱规格、数量及号码	1 * 20' YUSD0985454543		
合同、信用证订立的检验检疫条款或特殊要求	标记及号码	随附单据(划"√ "或补填)	
* * * 　* * *	NT674454 NANTONG CHINA	√合同 √信用证 √发票	√装箱单 □包装性能结果单 √许可/审批文件

需要证单名称(划"√ "或补填)		* 检验检疫费	
√品质证书 1 正 1 副 质量证书 __正__副 √数量证书 1 正 1 副 兽医卫生证书__正__副 健康证书 __正__副	√卫生证书 1 正 1 副 动物卫生证书__正__副 植物检疫证书__正__副 熏蒸/消毒证书__正__副 出境货物换证凭单	总金额 (人民币元)	
		计费人	
		收费人	

报验人郑重声明：	领取证单	
1. 本人被授权报验。 2. 上列填写内容正确属实，货物无伪造或冒用他人的厂名、标志、认证标志，并承担货物质量责任。 签名：陈晓兰	日期	
	签名	

项目六　出口托运单证

缮制海运货物托运委托书

海运货物托运委托书

经营单位（托运人）	GREAT WALL TRADING CO. ,LTD 123 SHENGLI ROAD SHANGHAI,CHINA

提单项目要求		
	发货人 Shipper	GREAT WALL TRADING CO. ,LTD 123 SHENGLI ROAD SHANGHAI,CHINA
	收货人 Consignee	TO ORDER OF NATIONAL PARIS BANK CANADA 24 MARSHALL AVE DONCASTER MONTREAL CANADA
	通知人 Notify Party	YI YANG TRADING CORPORATON 88 MARSHALL AVE DONCASTER VIC 3108 CANADA

海运费(×) Sea freight	预付(×)或到付( ) Prepaid or Collected	提单数	3	提单寄送地址	123 SHENGLI RD. SHANGHAI CHINA

启运港	SHANGHAI	目的港	NONTREAL	可否转运	YES	可否分批	YES

集装箱预配数	20×1　　40×1	装运期限	2013. 10. 31 前

标记唛头	件数及包装式样	中英文货名	毛重(千克)	尺码(立方米)	成交条件（总价）
Y Y T C ST505 NOMTREAL C/NO 1-900	900 CTNS	COTTON TEATOWELS 全棉抹布	22500	42. 525	CIF MONTREAL USD96300. 00

内装箱(CFS)	×市×路×× 电话××××	特种货物 冷藏货 危险品	重件:(每件重量)25 千克 大件:(长宽高)(45×35×30)CM
门对门装箱地址	上海市胜利路 123 号		特种集装箱:(　　) 货物备妥日期:(2013. 10. 25)
外币结算账号			产地装箱(×)自送(　　)

声明事项	人民币结算账号	
	托运人签单	
	电话	
	传真	
	联系人	
	地址	
	制单日期 2013. 10. 20	

项目七 进出口货物报关单证

一、单项选择题

1. C 2. C 3. D 4. A 5. B 6. A 7. C 8. D 9. D 10. B

二、报关单填制单项选择题

1. D 2. A 3. C 4. D 5. C 6. B 7. D 8. A 9. C 10. D
11. B 12. C 13. A 14. D 15. A 16. B 17. A 18. C 19. B 20. D
21. B 22. B 23. A 24. B 25. C

项目八 出口结汇单证

一、缮制商业发票（局部）

MARKS& NUMBERS	DESCRIPTION OF GOODS	QUANTITY	UNIT PRICE	AMOUNT
N/M	WOMENS 100PCT POLYESTER KNIT SPRING JACKET		FOB SHANGHAI	
	ORDER 152-038 STYLE 28367-J	1200PCS	USD3. 95/PC	USD4740. 00
	ORDER 152-068 STYLE 27247-W	1500PCS	USD1. 72/PC	USD2580. 00
	TOTAL	2700PCS		USD7320. 00
WE CERTIFY THAT COMMODITES ARE OF CHINA ORIGIN				

二、缮制商业发票

COMMERCIAL INVOICE

ISSUER SHANGHAI TEXTILES IMP AND EXP CORP. 127 ZHONGSHAN ROAD(E) SHANGHAI CHINA	INVOICE NO FWS07216	INVOICE DATE ARP. 06,2013
	L/C NO ABLE-AN1075	L/C DATE MAR. 05,2013
	L/C ISSUED BY :ASAHI BANK LTD TOKYO	
CONSIGNEE ITOCHU CORPORATION OSAKA JAPAN	CONTRACT NO. AHM-1356	CONTRACT DATE MAR. 1,2013
	FROM SHANGHAI	TO OSAKA,JAPAN
	SHIPPED BY HAN JIANG V. 5977	PRICE TERM CIF OSAKA

MARKS	DESCRIPTION OF GOODS	QUANTITY	UNIT PRICE	AMOUNT
SUMARA	100% COTTON APRON			
WSC-	ART NO. 4031(01425)	3250PCS	USD1. 20	USD3900. 00
4320A	5052(01426)	2700PCS	USD1. 30	USD3510. 00
OSAKA	5210(01427)	2050PCS	USD1. 10	USD2255. 00
NO. 1-160	TOTAL	8000PCS		USD9665. 00

TOTAL AMOUNT IN WORDS: SAY USD DOLLARS NINE THOUSAND SIX HUNDRED SIXTY FIVE ONLY.
TOTAL GROSS WEIGHT: 5600KGS
TOTAL MUBMER OF PACKAGES: 160CARTONS
WE HEREBY CERTIFY THAT THE GOODS HEREIN INVOICE CONFIRM WITH S/C NO. AHM-1356 DATED MAR. 1,2013

ISSUED BY: SHANGHAI TEXTILS IMP AND EXP CORP.

三、缮制装箱单

FENGYUAN LIGHT INDUSTRIAL PRODUCTS IMP. AND EXP. CORP.

P. O. BOX 789, SHANGHAI, CHINA

PACKING LIST

TO: THOMAS INTERNATIONL COMPANY LIMITED　　INVOICE NO. : 2012C8K4897
1/F WINFUL CENTRE, SHING YIN STREET　　DATE: MAR. 11, 2012
KOWLOON, HONG KONG　　S/C NO. : 484LFVS15783
L/C NO. : 6704/05/1234B

SHIPPING MARKS:

GH-1904-001

C/NO. : 1-660

C/NOS.	NOS & KINDS OF PKGS	QUANTITY	G. W(KGS)	N. W(KGS)	MEAS. (M^3)
1-660	WOODEN HANGER, 100PCS PER STRONG EXPORT CARTON OF 3. 00 CUFT	66000PCS	52. 6KGS/CTN	50. 4KGS/CTN	0. 024M^3
TOTAL	660 CARTONS	66000PCS	34716KGS	33264KGS	15. 84M^3

TOTAL PACKAGES (IN WORDS): SIX HUNDRED AND SIXTY CARTONS ONLY

FENGYUAN LIGHT INDUSTRIAL PRODUCTS IMP. AND EXP. CORP.

四、缮制装箱单

PACKING LIST

<table>
<tr><td rowspan="3">ISSUER

SHANGHAI TEXTILES IMP AND EXP
CORP. 127 ZHONGSHAN ROAD E 1
SHANGHAI CHINA</td><td>INVOICE NO
FWS07216</td><td>INVOICE DATE
ARP. 06,2013</td></tr>
<tr><td>FROM SHANGHAI</td><td>TO OSAKA JAPAN</td></tr>
<tr><td colspan="2">TOTAL PACKAGES (IN WORDS)
SAY ONE HUNDRED SIXTY CARTON ONLY)</td></tr>
<tr><td>CONSIGNEE

ITOCHU CORPORATION OSAKA JAPAN</td><td colspan="2">MARKS & NOS
SUMARA
WSC-4320A
OSAKA
NO. 1-160</td></tr>
</table>

C/NOS	NOS&KINDS OF PKGS	ITEM	QUANTITY	G. W	N. W	MEAS.
	100% COTTON APRON					
1-65	65CARTONS	ART NO. 4031(01425)	3250PCS	2275KGS	2080KGS	17. 160CBMS
66-119	54CARTONS	5052(01426)	2700PCS	1890KGS	1728KGS	14. 256CBMS
120-160	41CARTONS	5210(01247)	2050PCS	1453KGS	1312KGS	10. 824CBMS
TOTAL:	160 CARTONS		8000PCS	5600KGS	5120KGS	42. 240CBMS

EACH PIECE IN A PLASTIC BAG, 50 PIECES IN AN EXPORT CARTON

TOTAL PACKAGES(IN WORDS): ONE HUNDRED AND SIXTY CARTONS ONLY.

ISSUED BY: SHANGHAI TEXTIL IMP AND EXP CORP.

五、缮制一般原产地证书

RIGINAL

<table>
<tr><td colspan="2">1. Exporter (full name and address)
SHANGHAI TEXTILES IMP AND EXP CORP. 127 ZHONGSHAN ROAD E 1
SHANGHAI CHINA</td><td colspan="3" rowspan="2">Certificate No. C90876565

CERTIFICATE OF ORIGIN
OF
THE PEOPLE'S REPUBLIC OF CHINA</td></tr>
<tr><td colspan="2">2. Consignee (full name, address, country)
ITOCHU CORPORATION OSAKA JAPAN</td></tr>
<tr><td colspan="2">3. Means of transport and route
FROM SHANGHAI TO OSAKA JAPAN BY SEA</td><td colspan="3" rowspan="2">5. For certifying authority use only</td></tr>
<tr><td colspan="2">4. Country/region of destination
JAPAN</td></tr>
<tr><td>6. Marks and Numbers of packages
SUMARA
WSC-4320A
OSAKA
NO. 1-160</td><td>7. Description of goods: number and kind of packages

ONE HUNDRED AND SIXTY(160) CARTONS OF 100% COTTON APRON
* * * * * * * * * * * * * * * * * * * *
* * * * * * * * *</td><td>8. H. S. Code

6117</td><td>9. Quantity or weight

8000PCS</td><td>10. Number and date of invoice
FWS07216
ARP. 06,2013</td></tr>
<tr><td colspan="2">11. Certification
It is hereby certified that the declaration by the exporter is correct that all the goods were produced in China and that they comply with the Rules of Origin of the People's Republic of China.
××SHCCPIT
SHANGHAI, ARP. 15,2013
Place and date. signature and stamp of certifying authority</td><td colspan="3">12. Certification
It is hereby certified that the declaration by the exporter is correct.

××SHANGHAI TEXTILES IMP AND EXP CORP.
SHANGHAI, ARP. 15,2013
Place and date signature and stamp of certifying authority</td></tr>
</table>

六、缮制海运出口货物投保单

<table>
<tr><td colspan="4">海运出口货物投保单</td></tr>
<tr><td colspan="2">(1)保险人
THE PEOPLE' S INSURANCE COMPANY
OF CHINA SHANGHAI BRANCH</td><td colspan="2">(2)被保险人
SHANGHAI JIANLIN IMP& EXP CORP.</td></tr>
<tr><td>(3)标记</td><td>(4)包装及数量</td><td>(5)保险货物项目</td><td>(6)保险货物金额</td></tr>
<tr><td>E. C. P
LONDON
24NT45689</td><td>220CTNS</td><td>AIR BLOWN PUC SLIPPER& SANDAL</td><td>£39,640.00</td></tr>
<tr><td colspan="4">(7)总保险金额(大写)
SAY POUND STERLING THIRTY NINE THOUSAND SIXTY HUNDRED AND FORTY ONLY</td></tr>
<tr><td colspan="4">(8)运输工具 (船名) (航次)
BY VESSEL HAMBURG WXPRESS V. 678

(9)装运港 SHANGHAI (10)目的港 LONDON
(11)投保险别 (12)货物起运日期 2012-11-25
COVERING INSTITUTE CARGO CLAUSES (A) AND INSTITUTE WAR CLAUSES(CARGO) INCLUDING W/W CLAUSES

(13)投保日期 (14)投保人签字
2012-11-23 张建 SHANGHAI JIANLIN IMP& EXP CORP.</td></tr>
</table>

七、缮制海运提单

<table>
<tr><td colspan="2">托运人
SHANGHAI GARMENT CORPORATION
NO. 567 MAOTAI RD SHANGHAI CHINA</td><td colspan="2" rowspan="6">B/L NO：HIFLAF0658941
中国对外贸易运输总公司
北京
BEIJING
BOMBINED TRANSPORT
BILL OF LOADING
RECEIVE the goods in apparent good order and condition as specified below unless otherwise stated herein. The Carrier, in accordance with the provisions contained in this documents and the conditions and terms are not write here.</td></tr>
<tr><td colspan="2">收货人
TO ORDER OF SHIPPER</td></tr>
<tr><td colspan="2">通知地址
TIANJIN-DAIEI CO. ,LTD SHIBADAIMON
MF BLDG,2-1-16 SHIBADAIMON
MINATO-KU TOKYO 105 JAPAN</td></tr>
<tr><td>前段运输
Pre-carriage by</td><td>收货地点
place of receipt</td></tr>
<tr><td>海运船只
RICHMERS V. 0369-SM</td><td>装货港
SHANGHAI</td></tr>
<tr></tr>
<tr><td>卸货港
KOBE</td><td>交货地点</td><td>运费会付地</td><td>正本提单份数
THREE(3)</td></tr>
<tr><td colspan="4">标志和号码 Marks and nos | 件数和包装种类 Number and kind of pkg | 货名 Description of goods | 毛重(千克) GW(kgs) | 尺码(立方米) Measurement

TIANJIN-DAIEI CO. | 800CTNS | GIRL'S T/R VEST SUITS | 20000KGS | 19. 2CBMS
KOBE JAPAN
CTN 1-80
IMPORT ORDER NO131283 FREIGHT PREPAID
MADE IN CHINA
CFS-CFS</td></tr>
<tr><td colspan="4">TOTAL NUMBER OF CONTAINER OR PACKAGES(IN WORDS):SAY EIGHT HUNDRED CARTONS ONLY.</td></tr>
<tr><td rowspan="3">运费和费用
Freight and charges
AS ARRANGED</td><td colspan="3">IN WINESS where of the number of original B/L ated above have been signed, one of which being accomplished, the other to be void</td></tr>
<tr><td colspan="3">签单地点和日期
Place and date of issue SHANGHAI AUG. 31,2013</td></tr>
<tr><td colspan="3">代表承运人签字
Signed for or on behalf of the carrier SINOTRANS
代理
ABC CO. ,LTD AS AGENTS</td></tr>
</table>

八、缮制海运提单

<table>
<tr><td colspan="2">1. Shipper
SHANGHAI TOYSON IMPORT AND EXPORT CO. ,127, ZHONGSHAN ROAD E. I
CN-200002 SHANGHAI CHINA</td><td rowspan="6">B/L NO. MOL8003816
中国远洋运输(集团)总公司
CHINA OCEAN SHIPPING (GROUP)CO.
Combined Transport Bill Of Loading
Received in external apparent goods order and condition except as otherwise noted. The total number of packages or unites stuffed in the container,the description of goods,the weights shown in this B/L are finished by merchants ,and which the carrier has no reasonable means of checking and is not a part of this B/L contract
ORIGINAL</td></tr>
<tr><td colspan="2">2. Consignee
TO ORDER</td></tr>
<tr><td colspan="2">3. Notify party
SIS & BRO TRADING CO. ,LTD
8230 AARHUS DENMARK</td></tr>
<tr><td>4. Pre-carriage by
NAN KING V. 987</td><td>5. Place of Receipt
SHANGHAI</td></tr>
<tr><td>6. OceawVessel/Voy no
FLY BIRD V. 878</td><td>7. Port of Loading
SHANGHAI</td></tr>
<tr><td>8. Port of Discharge
AARHUS,DENMARK</td><td>9. Place of Delivery</td></tr>
</table>

标志和号码 Marks and nos	件数和包装种类 Number and kind of pkg	货名 Desc. of goods	毛重(千克) GW(kgs)	尺码(立方米) Measurement
REV ORDER NO. 2021 AARHUS DENMARK NO. 1-290	290CTNS	TOWELS ORDER NO. 2021	7830KGS	20. 88CBMS
JSL ORDER NO. 2151 AARHUS DENMARK NO. 291-535	245CTNS TOTAL: 535CTNS	ORDER NO. 2151	6615KGS 14445KGS	17. 64CBMS 38. 52CBMS
SHIPMENT FROM SHANGHAI VIA HONGKONG TO ARRHUS			FREIGHT PREPAID	

<table>
<tr><td colspan="6">TOTAL NUMBER OF CONTAINER OR PACKAGES(IN WORDS):
SAY FIVE HUNDRED AND THIRTY FIVE CARTONS ONLY</td></tr>
<tr><td>FREIGHT&CHARGES:
AS ARRANGED</td><td>Revenus Tons</td><td>Rate</td><td>Per</td><td>Prepaid
PP</td><td>Collect</td></tr>
<tr><td>Ex Rate</td><td>Prepaid at
SHANGHAI</td><td colspan="2">Payable at</td><td colspan="2">Place and date of Issue
SHANGHAI
JULY 20,2013</td></tr>
<tr><td>LADEN ON BOARD THE VESSEL: NAN KING V. 987
DATE: JULY 20,2013
BY CHINA OCEAN SHIPPING (GROUP) CO</td><td>Total Prepaid</td><td colspan="2">No of Original B/(S)L
THREE(3)</td><td colspan="2">Signed for the Carrier
China ocean shipping Group Co</td></tr>
</table>

九、缮制汇票

BILL OF EXCHANGE

凭
Drawn under ARAB NATIONAL BANK
信用证 第 号
L/C No. 254LK254
日期 年 月 日
Dated 10 MARCH, 2012

按__息__付款

Payable with interest @____ %per annum

号码　　　　　　　　　汇票金额　　　　　　　中国上海　　　　年　月　日

No. FM876676 Exchange for USD71，898. 85 shanghai，China 20 MAY，2012

见票　　　　　　　日后　　　　　　　　（本汇票之正本未交付）

At 30 DAYS AFTER B/L DATE sight of this FIRST of exchange（SECOND of exchange being unpaid）pay to the order of BANK OF CHINA，GUANGDONG 或其指定人

金额

The sum of US DOLLARS SEVENTY ONE THOUSAND EIGHT HUNDRED AND NINETY EIGHT CENTS EIGHTY FIVE ONLY.

此致

To：ARAB NATIONAL BANK

P. O. BOX 18745 JEDDAH

SAUDI ARABIA

GUANGDONG METALS AND MINERALS I/E CORP.

（签章）

十、缮制汇票

BILL OF EXCHANGE

凭

Drawn under BANK OF CHINA QINGDAO BRANCH

信用证　第　号

L/C No. 810080000797

日期　年　月　日

dated 7 NOV，2013

按__息__付款

Payable with interest @______%per annum

号码　　　　　　　　　汇票金额　　　　　中国上海　　　年　月　日

No81609D3030 Exchange for USD738000. 00 shanghai，China 30 NOV，2013

见票　　　　　　　日后　　　　　　　　（本汇票之正本未交付）

At 120 DAYS AFTER THE DATE OF SHIPMENT sight of this FIRST of exchange（SECONDof exchange being unpaid）pay to the order of BANK OF CHINA SEOUL BRANCH 或其指定人

金额

the sum of US DOLLARS SEVEN HUNDRED AND THTRTY EIGHT THOUSAND ONLY.

此致

To：BANK OF CHINA

QINGDAO BRANCH

SUNKUONG LIMITED.

（HSRO）C. P. O. BOX 1780，SEOUL，KOREA.

十一、缮制数量检验证书

中华人民共和国出入境检验检疫
ENTRY-EXIT INSPECTION AND QUARANTINE OF
THE PEOPLE'S REPUBLIC OF CHINA
数量检验证书
QUANTITY CERTIFICATE

编号
No. ：YS7856

发货人：
Consignor
SUZHOU KNITWEAR AND MANUFACTURED GOODS IMPORT&EXPORT TRADE CORPORATION
收货人：
Consignee YI YANG TRADE CORPORATION
品　名：
Description of Goods　COTTON TEATOWELS

标记及号码
Mark & No.
Y. Y. T. C
MONTREAL
C/No. 1-367

报验数量/重量：
Quantity/Weight Declared　N. W 19317KGS
包装种类及数量：
Number and Type of Packages　367BALES
运输工具：
Means of Conveyance　PUDONG VOY. 503
检验结果：
Results of Inspection
10″×10″ PACKED IN 80 BALES 200 DOZ EACH
20″×20″ PACKED IN 60 BALES 100 DOZ EACH
30″×30″ PACKED IN 227 BALES 50 DOZ EACH
TOTAL WEIGHT：N. W. 19317KGS
TOTAL PACKAGES：367 BALES

我们已尽所知和最大能力实施上述检验，不能因我们签发本证书面免除卖方或其他方面根据合同和法律所承担的产品数量责任和其他责任。

All inspection are carried out conscientiously to the best of our knowledge and ability. This certificate does not in any respect absolve the seller and other related parties from his contractual and legal obligations especially when product quantity is concerned.

丁名
OCT. 15，2013

十二、缮制装船通知

SHIPPING ADVICE

To：

BEE DEVELOPMENT CO. ，LTD.

Invoice no. ：NB7056I

L/C no. ：F653456

S/C no. ：00SHGM3178B

Dear sirs：

We hereby inform you that the goods under the above mentioned credit have been shipped. the details of the shipment are stated below.

Commodity：MEN' S COTTON WOVEN SHIRTS

Number of pkgs：190 CARTONS

Total G. W：7470KGS

Ocean vessel：HONGHE V. 188

Date of departure：SEP. 20，2012

B/L no. ：BL76l23

Port of loading：NANTONG

Port of discharge：SINGAPORE

Shipping marks：

BEE

00SHGM3178B

SINGAPORE

C/NOS：1-190

NANTONG JINJIANG IMP&EXP CORP.

十三、缮制受益人证明

ABC GARMENTS IMP&EXP COMPANY

NO. 128 ZHOUGSHAN XILU，NANJING，CHINA

BENEFICIARYS CERTIFICATE

DATE： JAN. 3，2012

INVOICE NO： CBD2456

TO：CARTERS TRADING COMPANY

P. O. BOX 8935，NEW TERMINAL，LATA. VISTA，OTTAWA，JAPAN

We certify that we have sent one full set of non-negotiable documents required by L/C to the applicant via DHL within 2 days after shipment.

ABC GARMENTS IMP&EXP COMPANY

王涛

项目九　出口退税单证

一、单项选择题

1. D　2. C　3. C　4. D　5. D　6. A　7. B　8. D

二、判断题

1. ×　2. ×　3. ×　4. √　5. √

项目十　进口付汇核销单

缮制进口付汇核销单

贸易进口付汇核销单（代申报单）

印单局代码：320000　　　　核销单编号：00492425

<table>
<tr><td colspan="2">单位代码 13438589-8</td><td colspan="2">单位名称 南京德尚贸易公司</td><td>所在地外汇局名称 江苏省外汇局</td></tr>
<tr><td colspan="2">付汇银行名称 中行江苏省分行</td><td colspan="2">收汇人国别 日本</td><td>交易编码 0 1 0 1</td></tr>
<tr><td colspan="2">收款人是否在保税区：是□　否□√</td><td colspan="3">交易附言</td></tr>
<tr><td colspan="5">对外付汇币种　日元　　对外付汇总额　1,728,600.00
其中：购汇金额　1,728,600.00　　现汇金额 0　　其他方式金额　0
人民币账号　　外汇账号</td></tr>
<tr><td colspan="5">付汇性质
□正常付汇√
□不在名录　□90 天以上信用证　□90 天以上托收　□异地付汇
□90 天以上到货　□转口贸易
备案表编号</td></tr>
<tr><td colspan="2">预计到货日期　13/12/30</td><td colspan="2">进口批件号 20313768</td><td>合同/发票号 DS1032E</td></tr>
<tr><td colspan="5">结算方式　即期信用证</td></tr>
<tr><td colspan="5">信用证　90 天以内□√　　90 天以上□　承兑日期　/　/　付汇日期　13/ 12 /16　期限　天</td></tr>
<tr><td colspan="5">托收　90 天以内□　　90 天以上□　承兑日期　/　/　付汇日期　/　/　期限　天</td></tr>
<tr><td rowspan="4">汇款</td><td colspan="4">预付货款□　　货到付汇(凭报关单付汇)□　付汇日期　13/　12　/30</td></tr>
<tr><td colspan="4">报关单号 00492425　　报关日期　13/12/15　报关单币种　日元　金额 1,728,600.00</td></tr>
<tr><td colspan="4">报关单号　　报关日期　/　/　报关单币种　　金额</td></tr>
<tr><td colspan="4">(若报关单填写不完，可另附纸。)</td></tr>
<tr><td colspan="5">其他□　　付汇日期　13/ 12/30</td></tr>
<tr><td colspan="5">以下由付汇银行填写
申报号码：□□□□□□　□□□□　□□　□□□□□□　□□□□
业务编号：　　审核日期：　/　/　　(付汇银行签章)</td></tr>
</table>

缮制加工贸易料件进口合同

合 同

CONTRACT

上海市衡山路255号 邮政编码200003

NO. 255 HENGSHAN ROAD.

SHANAGHI, CHINA

合同号码：

CONTRACT NO. ：08JH038996

上海 日期

SHANGHAI, DATE: Feb.， 28. 2013

传真：

FAX：0086-21-63447188

买 方：上海飞马进出口有限公司

The Buyer: SHANGHAI FLYING HORSE IMP. & EXP. CO. ，LTD

卖 方：KNIT CREATIO CO. ，LTD

The Sellers：406-1，KAMITAKAOKA MIKI-CHO，KITAGUN，OSAKA JAPAN

兹经买卖双方同意按照以下条款由买方购进卖方售出以下商品：

This Contract is made by and between the Buyers and the Sellers, where by the Buyers agree to buy, and the Sellers agree to sell the under-mentioned good subject to the terms and conditions as stipulated hereinafter:

(1)商品名称及规格、生产国别、制造工厂及包装 Name of Commodity and Specification, Country of Origin, Manufacturers & Packing	(2)数量 Quantity (MTS)	(3)单价 Unit Price	(4)总价 Total Amount
		CFR SHANGHAI	
(1)100%POLYESTFR FABRIC 染色其纯聚酯非变形长丝布	26000	USD1.30	USD33800.00
(2)80%POLYESTFR FABRIC 染色其纯聚酯非变形长丝布	20000	USD1.50	USD30000.00
TOTAL	46000		USD63800.00

(5) 装运期限：

Time of Shipment：LATEST DATE OF SHIPMENT Mar. ，18. 2013

(6) 装运港：

Port of Loading: OSAKA PORT

(7) 目的港：

Port of Destination：SHANGHAI PORT

(8) 分批装运：

Partial Shipment：NOT ALLOWED

(9) 转船：

Transshipment：NOT ALLOWED

(10) 付款条件：

Terms of Payment：T/T

(11) 运输标志：

Shipping Marks：

(12) 保险：TO BE EFFECTED BY THE BUYERS

Insurance: The Seller should cover insurance for ______ of the total invoice value against All Risks as per Ocean Marine Cargo Clauses of PICC dated 1/1/1981.

(13) 仲裁:

Arbitration: All disputes arising from the execution of, or in connection with this Sales Confirmation, shall be settled amicably through friendly negotiation. In case no settlement can be reached through negotiation, the case shall then be submitted to China International Economic and Trade Arbitration Commission, Shanghai Commission for arbitration in accordance with Rules of Arbitration of China International Economic and Trade Arbitration Commission. The award made by the Commission should be accepted as final and binding upon both parties.

REMARKS:

买方须于______年____月____日前开出本批交易的信用证（或通知销售方进口许可证号码)。否则，销售方有权不经过通知取消本确认书，或向买方提出索赔。

The Buyer shall establish the covering Letter of Credit (or notify the Import License Number) before ________, falling which the Seller reserves the right to rescind without further notice, or to accept whole or any part of this Sales Confirmation non-fulfilled by the Buyer, or, to lodge claim for direct losses sustained, if any.

凡以 CIF 条件成交的业务，保额为发票价的______，投保险别以售货确认书中所开列的为限，买方如果要求增加保额或保险范围，应于装船前经卖方同意，因此而增加的保险费由买方负责。

For transactions conclude on CIF basis, it is understood that the insurance amount will be for ______ of the invoice value against the risks specified in Sales Confirmation. If additional insurance amount or coverage is required, the buyer must have consent of the Seller before Shipment, and the additional premium is to be borne by the Buyer.

品质/数量异议：如买方提出索赔，凡属品质异议，须于货到目的口岸之 60 日内提出。凡属数量异议，须于货到目的口岸之 30 日内提出，对所装货物所提任何异议属于保险公司、轮船公司等其他有关运输或邮递机构的责任范畴，卖方不负任何责任。

QUALITY/QUANTITY DISCREPANCY: In case of quality discrepancy, claim should be filed by the Buyer within 60 days after the arrival of the goods at port of destination; while for quantity discrepancy, claim should be filed by the Buyer within 30days after the arrival of the goods at port of destination. It is understood that the seller shall not he liable for any discrepancy of the goods shipped due to causes for which the Insurance Company, Shipped Company other transportation organization/or Post Office are liable.

本确认书内所述全部或部分商品，如因人力不可抗拒的原因，以致不能履约或延迟交货，卖方概不负责。

The Seller shall not be held liable for failure of delay in delivery of the entire lot or a portion of the goods under this Sales Confirmation in consequence of any Force Majeure incidents.

买方在开给卖方的信用证上请填注本确认书号码。

The Buyer is requested always to quote THE NUMBER OF THIS SALES CONFIRMATION in the Letter of Credit to be opened in favour of the Seller.

买方收到本售货确认书后请立即签回一份，如买方对本确认书有异议，应于收到后五天内提出，否则认为买方已同意接受本确认书所规定的各项条款。

The buyer is requested to sign and return one copy of the Sales Confirmation immediately after the receipt of same, Objection, if any, should be raised by the Buyer within five days after the receipt of this Sales Confirmation, in the absence of which it is understood that the Buyer has accepted the terms and condition of the Sales Confirmation.

买　方：上海飞马进出口有限公司　　　卖　方：

THE BUYER：SHANGHAI FLYING HORSE IMP. & EXP. CO. , LTD　　　THE SELLER：KNIT CREATIO CO.，LTD

参考文献

[1] 全国国际商务单证专业培训考试办公室. 国际商务单证理论与实务. 北京：中国商务出版社，2014.
[2] 黎孝先，王健. 国际贸易实务. 北京：对外经济贸易大学出版社，2011.
[3] 姚大伟. 国际商务单证理论与实务. 上海：上海交通大学出版社，2010.
[4] 舒兵. 国际商务单证教程. 北京：化学工业出版社，2007.
[5] 余心之，徐美荣. 新编外贸单证实务. 北京：对外经济贸易大学出版社，2010.
[6] 王海鸥. 外贸单证实务. 北京：北方交通大学出版社，2011.
[7] 顾建华. 外贸单证实务. 北京：清华大学出版社，2010.
[8] 刁宇凡，童馨. 外贸单证操作实务. 北京：电子工业出版社，2012.
[9] 吴国新. 国际贸易单证实务. 北京：清华大学出版社，2012.
[10] 杨静. 国际商务单证理论与实务双语教程. 大连：东北财经大学出版社，2012.
[11] 余世明. 国际商务单证实务. 广州：暨南大学出版社，2009.
[12] 许博，陈明舒. 国际商务单证实务. 北京：机械工业出版社，2013.
[13] 郭晓晶. 国际商务单证实务与操作. 北京：清华大学出版社，2012.

参考文献

[1] 全国国际商务单证专业培训考试办公室. 国际商务单证理论与实务. 北京: 中国商务出版社, 2011.
[2] 黎孝先, 王健. 国际贸易实务. 北京: 对外经济贸易大学出版社, 2011.
[3] [illegible]. 北京: [illegible]出版社, 2010.
[4] [illegible]. 国际商务单证教程. 北京: 化学工业出版社, [illegible].
[5] 宋正之, [illegible]. 新编外贸单证实务. 北京: 对外经济贸易大学出版社, 2010.
[6] [illegible]. 北京: [illegible]大学出版社, 2011.
[7] [illegible]. 外贸单证实务. 北京: [illegible]出版社, [illegible].
[8] [illegible]. 外贸单证操作实务. [illegible]: 电子工业出版社, [illegible].
[9] [illegible]. 国际贸易[illegible]. [illegible]大学出版社, [illegible].
[10] 韩玲. 国际商务单证理论与实务. [illegible]. 大连: 东北财经大学出版社, 2012.
[11] 余世明. 国际商务单证实务. 广州: 暨南大学出版社, 2008.
[12] [illegible]. 国际商务单证实务. 北京: 机械工业出版社, [illegible].
[13] [illegible]. 北京: [illegible]大学出版社, [illegible].